큰 은혜와 감동을 주는 100인 간증집

하나님의 사랑을 증거하는 사람들

|상|

| 이동근 외 99인 지음 |

쿰란출판사

인사말

큰 은혜와 감동을 주는 생생한 간증들

이 책을 펴내게 하신 하나님께 진심으로 감사와 찬양과 영광을 드립니다. 이 책은 제가 미국 시애틀에서 발간하고 있는 월간 신앙지 〈새 하늘 새 땅〉에 지난 3년여 동안 게재되어 큰 감동과 은혜를 주었던 100편의 간증들을 모은 것입니다.

저는 미국 이민생활 20년 동안 중앙일보 시애틀 지사 편집국장으로 12년을 역임하는 등 언론인으로서의 생활을 줄곧 해오다 5년 전 아내의 유방암으로 하나님의 사랑과 은혜를 체험한 후, 하나님이 주신 사명을 깨닫고 신문사를 나와 문서 선교로서 〈새 하늘 새 땅〉을 창간했습니다. 특히 저희처럼 시련을 겪는 분들에게 하나님의 사랑과 은혜를 전하기 위해 간증들을 게재하였는데 많은 분들이 이를 통해 용기와 소망을 갖게 되고 은혜를 받았습니다. 이제 그 귀한 간증들을 한 권의 책으로 묶으면 더 많은 지역에서 더 많은 사람들에게 더 큰 은혜를 줄 수 있겠다는 생각에 책을 출간하게 되었습니다.

소개된 간증들은 본인들이 직접 쓴 경우도 있고, 제가 인터뷰를 통해 쓴 것들도 있지만 하나님은 저에게 많은 하나님의 사람들을 만나게 해주셔서 지금도 살아 역사하시는 하나님의 사랑과 능력을 생생히 전할 수 있었습니다. 특히 암과 같은 불치의 질병을 말씀과 기도로 치유받은 기적들, 가족을 잃은 슬픔 속에서도 하나님을 찬양하고 영광 돌리는 사람들, 한때 방황했으나 거듭나 변화된

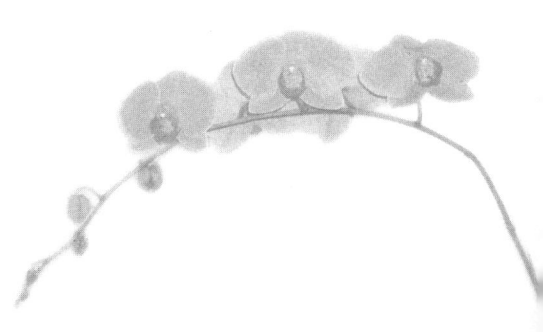

사람들, 심신 장애 등 온갖 고통을 극복한 사람들의 생생한 간증들은 정말 큰 은혜와 감동이 되었습니다. 이제 그런 귀한 간증들이 실린 이 책이 발간됨을 기쁘게 생각하며 미국과 한국뿐만 아니라 땅 끝까지 이 책이 보급되어 하나님의 말씀이 전파되고, 어려움과 절망 가운데 있는 사람들에게 소망과 용기가 되고, 특히 믿지 않는 영혼들을 구원하는 하나님의 뜻이 이뤄지길 기원합니다.

책의 발간을 위해 수고해 주신 쿰란출판사 대표 이형규 장로님, 그리고 〈새 하늘 새 땅〉을 편집하는 전주 대흥 정판사 대표이자 친구인 이희준 사장님에게 감사드립니다. 또 예수님이 십자가를 지신 것처럼 자신의 유방암으로 인한 고통 속에서도 남편을 변화시킨 사랑하는 아내 이은배 집사, 매일 함께 손을 잡고 기도하다가 이제 이라크 전쟁터로 파병되어 복무하고 있는 큰아들 이루리, 그리고 예쁘게 자라고 있는 둘째아들 이기리에게도 사랑을 전합니다. 다시 한 번 하나님께 감사와 찬양과 영광을 돌립니다.

2006년 4월 20일
〈새 하늘 새 땅〉 발행인
이 동 근

차례

인사말_2

7 하나님이 말씀으로 주신 〈새 하늘 새 땅〉_ 이동근
21 두 딸 잃고 아내는 장애인 된 비극에도 감사 _ 박모세
28 신데렐라가 된 거지 소녀의 축복 _ 에스터 채
39 성령으로 불치병 치유받고 전도자 변신 _ 황찬규
45 근육암, 골수암으로 4개월 시한부 인생 _ 유무길
55 하나님이 주신 목소리로 하나님 찬양 _ 이성숙
65 끔찍하고도 잔인한 범죄에 희생당해 _ 이운화
72 하나님 원망이 감사로 바뀐 Why me? _ 김춘근
81 젊은이들에게 꿈과 비전 심어 _ 박수웅
88 부부 모두 신체 장애 극복하고 하나님 찬양 _ 엄일섭
93 손가락을 네 개 주신 하나님께 감사 _ 이희아
98 고난과 역경을 기회와 축복으로 _ 강영우
106 두 눈과 두 손 잃은 절망에서도 감사 _ 박창윤
115 실명의 어둠 극복 박사와 교수까지 _ 이재서
123 한평생을 시각장애인 위해 살아 _ 김선태
129 뇌성마비 장애인 고아에 주신 축복 _ 이정진
135 온몸 55% 3도 화상에도 소망 주신 하나님 _ 이지선
144 시련 통해 하나님 만나 평온함 얻어 _ 김영수
154 아, 아내가 살아 있구나! _ 최국주
160 주님과 동행하다 하나님 품에 안겨 _ 린다 김
166 우주과학자로서 하나님 증거 _ 정재훈

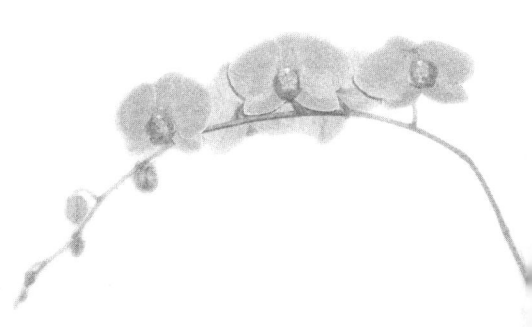

173	1년 동안 가족 네 명 세상 떠나 _ 신윤식
179	죽음 직면 남편을 복음의 전사로 사용 _ 염미성
186	교통사고로 아내 잃은 슬픔 극복 _ 박한봉
192	보배 같은 아들을 하나님이 데려가셨습니다 _ 김홍열
196	사랑하는 딸 강도에게 빼앗긴 슬픔 극복 _ 박선화
205	사상, 신체, 정신적 역경 신앙으로 극복 _ 임용근
211	일본인 남편을 목회자로 변화시켜 _ 리사 곽
218	백혈병에서 기적적으로 생명 건져 _ 임영
223	위암으로 하나님 사랑 확인 _ 임애자
228	가족의 기도로 고혈압 치유 기적 _ 이종숙
233	여동생의 슬픔에서도 평화 찾아 _ 신상원
238	애통함보다 하나님께 감사의 눈물 _ 이수잔
244	한때 술과 춤과 환각제에 찌든 방탕생활 _ 최강호
248	생명 구하고 영혼 구원에도 앞장 _ 전명자
253	사업의 최악 상태에서 하나님 만나 _ 김유영
259	말기 폐암 극복하고 주님의 사랑 전해 _ 황선규
266	부부의 시련 통해 하나님 사랑 체험 _ 이평래
272	정신병, 자궁암 등 시련에도 감사 _ 강신자
278	육신의 아들 대신 하나님의 아들 얻어 _ 오대기
284	시각장애 극복하고 음악 박사까지 _ 그레이스 오
290	강도 총에 장애인 되었으나 하나님께 감사 _ 송윤석

297 부흥회 사진 찍다가 주님 영접 _ 이중근
301 회개하다 주님 만나고 구원받아 _ 이요셉
305 큰 종양 안수기도 받고 없어져 _ 김지연
311 유방암 통해 하나님 사랑 체험 _ 한혜숙
315 신체 장애 극복하고 하나님 찬양 _ 최춘애

하나님이 말씀으로 주신 〈새 하늘 새 땅〉_이동근 **7**

이 동 근
〈새 하늘 새 땅〉 발행인

아내의 유방암 시련 통해 하나님 사랑 체험
신문사 편집국장 퇴직 후 문서 선교 시작

하나님이 말씀으로 주신 〈새 하늘 새 땅〉

원자폭탄의 500배나 되는 위력으로 57명이 사망하고 6마일 인근 숲들이 모두 불탄 대참변을 겪은 워싱턴 주 '세인 헬렌' 산 폭발 20주년 하루 전날인 2000년 5월 17일, 저희 가정에도 그 폭발과 같은 큰 놀라움과 충격이 일어났습니다. 아내가 유방암 진단을 받은 것이었습니다. 44세였던 아내(이은배)는 자가 진단으로 가슴에 이상이 있음을 감지하고 곧바로 병원으로 가 메모그램과 초음파 검사 그리고 조직 검사를 받았는데 암으로 판명되었습니다. 다

8 하나님의 사랑을 증거하는 사람들(상)

행히 암세포가 만져지기 쉬운 겉쪽 표면에 형성되어 일찍 발견되었고 성장 속도가 느린 1.5센티 정도여서 암 세포만을 떼어내는 수술을 했습니다. 그러나 재발되는 것을 방지하기 위해 6개월 동안 정말 힘든 키모 치료와 6주 방사능 치료를 받는 어려움을 겪어야 했습니다.

키모로 인해 머리카락이 많이 빠져 아내는 1년여 동안 가발을 쓰고 다닐 정도로 힘들었을 뿐만 아니라 가족 모두 참으로 어려운 시간이었지만 뒤돌아보면 오히려 시련을 통해 주신 하나님의 크신 복으로 하나님께 감사와 찬양과 영광을 돌리고 있습니다. 특히 이 모든 것이 지금도 살아 역사하시는 하나님의 말씀으로 시작되었고, 그 말씀을 통해 용기를 갖고 어려운 시기를 극복하였을 뿐만 아니라, 우리 부부가 하나님을 온전히 만나는 축복을 받아 삶이 변화되고 결국 더 큰 하나님의 일을 감당케 되었습니다. 그렇기에 저는 아내의 유방암이 치유되었다는 것을 증거하는 게 목적이 아닙니다. 하나님의 말씀이 어떻게 우리를 구원하시고 어떻게 우리 부부의 삶을 변화시켰는가? 그리고 이 시련을 통해 〈새 하늘 새 땅〉과 같은 문서 선교 일을 하게 만드신 하나님의 사랑과 능력을 담대히 증거하고자 합니다.

아내가 유방암을 진단받기 8개월 전인 1999년 가을, 당시 섬기던 시애틀 연합장로교회에서 기독교 연합회 주최로 부흥회가 있었습니다. 그때 한국에서 오신 부흥강사인 김동엽 목사님(목민교회 담임)이 자신의 교회에서는 모든 교인들이 성경 읽기 운동을 하고 있는데 하루 세 장, 주일 다섯 장씩을 읽으면 성경을 1년에 한 번 통독할 수 있다며 성경 읽기를 강조하고 내일부터 당장 성경 통독을 하겠다고 결심한 사람은 손을 들라고 했습니다. 저는 원래 불교 집안에서 자라 결혼 전까지는 교회 한 번 가본 적이 없다가 결혼한 후에 아내의 전도로 교회에 나갔습니다. 1985년 이민 온 후 14년 동안 교회는 열심히 다니고 성경도 신약은 다 읽고 구약도 여러 곳을 읽었지만 처음부터 끝까지 순서대로 통독한 적이 없어 결심하고 손을 들었습니다. 그리고 다음날부터 성경을 꾸준히 읽기 시작했습니다. 그때는 중앙일보 시애틀 지사 편집국장으로 일했을 당시여서 매일 눈코 뜰 새 없이 바쁜 업무 중 점심 시간에 차 안에서 성경을 읽는 등 시간만 나면 성경을 읽기 시작했습니다.

창세기부터 읽기 시작하여 다음해 5월 초에는 '아가서'를 읽게 되었는데, 처음 읽는 아가서에 특별히 마음이 끌렸습니다. 아가서는 솔로몬의 가장 아름다운 노래로서 사랑의 표현들이 많지만 남녀관계의 적나라한 내용도 있다고 해서 목사님들이 설교하지 않아 저는 그때 아가서를 처음 읽은 것이었습니다. 특히 "나의 사랑, 나의 어여쁜 자야 일어나서 함께 가자 겨울도 지나고 비도 그쳤고 지면에는 꽃이 피고 새의 노래할 때가 이르렀는데 반구의 소리가 우리 땅에 들리는구나 무화과나무에는 푸른 열매가 익었고 포도나무는 꽃이 피어 향기를 토하는구나 나의 사랑, 나의 어여쁜 자야 일어나서 함께 가자"(아 2:10~13)라는 구절이 당시 겨울이 지나고 봄이 온 시애틀 상황과 잘 어울려 마침 어머니날을 맞아 아내에게 이 아름다운 시와 함께 사랑의 편지를 보냈습니다. 그리고 며칠 후 집에서 아내와 소파에 앉아 이야기를 하다가 저는 "아가서 글이 참 아름다운데 글 중에 유방 등 여성 신체를 나타내는 직설적인 표현들도 있다"라고 말했습니다. 그때 아내가 마침 자신의 가슴에 이상한 게 잡힌다고 말하는 것이었습니다. 저는 깜짝 놀라 바로 병원에 가서 진찰받으라고 했습니다. 그 결과 유방암으로 진

10 하나님의 사랑을 증거하는 사람들(상)

단되었고, 바로 수술을 하게 된 것이었습니다. 유방암은 조기 발견이 최선인데, 제가 성경 통독을 시작했고 순서에 따라 처음으로 아가서를 읽었기 때문에 아내의 유방암이 일찍 발견된 것입니다. 제가 만약 아가서를 읽지 않았더라면 아내의 유방암도 더 늦게 발견되었을 수 있고 최악의 상태까지도 갈 수 있었다는 점에서 정말 성경 읽기가 아내의 생명을 구했다고 믿고 있습니다.

의사로부터 유방암 선고를 받는 순간 암에 걸리면 죽는다는 생각이 들어 크게 놀라지 않을 수 없었습니다. 특히 제가 신호범 워싱턴 주 상원의원의 자서전을 썼을 때 신 의원의 어머니가 젊은 시절 유방암으로 돌아가셔서 어머니의 얼굴조차 기억하지 못한다는 대목이 순간적으로 생각나 아직 다섯 살인 둘째아이가 있는데 아내가 죽으면 어떡하나 하는 염려로 눈물을 쏟기도 했습니다. 또 안수집사인 아내는 교회에서도 여선교회장 등으로 봉사도 열심히 하고 있는데 왜 그런 아내에게 암을 주셨을까 하고 하나님에 대한 의심이 들기도 했습니다. 그러나 믿는 사람이었기에 이 시련에도 하나님의 뜻이 있을 것으로 믿고 온 가족이 기도했습니다. 아내도 암이라는 의사의 말에 순간적으로는 충격을 받기도 했으나 1997년 친정 아버지의 위암 수술을 통하여 큰 믿음과 기도의 능력을 체험한 후, 해마다 사순절과 고난절을 지내고 부활의 주님을 감격적으로 만나는 기쁘고도 깊은 믿음 생활을 하는 가운데 있었기 때문에 하나님을 원망하지 않고 "현재의 고난은 장차 우리에게 나타날 영광과 족히 비교할 수 없도다"(롬 8:18)라는 말씀을 붙들고 오직 하나님께 매달리며 간구했습니다.

수술을 앞두고 온 가족이 기도하기 시작했는데, 하나님이 고쳐 주신다는 확신을 가지고 치유해 달라는 기도를 드린 게 아니라 이

하나님이 말씀으로 주신 〈새 하늘 새 땅〉_이동근 11

1_키모 치료로 인해 머리가 빠져 가발을 쓰고 있는 아내 이은배 집사. 가발인데도 예쁘고 잘 어울렸다.
2_키모 치료로 인해 아내의 얼굴이 붓고 머리가 우수수 빠지는 가운데 우리 부부는 시카고 세계 선교대회에 참가했다.
3_아내의 머리가 많이 빠져 모자를 쓴 가운데 아들 둘이 다니는 태권도 도장에서 이명우 관장과 우리 가족
4_미국 TV의 유방암 계몽에 출연한 아내
5_아내가 방사능 치료를 받는 것을 둘째아들 이기리가 보고 있다.

12 하나님의 사랑을 증거하는 사람들(상)

미 낫게 해주셔서 감사하다는 감사기도를 드렸습니다. 특히 수술 날짜를 앞두고 계속 성경을 읽는 가운데 아가서에 이어 이사야서를 읽게 되었는데, "두려워 말라 내가 너와 함께함이니라 놀라지 말라 나는 네 하나님이 됨이니라 내가 너를 굳세게 하리라 참으로 너를 도와 주리라 참으로 나의 의로운 오른손으로 너를 붙들리라"(사 41:10)는 말씀은 제게 큰 힘이 되었습니다. 이 말씀은 교회 담임목사님이신 변인복 목사님으로부터 이미 설교시간에 "어려울 때면 24국에 4110번(사 41:10)"으로 전화하라는 말씀으로 들은 적은 있었지만 막상 수술 전에 이 말씀을 대하고 보니 정말 우리 가족에게 주시는 말씀으로 받아들여지고 용기가 났습니다. 그래서 이 말씀을 종이에 써서 다음날 수술을 받는 아내가 수술실까지 가져가도록 했습니다.

드디어 수술하는 날이 되었습니다. 아내는 수술 전까지도 담대했는데, 수술실에 들어가기 전에 끼고 있는 반지를 빼라는 간호사의 지시에 따라 반지를 저에게 건네 주면서, 수술 후 다시 이 반지를 낄 수 있을 것인가 하는 염려가 들었다고 합니다. 특히 생전 처음으로 수술대에 누워 있을 때 홀로 하나님 앞에 서 있는 자신을 발견하고, 하나님께서 이 세상에서 무엇을 어떻게 하며 살았느냐고 보고 자료를 요구하실 경우 자신은 내놓을 것이 전혀 없다는 것을 깨닫고 자료 없이는 하나님을 아직 만날 수 없다는 마음이 들어 아직 불러 가시지 말아 달라는 기도를 했다고 합니다. 아내가 수술실에 들어간 후 저는 대기실에서 초조한 마음 가운데 다시 이사야서를 계속 읽기 시작했습니다. 그런데 그만 65장 17~19절에서 살아 있는 하나님의 음성을 듣고 깜짝 놀라지 않을 수 없었습니다.

"보라 내가 새 하늘과 새 땅을 창조하나니 이전 것은 기억되거나 마음에 생각나지 아니할 것이라 너희는 나의 창조하는 것을 인하여 영원히 기뻐하며 즐거워할지니라 보라 내가 예루살렘으로 즐거움을 창조하며 그 백성으로 기쁨을 삼고 내가 예루살렘을 즐거워하며 나의 백성을 기뻐하리니 우는 소리와 부르짖는 소리가 그 가운데서 다시는 들리지 아니할 것이며"(사 65:17~19).

새 하늘 새 땅을 창조한다는 것은 수술로 암 세포를 제거하고 새 세포를 갖게 된다는 것이며, 이전 것이 기억나거나 마음에 생각나지 않는다는 것은 암 세포를 제거했으니 더 이상 암 세포는 없다는 말씀이었습니다. 특히 더 이상 우는 소리가 없고 즐거움이 있다고 했으니 그동안 암 걱정으로 울며 걱정했던 것들이 다 사라지고 이젠 치유가 되어 기쁨이 있을 것이라는 말씀이었습니다. 그때 마침 아내가 수술을 마치고 나왔습니다. 저는 간호사가 밀고 오는 침대 옆으로 저도 모르게 달려가 아직 마취가 덜 깬 아내에게 "당신 이젠 살았어! 하나님이 새 하늘 새 땅 말씀으로 살려 주신다고 했어" 소리치며 이야기했습니다. 그리고 다시 입원 병상에서 그 밑의 구절을 읽어 내려가니 1백 세까지 장수할 수 있고 물질적, 자손의 축복 등 많은 복도 주신다는 구체적인 약속이 있어 놀라지 않을 수 없었습니다. 그야말로 살아 꿈틀거리고 역사하시는 하나님의 강한 말씀을 충격적으로 받고 감사하지 않을 수 없었습니다.

아내는 수술 후 림프선을 확인하기 위해 절개하여 1주일 간 피가 나오는 드레이너(drainer)를 부착해야 하는 가운데에도 예배에 참석했습니다. 그런데 이날 변인복 목사님의 모든 말씀과 찬양에 큰 은혜를 받고 하나님께 감사하지 않을 수 없었습니다. 육체적으로는 힘들었지만 저희 부부는 계속 교회의 모든 예배와 모임을 기

14 하나님의 사랑을 증거하는 사람들(상)

쁨 속에 참석하고 큰 은혜를 받았으며, 특히 키모 치료로 아내의 머리카락이 우수수 빠지기 시작하는 가운데서도 "죽으면 죽으리라"는 마음으로 7월에는 부부가 시카고 세계 선교대회에 처음 참석하여 선교 열정에 도전을 받기도 했습니다. 그곳에선 아내의 머리가 많이 빠져 옷에 잔뜩 묻어 있는 머리카락들을 누가 볼까봐 수시로 제가 얼른 떼어내기 바빴는데, 참으로 마음이 아프고 참담했습니다. 그런 가운데서도 계속 성경을 읽으니 구약성경의 마지막인 말라기에선 "내 이름을 경외하는 너희에게는 의로운 해가 떠올라서 치료하는 광선을 발하리니 너희가 나가서 외양간에서 나온 송아지같이 뛰리라"(말 4:2)는 말씀이 있어 용기와 소망을 가지고 치료하는 광선으로 다시 송아지처럼 뛰는 건강을 달라고 기도했습니다.

이처럼 아내의 유방암 시련으로 오히려 제 자신이 은혜를 받게 되니 편집국장으로 1주일에 한 번씩 쓰는 칼럼에 하나님의 사랑과 능력을 증거하고 찬양하는 내용을 자주 게재하게 되었습니다. 그러자 안팎에서 핍박이 시작되었습니다. 안 믿는 독자들이 신문사에 전화를 걸어 기독신문도 아닌데 편집국장 칼럼에 왜 하나님, 목사 이야기가 나오느냐며 구독을 끊겠다고 항의하곤 했습니다. 이런 일이 몇 번 있자 어느 날 칼럼에 하나님에 대한 글을 싣지 말라는 지시가 내려왔습니다. 저는 그럴 바에는 차라리 붓을 꺾겠다며 10년 이상 써오던 칼럼을 3개월 동안 자발적으로 쓰지 않았습니다. 그랬더니 이번엔 제 글을 좋아하는 독자들이 항의, 다시 글을 쓰도록 권유해 다시 칼럼을 쓰기 시작했습니다. 그런데 다시 하나님을 찬양하는 글을 쓰자 핍박이 또 시작되었습니다.

이 같은 핍박이 계속되었으나 평생 월급쟁이를 했고, 이민 와서도 신문사에서만 일해 왔었기에 신문사를 떠날 수도 없어 핍박을 받으면서도 편집국장실에서 혼자 울며 기도할 수밖에 없었습니다. 그러던 어느 날 오리건 주에 사시는 처형님이 당시 베스트 셀러였던 브루스 윌킨슨의 「야베스의 기도」라는 책을 보내 주셔서 읽다가 전기에 감전되는 것 같은 큰 도전을 받았습니다.

"야베스가 이스라엘 하나님께 아뢰어 가로되 원컨대 주께서 내게 복에 복을 더하사 나의 지경을 넓히시고 주의 손으로 나를 도우사 나로 환난을 벗어나 근심이 없게 하옵소서 하였더니 하나님이 그 구하는 것을 허락하셨더라"(대상 4:10).

야베스의 기도 중 두 번째 기도인 "나의 지경을 넓히시고"라는 말씀에 하나님 일을 하려면 지경을 넓혀 밖으로 나가야 한다는 도전을 받게 하셨습니다. 이 책은 보통 사람들의 경우 자신의 능력을 비롯 경험과 훈련, 인격과 외모, 과거 다른 사람의 기대가 자신의 지경을 결정하고 있어 지경을 넓히지 못하고 있으나 하나님을 의지하고 지경을 넓게 해달라고 기도할 때 기적적으로 자신의 한계를 초월하고 환경이 변화될 수 있다는 내용이었습니다.

이 책을 읽고 내 자신을 돌아보니 전 해에 장로 임직을 받고 시무장로로 일하고 있는데 신문사 일로 인해 아침부터 저녁까지 일하다 보니 제대로 하나님 일을 할 시간조차 없고, 더구나 하나님 글도 못 쓰게 하는 상황에서 먹고 살기 위해 세상 신문사에서 일해야 하는가라는 생각이 들었습니다. 특히 은혜를 받고 보니 내 자신이 변화되어 신문에 쓰던 세상 글이 싫어지고 하나님 찬양하는 글을 더 쓰고 싶어져 지난 17년 동안이나 해왔던 세상 신문이 싫어졌습니다. 그래서 아내에게 신문사를 그만둬야겠다고 말했더니 아내도 같은 마음이어서 일단 신문사를 떠나 하나님이 원하시는

16 하나님의 사랑을 증거하는 사람들(상)

지경을 넓혀 가기로 했습니다. 그러나 막상 직장을 그만두려니 아무런 자본도 없고, 어떻게 해야겠다는 구체적인 방법도 없었습니다. 그리고 아내는 병으로 일도 못했기 때문에 당장 실업자가 되는 상황이라 3개월 동안 함께 기도하면서 하나님으로부터의 응답을 기다리기로 했습니다.

그때까지도 성경은 계속 읽고 있었는데 어느새 두 번 통독을 했고, 세 번째에는 영어 성경을 읽고 있었습니다. 그런데 어느 날 점심 시간에 차 안에서 성경을 읽는데 "Whatever you have in mind, do it, for God is with you(하나님이 함께 계시니 무릇 마음에 있는 바를 행하라)"(대상 17:2)라는 말씀이 크게 하나님 음성으로 가슴에 들어와 놀라지 않을 수 없었습니다. 신문사를 나갈까 말까 하고 있는데 "하나님이 너와 함께 계시니 마음에 있는 무슨 일이든 하라"는 말씀은 정말 기도의 응답으로 들렸습니다.

뿐만 아니라 어느 날 한국 청주 중부명성교회 송석홍 목사님이 교회에 오셔서 간증을 하셨는데, 정말 저에게 주시는 말씀을 하시는 것이었습니다. 그 목사님은 청주 상당교회를 개척하고 7년 동안 사역을 하면서 교회가 크게 부흥했는데 뉴욕의 30명 되는 조그만 교회에서 청빙이 들어오자 교회가 부흥되고 유명 목사가 되어 대우를 잘 받는 것도 좋지만 교만해지고 영적으로 나태해지는 것을 우려해 미국으로 왔습니다. 그리고 미국에서 10년 목회하는 동안 교회가 부흥되고 가족들이 영주권도 받고 미국 생활을 즐기고 있는데 "네가 자녀들과 편안하고 안일하게 미국에서 지내는 것이 하나님 보시기에 좋은 일이겠느냐?"라는 하나님 말씀에 다시 청주로 돌아와 뒤늦게 아파트에서 개척교회를 시작했습니다. 그런데 전혀 뜻밖에 이 사정을 알게 된 장신대 동기동창인 서울 명성

교회 김삼환 목사님이 교회 지을 땅값으로 3억을 지원해 주어 이를 바탕으로 교회가 부흥되었다고 합니다. 송 목사님은 이 같은 간증을 하면서 "하나님 일을 하려면 돈이 얼마가 있고 도와 줄 사람이 누가 있는가 계산하지 말고 당장 나가야 한다"며 그럴 때 김삼환 목사님이 3억을 주신 것처럼 하나님이 돈도 보내 주시고 사람도 보내 주신다고 강조했습니다. 정말 현재 돈도 없고 사람도 없는 저에게 하나님이 당장 나가라는 말씀을 주시는 것이었습니다.

이처럼 성경 말씀과 목사님 말씀을 응답으로 받아들인 후 더 이상 기다릴 수 없어 신문사에 사직서를 내고 2002년 2월로 이민사회 언론인으로서 17년, 한인사회 최장수 기록인 중앙일보 시애틀지사 편집국장으로서 12년이란 좋은 직장을 버리고 나왔습니다. 당시 불경기로 취직도 어려운 판에 사회적으로 대우받는 편집국장이란 직책을 버리고 실업자로 광야에 나서는 것은 정말 힘든 일이었습니다. 그러나 조금이나마 믿음을 갖고 보니 사도 바울이 하나님을 만나고 세상적인 좋은 것들이 배설물처럼 느껴졌다는 것에 동감이 되었고, 앞으로 모든 것은 하나님이 인도해 주실 것이라는 믿음이 들었습니다. 계속 기도 중에 하나님이 주신 은사가 글 쓰는 것이고 하나님을 마음껏 찬양하고 간증하는 글을 쓰는 것이 하나님께 영광 돌릴 수 있는 일이라는 생각이 들었습니다. 그렇게 문서 선교에 뜻을 세우고 신앙월간지 창간을 구상했는데 책 제목을 놓고 고심하던 중 아내의 유방암 수술 때 하나님이 주신 말씀인 '새 하늘 새 땅'이 떠올라 드디어 2002년 9월 창간호 〈새 하늘 새 땅〉을 발간하게 되었습니다.

그 후 편안했던 애굽 종살이를 떠나 그야말로 0에서 시작해야 하는 광야생활은 정말 힘들고 어려운 때가 많았습니다. 그러나 그

18 하나님의 사랑을 증거하는 사람들(상)

럴수록 하나님만을 의지하고 기도하게 되었고, 더 많은 하나님의 사랑과 은혜와 능력을 체험하고 감사하지 않을 수 없었습니다. 애굽에서 쉽게 마셨던 물 한 방울, 양식 하나가 광야에선 참으로 귀했기 때문에 하나님이 주시는 만나는 정말 눈물겨웠고 감사하지 않을 수 없었습니다. 세상의 직장을 떠나 광야로 나오니 시련도 많았지만 하나님은 구름기둥, 불기둥으로 인도해 주셨고 "사십 년 동안에 네 의복이 해어지지 아니하였고 네 발이 부릍지 아니하였느니라"(신 8:4)라는 말씀처럼 소망과 용기를 주셔서 저는 믿고 달려왔습니다.

그 광야에서 참으로 많은 사람들을 만나 사랑도 받았고 상처도 받았지만 하나님은 그들을 통해 저의 부족한 신앙을 깨우쳐 주시고 더 겸손하게 밑바닥까지 낮추셨으며, 특히 누가 진정한 하나님의 사람들인지를 보여 주셨고 참 하나님의 사랑은 어떤 것인가 깨닫게 해주셨습니다. 처음 시작할 때는 인간적으로 유명한 교회나 유명 인사, 유명 비즈니스들이 도와 주면 모든 것이 잘될 것으로 생각했으나 그런 고정관념을 깨고 하나님은 이름도 빛도 없는 하나님의 사람들을 만나게 하시고 그분들의 구독이나 광고 등으로 만나를 주셨습니다. 자신의 형편도 어려운 한 여집사님은 남편에게 생일 선물로 요청해 〈새 하늘 새 땅〉을 구독해 주셨고, 그 소식에 감동된 또 다른 분도 자신의 언니 생일 선물로 구독을 해주는 감동적인 일도 있었습니다. 그런가 하면 내용이 좋다며 구독하거나 자발적으로 광고를 요청하신 분, 문서 선교를 위해 사랑을 베풀어 주신 분 등, 목사님으로부터 이름 모를 평신도들까지 많은 분들이 구독해 주시고 광고해 주셨습니다. 이 같은 하나님의 사랑과 하나님의 사람들 덕분으로 4년째 책이 빠짐 없이 발간될 수 있었습니다. 또 많은 분들이 은혜 받았다며 전도용으로 미국과 한국의 친지들에게 책을 보내는가 하면, 책을 읽고 교회에 다니겠다고 결심했다는 독자들의 말씀을 들을 때 많은 용기와 보람을 갖게 되고 하나님께서 저에게 주신 사명을 다시금 깨닫게 되었습니다.

그동안 이 책을 만들면서 저 자신도 상상할 수 없었던 많은 은혜와 지금도 살아 역사하시는 하나님의 능력을 체험했습니다. 하나님의 말씀과 기도로 암 등의 병을 치유받은 기적들, 병이나 사고로 가족을 잃은 비극 속에서도 하나님을 찬양하고 영광 돌리는 사람들, 한때 타락했던 생활에서 말씀으로 거듭나 놀랍게 변화된 사람들, 심신 장애 등 상상할 수 없는 온갖 시련과 투병 속에서도 희망을 잃지 않는 사람들, 목숨을 걸고 외지에서 선교하는 선교사님들……. 생생한 많은 이야기들을 통해 살아 계신 하나님을 만나고 담대하게 이를 증거할 수 있었습니다. 특히 유방암, 위암, 폐암, 간암, 각종 종양 등 많은 환자 여러분들이 책에 소개된 암을 이긴 사람들의 간증으로 소망과 용기를 갖는가 하면, 〈새 하늘 새 땅〉이 발족한 암환자 지원 협회를 통해 서로 기도하고 위로하며 정보 교환 등으로 영혼과 생명을 구할 수 있게 된 것도 아내의 유방암 시련을 주신 하나님의 목적을 깨달을 수 있었던 귀한 일이었습니다.

한편 머리를 빗으면 머리가 한 움큼씩 빠질 때 가장 참담함을 느꼈다는 아내는 가발을 쓰고도 저와 함께 교회 성서대학 1년 반 과정을 단 한 번도 빠지지 않고 출석해 졸업식에서 부부가 개근상을 받기도 했습니다. 아내는 건강이 회복된 후 새 생명을 주신 하나님께 결초보은하는 마음으로 주어진 직분에 최선을 다하고 부족한 가운데 순종하고자 2002년과 2003년에는 서북미 여선교회 회장직을 맡아 여성교회 찬양의 밤 등 여러 행사를 주최하기도 했습니다. 특히 자신에게 유방암의 시련을 주신 것은 똑같은 고난에 처해 있는 사람들을 구하라는 뜻인 줄 믿고 적극 계몽에 나서고 있는데 미 전역 유방암 계몽의 달인 2001년 10월 수잔 G. 코멘(Susan G. Komen) 유방암 재단과 함께 워싱턴 주 보건국을 비롯 여러 단체들이 실시한 미주류사회 TV에 출연했을 뿐만 아니라, 보건국의 홍보사례에도 아내의 투병기를 인용케 했으며, 야끼마에서 열린 유방암 계몽 컨퍼런스에도 참가해 TV 인터뷰 등으로 사례를 홍보했습니다. 5년이 지난 지금 아내는 건강 주신 하나님께 감사하고 현재 퍼시픽 신학대학교에서 공부하고 있습니다.

이 세상에서 우리는 많은 사건들과 질병, 가정적·경제적 어려움 등으로 큰 문제에 부딪힐 수 있지만 우리가 성경을 읽거나 목사님 설교를 통해 그때그때마다 위로와 용기를 가질 수 있고, 우리의 나아갈 방향도 찾을 수 있으리라고 저는 제 경험을 통해 담대히 말씀드릴 수 있습니다. 지금도 살아 역사하시는 하나님의 말씀은 우리의 인생을 변화시키고 영혼을 구원하며 영생을 주시기 때문입니다. 특히 어떤 시련일지라도 믿음으로 극복할 때 장차 더 큰 하나님의 영광이 나타나며, 또 우리가 당하는 핍박은 오히려 하나님이 더 좋은 길로 인도하시고 크게 복 주실 기회라는 것도 제 경험을 통해 담대히 간증합니다.

박모세 목사
LA

휠체어 보내기 운동 등 장애인 돕는 사랑의 사역
고난과 시련 믿음으로 극복하고 하나님 영광 나타내

두 딸 잃고 아내는 장애인 된 비극에도 감사

박모세 목사 부부

LA에서 '샬롬 장애인 선교회' 사역을 하고 있는 박모세 목사는 15년 전 한국에서 교통사고로 사랑하는 두 딸을 잃었을 뿐 아니라 아내마저 사지가 마비되어 장애인이 되는 큰 비극을 겪었다. 그러나 이 고난과 시련을 믿음으로 극복하고 수많은 장애인을 돕는 사랑의 사역을 하면서 하나님을 원망하기보다는 오히려 하나님의

22 하나님의 사랑을 증거하는 사람들(상)

사랑과 은혜에 진정 감사하고 있다.

모두 믿음 좋은 가정에서 태어난 이들 부부는 1977년 결혼 후 남편은 무역회사 부장으로서 회사에서 능력을 인정받고 있었고, 숙대 음대에서 피아노를 전공한 부인 박성칠 씨는 음악 교사를 그만두고 집에서 피아노 레슨을 하며 두 딸아이를 돌보는 행복한 생활을 해왔다. 특히 남편은 성가대 지휘자, 아내는 반주자로서 교회생활에도 헌신하는 등 경제적으로나 사회적으로나 모두 안정되고 신앙생활에도 모범이 되는, 그 누구보다도 행복한 삶을 누리고 있었다. 그러던 1989년 8월 14일 아내가 운전하고 가던 자동차가 중앙선을 침범한 차와 정면 충돌하는 바람에 열한 살, 아홉 살 된 두 딸이 사망하고 아내는 어깨 아래 사지가 마비되어 손가락 하나 움직일 수 없는 사지 중증 장애인이 되는 큰 참변을 당했다. 당시 아내는 목뼈를 비롯 갈비뼈, 양팔 등 여덟 곳에 골절상을 입고 사경을 헤매다 18일 만에 의식을 회복했는데, 남편과 친지들은 아내가 염려되어 두 딸의 사망 소식을 알리지도 못했다. 자신의 부상보다도 딸들이 무사하다는 말에 위안을 가졌던 아내는 오히려 중환자실에서도 간호사들에게 전도를 했으며, 사고를 낸 운전사도 예수님을 믿는다고 확답을 하면 용서해 주라고 당부할 정도였다.

그녀는 2개월 만에 일반 병실로 옮겨졌는데, 이 고통 속에서도 하나님의 치유의 역사를 체험하고 휠체어를 타면서까지 병실마다 다니며 전도하고 간증했다. 당시 그녀의 목뼈는 크게 부서져서 인조 뼈로 대신해야 한다고 의사들이 수술 날짜까지 잡았으나 병실에서 성찬식을 받은 후 하나님이 목뼈를 붙여 주셨다는 확신을 가졌는데, 정말로 의사도 놀랄 정도로 목뼈가 붙는 기적이 일어났다. 아이들 소식이 궁금했으나 "예수님이 당신을 사랑하고 내가 당신을 사랑하니 조금도 염려하지 말라"는 남편의 위로와 조금만 기다리면 만날 수 있다는 거짓말에 안심하고 언젠가 아이들을 만나기만을 기대했던 그녀는 10개월 후쯤 잠시 낮잠을 자는 중 꿈을 꾸었다. 긴 소파에 앉아 있었는데 항상 가까이 있던 두 딸들이 흰 원피스를 입고 이상스럽게 조금 떨어져 있었다. 이 꿈 이야기를 했더니 남편이 그제야 큰딸은 사고 당일 하나님 품에 안겼고, 둘째 딸도 다음날 하나님이 불러 가셨다고 말했다. 도저히 믿을 수 없어 그녀는 며칠 동안 음식도 먹지 않고 잠도 자지 않고 눈물만 흘렸다. 더 이상 엄마라고 부르는 소리를 들을 수 없다고 생각하니 견딜 수 없었다.

그러나 5일 후쯤 병원으로 문병을 온 한 신부님으로부터 "자녀들은 이 세상 마귀와의 싸움을 끝내고 이제 육신의 부모보다 더 좋은 하나님과 함께 행복한 생활을 하고 있다"라는 말을 듣고 위로를 받았다. 특히 어느 날 병원 산책 중 빨강 꽃과 노란 꽃이 만발한 넓은 들판에 두 딸이 하얀 드레스를 입고 천사처럼 둥둥 떠다니며 "엄마" 하고 부르는 행복한 모습을 환상으로 보았다. 생전에 큰딸은 빨간색을, 작은딸은 노란색을 좋아했다. 똑같은 환상을 네 번이나 본 후 딸들이 하늘나라에서 평안히 있다는 것을 하나님이 보여 주신 것으로 위로받고, 언젠가 다시 기쁨으로 만날 수 있다는 믿음으로 살고 있다.

2년 2개월의 병상 생활 중 수술을 아홉 번이나 받는 등 시련과 고통의 연속이었지만 이사야 41장 10절 말씀으로 용기와 희망을 가지고 이겨내었다.

"두려워 말라 내가 너와 함께함이니라 놀라지 말라 나는 네 하나님이 됨이니라 내가 너를 굳세게 하리라 참으로 너를 도와 주리라

24 하나님의 사랑을 증거하는 사람들(상)

참으로 나의 의로운 오른손으로 너를 붙들리라."
 특히 이처럼 큰 참변을 당했으나 남편도 하나님을 원망하기보다는 오히려 하나님의 뜻을 깨닫고 1990년 신학대학에 입학했다. 교회 권사일 정도로 믿음이 좋았던 그의 아버지는 6·25전쟁 직후 태어난 아이가 병으로 위독했으나 전쟁 중에 병원에 갈 수도 없는 처지였기에 아이를 교회에 데려가 하나님이 살려 주시면 주의 종으로 만들겠다고 서원하고 이름을 모세라고 지었다. 그러나 그는 목회자보다는 평신도로서 하나님 일을 하겠다며 40년 동안 이를 회피했는데, 이 비극을 통해 결국 주님이 부르신다는 내적 음성을 듣고 막다른 골목 같은 상황에서 두손들고 하나님께 나아간 것이었다.
 아내가 퇴원한 후 집으로 돌아와 집 근처 병원에서 물리치료를 받게 했는데 그곳에는 수백 명의 장애인들이 있었다. 이 같은 장애인들의 어려움을 보면서 하나님의 뜻을 깨닫고 장애인을 섬기기 위한 장애인 특수 목회를 하기로 결심하고 장애인 천국인 미국으로 건너가서 공부하기로 했다. 1993년 12월 LA에 온 이들 부부는 많은 어려움 속에서도 남편은 칼스테이트 노스리지에서 장애인 사역 특수 공부를 마치고 미국 신학교인 '주님의 신학교'를 1997년에 졸업했으며, 1998년부터 장애인 사역을 시작했다. 가족 친지에게 외면당하고 사회적 편견으로 고통받는 장애인들에게는 그리스도의 평안(샬롬)만이 진정한 평안을 줄 수 있다는 뜻에서 '샬롬 장애인 선교회'를 1999년 6월 1일 LA 최초로 설립했다.
 남가주에 3만 명의 장애인이 있다고 추정하고 있으나 장애인들과 그 가족들이 거의 다 부끄러워 나오지 않기 때문에 직접 장애인들을 찾아내어 섬기고 있는 샬롬 장애인 선교회는 어려움 속에서도 지난 5년 동안 크게 발전, 현재 300여 명의 장애인들을 돌보고 있다. 특히 휠체어는 한국의 지방에까지 보급하고 있는데, 5년 동안 열한 차례에 걸쳐 1,947대의 휠체어, 3500점의 의료 보조 기구를 기증, 5,500여 명의 장애인들에게 큰 도움을 주었다. 박 목사는 "미국 4천만 명을 비롯 전세계 6억 장애인들에게 평안의 복음을 전달하는 것이 꿈"이라고 밝혔다. 또 장애인 사역은 국경, 인종을 초월해 매우 중요하다며 하나님이 두 아이들을 다 데려가신 것은 장애인들을 잘 섬기라는 섭리로 깨닫고 최선을 다하고 있다고 말했다.

지난 5월 재미 기독 여성회가 수상하는 제21회 '희생의 남편' 상을 받았을 정도로 아내에게 헌신하고 있는 박 목사는 아침에 아내가 눈뜨면 관절 운동을 시켜 주고 양치, 세수부터 대소변, 샤워, 옷 갈아입히기는 물론 예쁘게 화장시켜 주는 일까지, 손가락 하나 움직일 수 없는 아내를 위해 모든 일을 해주고 있다. 박성칠 사모는 "남편이 머리도 빗겨 주고 립스틱도 발라 주는 등 사고 후 15년 간 변함없는 엄마 같은 사랑을 해주고 있다"며 "이 같은 헌신적인 남편의 사랑을 받는 아내가 되니 나는 영육간에 이 세상에서 가장 행복한 아내"라며 남편의 희생적인 사랑에 감사하고 있다.

박 사모는 손가락도 움직일 수 없는 장애인이어서 혼자서는 아무 일도 할 수 없는 어려움을 겪고 있고, 휠체어도 전기로 움직이는 전동휠체어를 타고 다니고 있다. 그러나 그런 고통 속에서도 그녀는 수많은 것들에 감사하고 있어 큰 감동을 주고 있다. 그녀는 사고 후 지금까지도 신경이 마비된 겉과는 달리 속으로는 심한 진통을 겪고 있다. 그럴 때마다 성경을 암송하면 평안이 오기 때문에 1993년부터 성경 암송을 시작했는데, 현재 시편 150편을 다 외

26 하나님의 사랑을 증거하는 사람들(상)

우는 것을 비롯 에베소서 전 장 등 3,750절을 암송한다고 한다.

또 자신이 중증장애인이기 때문에 오히려 남편의 장애인 사역을 돕고 있다고 감사하고 있다. 좀처럼 마음을 열지 않는 수많은 장애인들은 박 사모가 박 목사 옆에 있기만 해도 저절로 마음을 연다고 한다. 하반신 마비 등 여러 장애인들이 선교회에 나오면 손가락 하나 못 움직이면서도 열심히 하나님 일을 하고 있는 박 사모를 보고는 도전을 받는다. 손가락 하나 움직일 수 없어 자신의 힘으로 할 수 있는 것이 아무것도 없는 그녀는 간증을 통해 "자신의 발로 걸어서 화장실에 가고 손으로 먹을 수 있는 것, 숨 한 번 쉬는 것도 하나님의 축복으로 감사해야 한다"라고 강조하며 많은 사람들에게 소망과 용기를 주고 있다. 또 비록 사지는 마비되었지만 머리를 안 다쳐 생각할 수 있고 들을 수 있고 볼 수 있고 말할 수 있어 하나님을 간증하고, 특히 시련과 고통으로 남편이 목사가 되고 자신은 사모가 되어 장애인을 돕는 특수 목회를 하고 있으니 얼마나 감사한지 모른다고 하나님을 찬양하고 있다.

지금 살아 있으면 25살, 23살이 되었을 두 딸을 하나님이 데려가신 바람에 자녀들에 대한 좋은 대학 진학, 결혼 등의 세상의 명예,

사랑의 휠체어 보내기 운동

부귀영화의 욕심이 없어졌고 마음이 가난한 자가 되어 온전히 주님 일만 할 수 있으니 두 딸 데려가심도 감사라는 것을 깨닫고 눈물로 기도했다는 박 목사 부부는 많은 발달 장애인들이 박 사모를 엄마라고 불러, 이젠 두 딸보다 더 많은 믿음의 자녀들이 생겼다고 감사하고 있다. "현재의 고난은 장차 우리에게 나타날 영광과 족히 비교할 수 없도다"(롬 8:18)라는 말씀처럼 고난 속에서도 하나님께 영광 돌리고 있는 박모세 목사 부부는 그 어떤 어려움 속에서도 불평불만보다는 하나님의 뜻을 발견하고 항상 기뻐하고 쉬지 말고 기도하고 범사에 감사하길 당부하고 있다.

〈새 하늘 새 땅〉 2004년 11월호

28 하나님의 사랑을 증거하는 사람들(상)

에스터 채 목사
지구촌 사랑의선교교회

비참했던 과거 세 번이나 자살 기도
노숙자 목사 되어 하나님 사랑 실천

신데렐라가 된 거지 소녀의 축복

플로리다 주 잭슨빌에서 노숙자 사역을 하고 있는 에스터 채(채경자) 목사는 자신 역시 어린 시절 한국에서 거지생활을 했던 뼈아픈 과거가 있다. 그러나 하나님의 사랑은 자살을 세 번이나 시도했을 정도로 절망에 빠졌던 그녀에게 신데렐라의 복을 주셨고, 이젠 목사가 되어 노숙자 사역뿐만 아니라 개척교회 일곱 곳, 중국 기독교 병원 설립 등 땅 끝까지 복음을 전하는 귀한 하나님의 딸로 쓰임 받고

있어 큰 감동과 은혜를 주고 있다.

그녀는 전북 군산의 인근 시골에서 태어났는데, 아버지가 기억에도 없을 정도로 일찍 돌아가시자 그녀의 어머니는 딸을 일곱 살까지 큰고모 집에, 남동생은 작은고모 집에 맡겼다. 그리고 고모부가 돌아가시자 열한 살 때까지 어머니와 지냈다. 그러나 어머니는 2남 2녀 중 셋째인 경자(에스터 채)가 태어난 후 아버지와 오빠가 죽고 집안까지 망하게 되었다고 그녀를 미워하고 수시로 폭행했다. 당시 심하게 맞아 고막이 터져 지금도 한쪽 귀가 들리지 않는데 어머니는 딸이 도망을 못 가도록 발가벗기고 회초리로 때렸다. 이럴 때마다 어린 경자는 숲속에 숨거나 나무 위에 숨었다.

뿐만 아니라 동네에서 제일 가난한 집이었기 때문에 경자가 깡통에 밥을 얻어 와 가족들이 함께 먹기도 했는데, 열한 살 되던 어느 날 어머니가 아예 집에 돌아오지 않았다. 동네 사람들은 엄마가 시집갔다고 말했다. 경자는 얼마 동안 남동생과 밥을 얻어먹으며 살다가 오빠를 찾으러 서울로 갔다가 아예 거지가 되었다. 그것도 팔다리가 없어 기어 다니는 장애인 할아버지 거지와 다리 밑에서 살았는데 배고픔과 함께 겨울엔 너무 추워 힘들었다. 그런데 어느 날 이 할아버지는 "너는 너무 예쁘니 거지 생활하지 말고 남의 집 식모살이라도 하라"며 쫓아냈다. 그 후 미장원, 다방 등에서 식모살이를 하면서도 공부하고 싶어 야간 중학교에 다니기도 했는데, 가족들에게 버림받고 거지 할아버지마저 자신을 버렸다는 절망적인 생각에 삶을 저주하고 죽기 위해 열다섯 살 때 산에서 쥐약 한 병을 다 마셨다. 그런데 마침 데이트하던 남녀에게 발견되어 병원으로 옮겨져 생명을 건졌다. 경찰은 가족이 없자 그녀를 한남동의 고아원으로 보냈는데, 고아원에서도 죽을 생각을 계속해

30 하나님의 사랑을 증거하는 사람들(상)

한강에 투신자살을 기도했는가 하면 면도칼로 동맥을 자르기도 했으나 매번 기적적으로 살아났다. 이처럼 1년 동안 세 번이나 자살을 기도하자 고아원에서도 문제아로 주목하였다.

고아원에는 미국 사람들이 찾아와 위로해 주기도 했는데, 그 중 한 명이 경자가 죽으려 한다는 이야기를 듣고 미국에 초청하여 1965년 18살에 알칸사스로 오게 되었다. 그러나 초청한 집은 한국보다 더 가난한 시골 농장 집이어서 화장실도 없고, 아홉 식구가 한 방에서 자고 다람쥐를 잡아먹으며 자급자족하는 더 비참한 환경이었다. 이곳에서도 식모살이를 한 후 다시 샌디에이고, 라스베이거스 등지에서 베이비시터로 고생을 했고, 20살 때에는 콜로라도 주에서 청소 일과 식당 웨이트리스를 하면서 어렵게 살아갔다. 그러던 중 친구 소개로 미국 웨스트 포인트 육군사관학교를 졸업한 장교인 현 남편 레이 메나드(Ray Menard) 씨를 만나 결혼하게 되었다. 알고 보니 그는 자신이 청소하던 장교 숙소에 살던 총각 장교였다.

그녀의 인생은 하루아침에 신데렐라처럼 180도 변했다. 최고 부자 동네의 큰 맨션에 살았고 집에는 이태리, 미국, 동양의 호화 가구가 가득했다. 또 고급 자동차를 타고 다이아몬드 반지를 열두 개나 끼고, 유명 메이커 제품만 사용했다. 화려하고 아름다운 용모에 사관학교 출신 장교 부인인 그녀를 보고 동네 사람들은 영화배우나 명문 가문의 딸로 생각했다. 중학교도 졸업하지 못했던 그녀를 위해 착한 남편은 대학교를 졸업하도록 뒷바라지해 주었다. 그 후 그녀는 한국의 어머니를 찾아 미국에 모셔왔으며 남동생, 오빠, 언니, 조카 등 열네 명이나 초청하고 미국에 정착하게 해주었다.

결혼 후 남편이 이끌어 처음으로 미국 교회에 나갔는데, 모세와 예수님의 차이도 모를 정도로 성경에 무지했어도 봉사는 열심히 했다. 어려운 개척교회 목사님들을 6, 7개월 집에서 숙식시켰으며 자동차를 사준 목사만도 다섯 명이나 되었다. 또 교회 청소를 비롯 구역장 등 교회 일을 다했기 때문에 자신의 믿음이 좋은 줄 알았다. 그런데 27년 전 교회에서 여전도사님을 모시고 3일 집회가 열렸다. 이 자리에서 그 전도사님은 죄인들은 회개하고 변화되어야 한다고 설교했다. 그 말씀에도 그녀는 자신을 버렸던 어머니를 비롯, 식구들을 미국에서 정착하도록 도와 주었을 정도로 자신은 착하고 봉사도 많이 했기 때문에 의인이라고 생각했고 누가 죄인인가 하며 주위를 둘러보았다. 그 순간 하늘에서 큰 바위 같은 것이 자신을 쳐 꺼꾸러지고 말았다. 그리고 여섯 살 때부터 지은 죄들이 TV 화면처럼 생생히 보였다. 자신이 지은 죄들을 본 후 "주님, 저는 죄인입니다. 주님, 저는 정말 죄인입니다"라고 모두 시인하고 교회 바닥을 개처럼 기며 회개했다.

바울이 다메섹에서 예수님을 만난 것처럼 교회에서 성령 받고 집에 돌아오니 집에 있던 호화 가구들이 모두 쓰레기로 보였다. '내가 지금까지 저 쓰레기들을 위해 살았는가?' 회개하고 밖에 나가 울었다. "주님, 저의 죄를 용서하여 주시옵소서." 10년 넘게 교회에 다녔지만 예수님이 자신을 위해 죽었다는 사실이 믿어지지 않아 오직 형식적으로만 다녔는데, 예수님이 자신의 죄 사함을 위해 돌아가시고 우주를 창조하셨다는 사실들이 믿어졌다. 그러자 형용할 수 없는 하나님의 사랑이 마음속에 파도처럼 밀려왔다. 풀 한 포기, 나무 한 그루, 새 소리, 바람 소리에서도 하나님의 사랑이 느껴져 너무 아름답게만 보였고 그들이 모두 하나님을 찬양하는 것처럼 보였다. 그날 밤은 예수님 생각으로 잠자기도 싫었는데 환상으로 큰 글자 두 개가 보였다. 하나는 봉사, 또 하나는 충성이었다. 나중에 알게 되었는데 '사람에겐 봉사, 하나님께는 충성' 하라는 뜻이었다.

성령 세례를 받아 생활도 검소하게 사는 등 변화가 있었을 뿐만 아니라 받은 은혜로 주님 일을 하고 싶어 견딜 수 없었다. 마침 남편의 근무지가 시카고 지역의 시골로 옮겨지자 한국인이 10명도 안 되는 곳에 한인교회를 개척하고 한인 목사를 청빙했다. 특히 전도할 방법을 찾던 중 한국 식품점을 개업하면 한국인들이 올 것이고 그러면 전도할 수 있겠다는 생각에 한국 식품점을 개업하고 손님들에게 전도했다. 이 첫 교회를 23년 만인 지난해 방문했는데 1백 명으로 부흥하고 성전도 건축되어 있었다. 개척교회여서 재정적으로 어려운 목사님을 자신의 집에 같이 살게 하다 보니 일부 성도들이 한인 목사가 당신 아내의 애인이라고 남편에게 헛 고자질을 하는 어려움도 있었으나 오직 하나님의 영광을 위해 열심히 일했다. 또 언젠가 길을 가다가 큰 트럭에 치여 정신을 잃는 교통사고도 당했다. 무의식 속에서 하늘나라에 갔는데 하얀 옷을 입은 주님께서 "세상에서 나를 위해 한 것이 무엇이냐?"고 물으셨다. 그 질문에 그녀는 자신이 믿음 좋은 줄 알았으나 주님을 위해 한 것이 아무것도 없다는 것을 깨닫고 "주님, 다시 만나러 올 때는 이런 모습으로 오지 않겠습니다. 용서하여 주시옵소서"라고 울며 회개했다. 이 같은 체험을 한 후 주님이 원하시는 믿음생활이 어떤 것인가 다시 깨닫게 되었다.

그녀는 땅 끝까지 복음을 전하는 선교사가 되길 원했다. 그래서 6개월 훈련받으면 선교사가 될 수 있는 선교기관에 가기로 하고 비행기 표까지 구입했다. 이에 대해 남편은 어린 네 자녀들은 어

신데렐라가 된 거지 소녀의 축복_에스터 채

남편의 장교 시절 때

떻게 하느냐며 반대했다. 그녀는 재산도 자녀도 다 남편에게 주고 이혼하길 원했다. 그러나 선교 센터에 가기 전날, 그쪽에서 오지 말라는 전화가 왔다. 왜 못 오게 하느냐고 했더니 아무리 기도해도 응답이 없다는 것이었다. 특히 선교사는 자신뿐만 아니라 남편과 자녀들도 같이 사명을 받아야 하는데 남편이 반대한다면 하나님이 다른 길을 예비하고 계실 것이라고 설명했다. 끝까지 선교사가 되기 위해 또 다른 선교단체를 찾으려고 여러 군데 전화를 했는데 마침 잘못 연결되어 신학교에 전화가 되었다. 선교사를 원하지 목사는 원하지 않는다는 그녀를 인터뷰한 학장은 "당신은 사명자인데 시간이 안 되었으니 기다리고 공부해 보라"고 권유했다.

그러나 신학대학에서 공부하기가 싫어 남편이 공부하라고 한 마디로 허락하면 다니고 그렇지 않으면 안 하겠다고 기도했다. 그런데 남편이 "당신은 예수님에게 사로잡힌 사람이다. 당신이 어느 날 예수님 믿고 갑자기 달라져서 처음에는 광신자가 된 줄 알고 이혼까지 생각했는데 지켜보니 그게 아니었다. 내가 자녀 4명을 돌봐 주고 학비도 대줄 테니 공부하라"고 쉽게 허락하자 하나님 뜻으로 알고 신학대학을 4년 동안 어렵게 공부했다. 당시는 여자 목사 안수가 쉽지 않았던 때라 졸업해도 목사 안수를 안 받겠다고 생각했다. 심지어 어머니도 여자가 무슨 목사냐며 반대했다. 그러나 하나님의 강권하심으로 결국 목사 안수를 받았는데, 어머니는 딸이 안수받았을 때 자신의 옛 잘못을 회개하고 여생을 권사로서 봉사하셨다. 남편은 우리 가족 다섯 사람이 당신을 담임목사로 청빙한다고 격려하여 채 목사는 교회를 개척했다. 초창기엔 집사가 목사가 되어 교회를 개척한다니 동네 사람들이 다들 비웃었다. 여기에 굴하지 않고 불신자들을 전도하여 목회를 했는데 설교뿐만 아니라 친교를 위한 음식준비, 청소 등 혼자 일을 다 했다. 미국에서 목사가 될 줄은 상상도 못했던 채 목사는 특히 현재처럼 노숙자를 돌보는 사역을 하게 될 것이라고는 생각해 본 적도 없었다.

12년 전 남편 직장 때문에 플로리다 잭슨빌에 왔을 때 다운타운에는 뉴욕 할렘가처럼 흑인들이 많이 있었다. 그전에는 흑인들에게는 관심도 없고 그들과 사귈 수 있는 기회도 없었다. 그런데 한인들을 돕기 위해 다운타운을 다니다 홈리스 흑인들을 우연히 만나게 되었다. 언젠가 흑인 남자 하나가 그녀가 신고 있는 신발이 예쁘다며 벗어 보라고 했다. 아무 생각 없이 신발을 벗어 주었더니 갖고 도망가 버려 100도가 되는 시멘트 바닥에 발바닥이 뜨거워 이리저리 뛰면서 혼이 난 적도 있었다. 언젠가는 자신에게 도움을 준다고 함께 다녔던 흑인이 미친 사람이었던 경험도 있었다. 그 후부터 그녀는 홈리스 흑인들에게 관심을 갖고 시간을 내서 찾아가 전도하며 그들의 친구가 되어 그들의 세계를 조금씩 알게 되었다.

그들은 교회 가자고 하면 전부 안 간다고 했다. 왜냐고 물으니 냄새나는 그들을 교회가 싫어한다고 대답했다. 그때부터 그들을 받아 주고 도와 줄 미국 교회를 찾아다녔다. 그러나 교회를 찾지 못해 주님께 이들을 도와 줄 교회로 인도해 달라고 간절히 기도했더니 부드러운 음성으로 "저들을 위하여 네가 일할 수 있겠니?"라고 물어오시는 주님의 음성이 성령의 감동으로 그녀의 가슴을 사로잡았다. 주님에게 "네, 주님 할 수 있어요" 하며 채 목사는 길에서 무릎을 꿇고 울면서 대답했다. 그리고 그녀의 어린 시절, 거지와 고아가 되어 가난했던 일과 미국에 처음 들어와 고생하던 생각을 하면서 죄악의 수렁에서 자신을 건져 목사를 만드신 주님의 사랑에 큰 빚진 자 되어 그 사랑을 실천해야겠다고 결심했다.

그렇게 홈리스 교회를 개척하게 되었다. 주일날 첫 예배에 30명이 왔다. 그 후에 계속 부흥되어 300명이 모일 때도 있었다. 주일

36 하나님의 사랑을 증거하는 사람들(상)

날 예배를 드릴 때 동양 여자가 서툰 영어 실력으로 설교한다고 깔보고 빈정대며 어떤 날은 욕설을 듣기도 했다. 여름에는 옷도 제대로 안 입고 씻지 않은 홈리스들로 인해 예배를 드릴 때면 악취가 나서 골치가 아파 오기도 했다. 처음 사역할 때는 무질서하고 그녀를 창녀로 보는 사람도 있었는데 돈이 없어 잘 수 없다고 말하기도 했다. 또한 마약 파는 아주머니로 오해하는 사람들도 있었다. 그러나 지금은 그렇지 않다. 그들은 채 목사를 사랑하며 편안하게 해준다. 그들은 동양 여자 목사, 공원 목사, 또한 어머니 목사라고 불러 준다. 채 목사는 그렇게 불러 주는 그들을 주님의 사랑으로 사랑한다.

이제 교회가 부흥 안 되어 근심하고 걱정하는 일은 없다. 주일날은 예배드리는 길거리에서 약 150명의 홈리스 교인들이 줄을 서서 기다리고 있다. 그녀의 차만 보아도 홈리스 교인들이 몰려온다. 또 홈리스들이 길거리 삶을 청산하기 원하면 최선을 다하여 끝까지 도와 준다. 홈리스 교회는 예배의 모든 순서가 기성 교회와 똑같다. 성찬식도 길에서 한다. 1년에 그들이 드리는 헌금은 50달러이다. 50달러 전액을 다른 선교지로 보낸다. 그리고 집사도 한 명 있다. 교회에서 행하는 모든 일을 길거리에서 하고 있을 뿐이다. 채 목사는 노숙자들에게 줄 50~200명 음식을 혼자 만든다. 언젠가는 교회 장소로 사용한 큰 그늘이 있는 느티나무가 쓰러지자 뜨겁고 바람 부는 날씨에 어떻게 노숙자 예배를 드릴 수 있느냐고 울었다. 그러나 감사함으로 생각으로 바뀌었다. 교회가 없으니 청소도 안 하고 보험, 건축도 필요 없으니 감사한 것이다.

채 목사는 노숙자 사역과 함께 땅 끝까지 복음을 전하는 데 열심이다. 벌써 중국에 기독교 병원도 설립하고, 남미에 교회 건축도 추진하고 있다. 그런 채 목사를 하나님께서는 크게 들어 쓰셔서 미국과 세계 여러 곳에서 그녀를 초청해 간증과 말씀 집회를 열고 있다. 처음에는 무슨 말을 할까 염려했으나 자신이 받은 하나님의 사랑만 이야기하면 된다는 생각으로 담대하게 곳곳에서 말씀을 전하고 있다.

채 목사는 자신은 평생 죽어도 이뤄질 수 없다고 생각했던 다섯 가지가 있었다고 한다. 그것은 어릴 적 산에서 나무를 해서 짊어지고 오다가 무거워서 잠시 쉴 때 하늘에 비행기가 나는 것을 보면 부자가 되어 비행기를 타고 미국에 가는 것이나 공부하는 것을 불가능이라고 생각했다. 또 거지생활을 할 때 번쩍거리는 유니폼의 육군사관학교 학생들을 보고 손목 한 번 잡아보지 못할 것이라고 생각했다. 그러나 좋으신 하나님은 비행기 타는 것, 미국에 오는 것, 육군사관생도와 결혼하는 것, 학교 다니는 것, 부자가 되는 것 이 모든 것을 다 이루어 주셨다. 특히 하나님은 보아스 같은 착한 남편을 천사로 보내 주셔서 남편을 통해 하나님이 사랑을 주신다며 남편에게 감사하고 있다.

하나님의 사랑은 이제 자녀에게까지 이어지고 있다. 셋째딸 탄야는 존 홉킨스 의대를 졸업해 한국에서 의무관 대위로 근무하고 있는데 벌써 기지촌 여성, 고아들을 전도하고 있고 제대 후 한국에 선교사로 남을 예정이다. 같이 선교하고 있는 남편도 웨스트 포인트 사관학교 출신의 장교이다. 채 목사는 지난해 딸이 살고 있는 군대에서 마련해 준 한국의 고급 아파트를 찾아갔는데 그 자리가 바로 자신이 세 번이나 자살을 기도했던 한남동 고아원 자리였다는 것을 확인했다. 예수님께서 채 목사의 슬픔과 절망의 장소였던 고아원 자리를 이젠 딸에게 축복의 장소로 변화시켜 주신 것을 알고 딸과 함께 감사의 눈물을 흘렸다고 한다. 채 목사는 "비록 길거리에서 노숙자 사역을 하고 있지만 예수님이 지구촌에 오신 선교사인 것처럼 땅 끝까지 모든 곳이 나의 교회이고 지구촌 60억 인구가 다 성도"라며 그들에게 자신이 받은 예수님의 사랑을 전하기 위해 최선을 다하겠다고 강조했다.

〈새 하늘 새 땅〉 2005년 8월호

황 찬 규 목사

한국병원선교회 설립하고 아프리카 선교
젊은 시절엔 주님 떠나 타락 생활하기도

성령으로 불치병 치유받고 전도자 변신

찬양하는 황찬규 목사

워싱턴 D.C.의 한우리교회 원로목사이며 한국병원 선교회 명예회장인 황찬규 목사는 젊은 시절 불치의 중병으로 사형 선고를 받았으나 예수님의 손으로 병이 치유되는 기적을 체험했다. 그 후 그는 전도자로 거듭나 하나님의 능력과 사랑 그리고 복음을 전세계에 뜨겁게 전하는 하나님의 사람이 되었다.

영주 출신인 그는 대한예수교장로회 계통의 영주 경안중학교에

40 하나님의 사랑을 증거하는 사람들(상)

다니면서 예수님이 하나님의 아들이라는 것을 듣고 믿게 되었다. 영주 농업고등학교에서도 신앙생활을 열심히 해서 심지어 집안에서는 예수 믿는다고 대학 진학을 못하게 할 정도였다. 그러나 고학으로 건국대학교 정치외교학과를 졸업한 후 정치에 매력을 느낀 후 교회에 나가는 출석 일수가 차차 줄어들고 사교를 위한 술과 담배까지 하기 시작, 모든 생활에서 주님을 떠난 타락의 길로 들어섰다. 심지어 국회의원 중진들과 접촉이 잦아지자 장차 국회의원 출마를 염두에 두고 돈을 벌기 위해 용산구 원효로에 요정을 차렸다. 마담을 두고 여성들을 고용해 9개월 만에 집도 장만하고 제법 돈이 잘 벌리기 시작하자 그 후부터 정치와 유흥에 빠지기 시작했다.

수년 간 이런 생활에 젖어 시간 가는 줄 몰랐는데 어느 날 극심한 통증과 함께 소변에서 피가 섞여 나오는 것이었다. 그 후 병원에서 온갖 치료를 받았으나 아무 소용이 없었고 더 악화, 피가 응결되어 요도를 막아 소변을 볼 수도 없었다. 진단 결과 방광 속에 작은 혹들이 수없이 많이 돋아 있는데, 이 혹들이 터지면서 피가 흘러나온다는 것이었다. 최후의 방법으로 전기로 달군 기계로 지져서 방광 벽의 혹들을 다 태워 버리기로 하였다. 고대 우석병원에서 전기 기계를 요도에 넣을 때 하늘은 샛노래지기 시작했고 온 몸은 고통스러웠다. 이때 자신도 모르게 주님을 찾게 되었고, 십자가에 달리신 예수의 고통을 생각했다. 회개하는 마음이 일기 시작했다. 맥주 한 잔 마신 것이 요정을 개업하게 되었고, 한 개비의 담배를 사교랍시고 피우기 시작한 것이 한 갑, 두 갑 정도를 매일 피우며 육신적, 심령적으로 만신창이가 된 것을 회개하고 퇴원하면 교회에 다시 나가겠다고 생각했다. 마침 옆집 아주머니의 전도로 다시 교회에 나가기 시작했다. 그러나 치료는 아무 효과가 없어 요정업으로 번 돈으로 장만한 옥수동 집에서 죽을 날을 기다리게 되었다. 병은 계속 악화되어 병원에서도 더 이상 손을 쓸 수가 없어 퇴원해 집으로 돌아왔다. 그러나 몸을 제대로 쓸 수도 없어 간호해 줄 수 있는 누님 집으로 갔다. 그는 밤마다 눈물로 주님께 울부짖었다. 이 어려움 속에서도 목사님을 비롯한 성도들이 늘 방문하여서 뜨거운 기도와 말씀으로 위로해 주셔서 이로 인해 가느다란 하나님의 능력을 믿는 소망을 갖게 되었다.

그런데 어느 날 기도하던 중에 갑자기 하나님과의 관계, 사람과의 관계, 물질과의 관계에서 아직까지 회개하지 않은 것을 회개하라는 말씀이 들려오는 듯했다. 불현듯 아직 영업 중이었던 유흥업소가 생각난 그는 곧 업소로 달려가 허가증을 찢어 버리고 종업원의 반대에도 불구하고 폐업을 했다. 또 여러 곳에 빚진 곳도 있었는데 아픈 몸을 이끌고 찾아가 깨끗이 청산했다. 세상의 욕심과 유혹을 물리치고 하나님 앞에 다시 정결하고 가난한 심령으로 나아갈 수 있게 되자 주님께 다시 "고통 가운데에서 살려 주시기만 한다면 남은 여생을 병원 전도사업에 몸바치겠습니다"라고 기도했다.

수주일 눈물로 밤을 지내면서 간절히 주님께 기도했다. 죽음 앞에 경건하게, 엄숙하게 그리고 간절한 마음으로 주님께 영혼을 부탁하였다. 자리에 누워 주님의 모습을 찾듯 위를 바라보았다. 그때 이상한 광경이 펼쳐지기 시작했다. 갑자기 뭉게구름 같은 것이 온방을 채우듯 하다가 파란 하늘이 보였다. 너무나 아름다운 광경이었다. 주님이 곧 나타나실 것 같았다. 그런데 갑자기 아픈 상처, 즉 방광 속에 큰 불덩이 하나가 떨어지는 것 같더니 방광 부분이

42 하나님의 사랑을 증거하는 사람들(상)

병원에서 환자들에게 설교하는 황찬규 목사

심히 뜨거워서 견딜 수가 없었다. 너무나 뜨거워서 온 방을 헤매었다. 이 뜨거움은 온몸으로 퍼져나갔다. 얼마 동안인지 기억할 수 없을 정도의 시간이 지났다. 후에 정신을 차려보니 구름은 간 곳없고 파란 하늘도 사라지고 다시 방 안과 천장이 보였다. 몸이 깨끗해지고 새롭게 변화된 것 같았다. 질병으로 인한 아픔도 사라져 화장실로 달려가 소변을 보니 얼마 전까지도 피가 흐르던 것이 노란 소변으로 변해서 나왔다. 병이 기적처럼 치유된 것이었다. 그때가 1964년 6월 2일이었다.

 그 후 하늘을 보니 예전에 보던 하늘이 아니었다. 이 세상도 예전의 세상이 아니었다. 함께하는 주님의 능력과 주님의 창조하심과 통치 아래 완전히 사로잡혀 있는 새로운 세상을 보게 되었다. 새로운 생명을 주님은 주셨다. 3일 후 국립의료원 내과 과장실로 갔더니 마침 거기에 병을 진찰한 김종설 박사를 비롯한 세 명의 의사가 있었다.

 "과장님, 내 병이 나았습니다."

 그는 외치듯 말했다. 불신자인 김 박사는 그의 이야기를 듣고 "하나님의 계시로 병을 고쳤군요"라고 말했다. 그때부터 그는 국립의료원 생화학과에 근무하면서 120개 병실을 찾아다니며 사무실도 없이 병원전도 사업을 그의 간증을 통해 시작하였다. 처음에는 무관심하던 동료들도 감동되어 돕게 되었고, 이 소문이 퍼지자 각계에서는 보다 더 적극적으로 복음을 전하기 위해 적십자병원, 세브란스병원, 서울대학 병원 등 14개 종합병원에 근무하는 병원장 등 150명의 기독의료인들의 협조하에 1967년 5월 한국병원연합전도회를 발족했으며, 그 후 세계병원선교회와 결연을 맺고 병원선교연합회로 개명했다. 서울에 본부가 있는 한국병원선교회는 황찬규 목사가 초대 회장으로 헌신했으나 현재는 신상철 장로가 회장직을 맡고 있으며 한국 여러 도시에 각 지부가 있고 미국, 독일, 영국 등 전세계에 해외지부가 있을 정도로 크게 성장했다.

이처럼 병원선교회를 시작한 황 목사는 영국 카펜워리 바이블 스쿨(Capernwary Bible School), 서울신학대학, 장로회신학대학 대학원을 졸업하고 국립의료원 원목 및 교회 목사, 세계병원선교회 극동아시아 총무를 역임했으며 현재는 한국병원선교회 명예회장, 세계병원선교회 극동아시아 대표를 맡고 있다. 또 1978년 워싱턴 한우리교회를 개척 20년 8개월 간 목회하면서 아프리카 선교와 병원선교를 후원하다가 1999년 원로목사 겸 선교목사로 취임, 아프리카 대륙 및 선교회 및 네이버 선교사로 병원선교회의 여러 나라를 방문하면서 선교하고 있다.

"인생을 통하여 교회에는 한 번도 나가지 않아도 병원 문은 누구나 한 번 이상은 다니게 마련입니다. 교회를 통과하는 사람보다는 병원을 거치는 사람이 많습니다. 사람은 누구나 질병으로 인하여 병상에 눕게 되면 자기의 연약함을 발견하고 초자연적인 하나님의 능력을 기대하기 마련입니다. 이때야말로 저들의 심령 상태가 심히 부드러워져 복음을 받아들일 마음 밭이 옥토화되는 것입니다. 이런 환자들을 임상의학적으로 치료할 뿐만 아니라 그리스

44 하나님의 사랑을 증거하는 사람들(상)

도의 사랑과 기도와 말씀으로 치료하여 그리스도를 영접한 환자들에게 믿음을 심어 주고 구원의 확신을 갖게 한 후 인근 교회로 인도하는 것이 병원선교의 사명입니다."

〈새 하늘 새 땅〉 2003년 9월호

유 무 길 목사

샌프란시스코

하나님에게 전적 의지한 후 치유받아
서원대로 목사 되어 하나님 능력 증거

근육암, 골수암으로 4개월 시한부 인생

샌프란시스코에 있는 '상항 한인반석교회' 담임 목사인 유무길 목사는 26년 전 근육암과 골수암으로 전신이 마비되어 4개월밖에 살 수 없다는 사형 선고를 받았다. 그러나 오직 믿음과 기도로써 하나님의 치유 능력을 체험한 후 이제는 담대하게 하나님의 능력을 증거하고 있다.

청천 벽력 같은 근육암을 선고받은 것은 1978년 12월이었다. 그는 1963년 청운의 꿈을 안고 미국에 유학 온 후 캘리포니아 주립대학을 졸업하고 샌프란시스코의 아메리카 은행(Bank of America)

46 하나님의 사랑을 증거하는 사람들(상)

본점에서 부장으로 15년 간 근무하고 있었다. 당시 상항 연합장로 교회 장로였던 그는 오른쪽 넓적다리가 아프기 시작했으나 대수롭지 않게 생각하다가 한 달 후 콩알만한 혹이 잡히고 달걀 3분의 1만큼의 크기로 계속 커지더니 더 아프기 시작하자 병원에서 조직 검사를 받았는데, 희귀한 악성 근육암으로 진단받았다.

1979년 1월 두 번의 수술을 받은 후 3개월을 예정하고 항암 치료인 키모를 받았는데 약이 너무 독해 3일 만에 중단하고 말았다. 그리고 키모를 포기하면 암 재발률이 키모 받은 사람보다 50%가 높다는 의사의 경고를 무시하고 키모를 받지 않았다. 그 당시 목사였던 장인이 기도하면서 그에게 신학을 할 것을 권했으나 귀에 들어오지 않았다. 2월에 다시 직장으로 복귀한 가운데 어느 날 이상한 꿈을 꿨는데, 한 권사님이 그것은 신학의 길을 가야 한다는 하나님의 계시라고 풀이해 주었다. 그러나 듣지 않고 계속해서 직장을 다니던 중 1년 6개월 만에 가슴이 아프고 어느 날 갑자기 큰 혹이 튀어나와 다시 검사를 받았더니 암은 이미 악성 골수암으로 번진 것이었다. 의사는 키모를 받지 않아서 암이 더 번졌다고 그를 비난했다. 다시 앞가슴 갈비뼈를 다 잘라내고 플라스틱으로 교체하는 등 9시간에 걸친 대수술을 받았다. 이번에는 지난번에 중단했던 키모도 받았다. 키모는 너무 지독해 눈썹을 제외한 머리카락부터 온몸의 털이 다 빠지고, 온 입 안과 코가 터져서 음식도 먹을 수 없고 앉거나 설 수도 없었다.

그러나 종합 진단 결과는 절망적이었다. 암이 다시 여러 곳에 번졌는데, 한 곳은 암이 뼈를 깎아 먹어 뼈의 2분의 1이 없어졌을 정도였다. 의사는 오른쪽에 있는 암이 머리로 올라올 경우 2주 내지 4개월밖에 살지 못하기 때문에 지금 당장 암이 머리로 올라가지 않도록 빨리 방사능 치료를 받아야 한다고 했다. 그는 이 같은 절망적인 결과를 믿을 수 없어 다시 엑스레이 촬영을 했는데 마찬가지였다. 이로 인해 일생 처음으로 자신이 무엇을 잘못했는데 이런 시련을 주시는가 하고 주님을 미워하기 시작했다. 그리고 사람의 힘으로는 이제 고칠 수 없다는 판단이 들어 의사에게 1주일 동안 기도할 시간을 달라고 요청했다. 의사는 30분 안에 암이 더 퍼질 수 있다며 그의 태도를 이해하지 못했다. 의사의 말을 들을 것인지 아니면 전적으로 하나님에게 의지할 것인지 방황하던 중 갑자기 성경 구절이 떠올랐다. 그것은 시편 121편이었다.

"내가 산을 향하여 눈을 들리라 나의 도움이 어디서 올꼬 나의 도움이 천지를 지으신 여호와에게서로다"(1~2절).

그렇게 간절하게 찾았던 도움이 바로 그곳에 있었다. 창조주 하나님이 부를 때 응답하시고 영혼까지 구원하시며, 모든 환난에서 도와 주시겠다고 말씀하셨는데도 그동안 도움을 세상에서 찾았던 것을 깨달았다. 이 말씀에 확신을 갖고 죽든지 살든지 완전히 주님께 맡기겠다고 결심했다. 그리고 아내를 불러 쓰레기통을 가져오라고 한 후 비싼 암 치료 약들을 다 버렸다. 그동안 먹어 왔던 위약, 아스피린 등 모든 약을 버렸다. 그랬더니 마음이 후련하고 기쁨이 있었다. 바로 주님이 주시는 평안이 찾아온 것이었다. 그날 밤 부부는 가정예배를 드리면서 주님을 원망한 것을 회개하고 감사 찬양을 했다. 그런데 밤 12시쯤 왼쪽 다리가 저리기 시작하더니 온몸이 전기에 감전된 것처럼 찌릿찌릿했다. 부인을 깨워 성령님이 역사하시니 건드리지 말고 기도해 달라고 부탁했다. 뜨거운 불길이 몸에 닥치기 시작했는데 펄펄 끓는 물처럼 너무 뜨거운 성령님은 세 번 역사하고 멈췄다.

48 하나님의 사랑을 증거하는 사람들(상)

12월 1일 의사에게 전화해서 더 이상 의학에 의존하지 않고 하나님께 맡기겠다고 하자 의사는 이해할 수 없다며 암이 머리로 올라갈 경우는 2주, 올라가지 않아도 치료를 받지 않을 경우는 4개월을 넘기지 못한다는 사형 선고를 내렸다. 이에 대해 참새 한 마리도 하나님이 허락하지 않으시면 떨어뜨릴 수 없다며, 언젠가 다시 살아서 당신 앞에 설 날이 있을 것이라고 말했다. 약을 먹지 않자 그때부터 고통과 아픔이 시작되어 하루하루 고통 속에 살게 되었다. 그 아픔 속에 기도할 기도원을 찾던 중 친구로부터 덴버 침례교회 이성서 목사의 사모님이 신유 은사가 있다는 소리를 들었다. 그 사모는 6·25 때 왼쪽 팔을 잃어 인공 팔을 하고 있는데, 신유 은사가 있어 많은 환자들이 찾아와 기도를 받는다는 것이었다.

본 교회에서 기도 받으라는 사모의 권유를 거절하고 덴버로 무작정 날아갔다. 공항에 나오신 목사님 부부와 집사님의 마중을 받고 집사님 댁에서 이야기하던 중 자신은 혹이 톡 튀어나와 2주밖에 살 수 없으니 기도해 달라고 간청했는데 목사님은 교회로 데려가신 후 담요 한 장을 주고는 내일 새벽에 보자며 그냥 가셨다. 그는 일생 처음으로 강대상 앞에서 무릎을 꿇었는데 눈물이 나왔다. 주님이 그렇게 미울 수 없었다. 주님에게 장로로서 10년 동안 목사님 잘 모시고, 헌금 잘하고, 교회 봉사도 잘했는데 무엇 때문에 암이 세 군데나 퍼졌고 2주밖에 살 수 없느냐고 자신의 잘한 것만 이야기했다.

새벽 2시쯤 일생 처음으로 주님의 음성을 들었다. "너는 죄인이다. 너는 죄인이다." 두 번 음성이 들려왔지만 그는 죄인이 아니라고 반박했다. 그러나 세 번째 주님이 "네가 장로로서 성도가 어려웠을 때 진정으로 기도했느냐?"라고 말씀하실 때 그는 깜짝 놀

유무길 목사 가족

랐다.

처음으로 자신의 과거를 영화 보는 듯 뒤돌아보게 되었다. 자신의 죄악상이 초등학교 6학년 때부터 보여 완전히 꼬꾸라져 회개했다. 죄가 많은데도 죄인이 아니라고 부인한 것이 부끄러웠고, 암이 재발한 이유가 키모를 받지 않아서가 아니라 수술 후 하나님의 뜻대로 신학의 길을 걷지 않고 세상 속에 빠져든 때문이라는 것을 알게 되었다. 그 같은 죄인을 멸망시키지 않고 아직도 기회를 주신 하나님께 감사와 회개의 눈물을 흘렸다. 그때 누군가 자신의 머리에 손을 얹어서 보니 사모님이었다. 안수 후에 놀라운 기적이 일어났는데 2주밖에 못 산다는 혹이 사라진 것이었다. 진정으로 회개하니 혹이 사라진 것이다.

10일 동안 기도하고 12월 19일 집에 돌아왔는데 아픔이 본격적으로 시작되었다. 오른쪽 얼굴의 감각마저 없어지고 두 눈도 점점 보이지 않았다. 온몸을 쓸 수 없고 먹을 수도 없는 가운데 아픔과 고통이 다음해 초까지 계속되었다.

그토록 고통스럽기는 처음이어서 당장 의사에게 달려가 모르핀 주사라도 맞고 싶었다. 참을 수가 없어 벽에 머리를 꽝꽝 부딪쳤으며, 그를 돕기 위해 옆에서 벌벌 떨며 어찌할 바를 모르고 있는 아내의 치마를 찢어 버리기도 했다. 너무 아파 뜨거운 물에 들어가 잠시 고통을 잊기도 했으나 다시 아픔이 왔다. 그 가운데에도 아내는 그의 마음이 약해질까봐 앞에서는 눈물을 흘리지 않고 간호했다. 나중에 딸 혜련이를 통해 들은 이야기인데 아내는 딸을 껴안고 너와 나의 기도가 부족했기 때문에 아빠가 아프다고 더 기도해야 한다며 한없이 울었다고 한다. 통증을 감당할 길 없어 하나님에게 생명을 거두어 가시라는 기도를 했다가 다시 회개하기도 했다. 너무나 고통스러워 덴버 사모님에게 집으로 와달라고 간청도 했다. 당시 사모님이 기도하면 순간순간 아픔이 사라졌었기 때문이었다.

 2월 6일 사모님이 샌프란시스코에 도착했는데, 그 순간 인생에서 육신적으로 가장 슬픈 날이 다가왔다. 다리에서부터 마비가 오기 시작, 배꼽까지 왔는데도 멈추지 않고 계속 위에까지 올라왔다. 그는 "아버지, 전신 마비는 안 됩니다"하고 눈물 흘리며 주님에게 매달렸다. "상체만은 절대로 안 됩니다"라며 하나님께 울부짖자 마비 증상이 배꼽 한 뼘 위에서 멈추었다. 그야말로 70%가 마비되어 꼼짝못하는 산송장이 된 그를 보고 사모님은 너무 불쌍하다며 철야기도를 해주셨다. 새벽 4시에 통증은 멎었는데 배가 불러오기 시작했다. 하체가 마비되어 24시간 소변을 보지 못하니 배가 불러온 것이었다. 사모님은 소변 문제는 의사의 도움이 필요하다고 말해 들것으로 병원에 실려갔다. 고무를 끼우고 소변을 빼낸 의사는 그를 보고 울며 병원으로 돌아오라고 말했으나, 하나님이 치료해 주신다고 약속하셨기 때문에 안 된다고 거절했다.

 그러던 중 2월 9일에는 하체에서 양수 같은 것이 터져 나왔다. 암 환자를 많이 경험해 본 사모님은 죽은 암 세포가 나왔기 때문에 이제 되었다며 기뻐하며 찬송과 영광을 하나님께 돌렸다. 그 후 사모님이 하나님의 음성을 들은 덴버로 가자고 권유, 꼼짝못하는 몸으로 2천 달러를 주고 앰뷸런스와 비행기로 덴버로 갔다. 덴버에 도착한 날 저녁 두 손조차 마비되어 손도 못 움직이게 되었다. 부부는 두 손은 안 된다며 밤새 울며 기도했는데 새벽에 다시 두 팔에 감각을 주셨다. 그런데 며칠 후 별안간 척추를 따라 목부터 엉덩이에 둥그런 혹들이 나오기 시작하고 다시 통증이 시작됐다.

2월 26일, 서원을 해야 치유된다는 아내의 말에 하나님이 살려 주시면 평생 주님을 위해 살고 몸바치겠다는 약속을 그는 처음으로 했다. 그런데도 아픔이 계속되었고, 아무런 희망도 보이지 않았다. 아픔에 지쳐 천국을 동경하다가도 3월 4일에는 더 이상 살 수 없으니 생명을 거두어 달라고 원치 않는 기도를 했다. 그런데 새벽에 두 번째로 "너는 그 고통도 참지 못하느냐, 나는 너를 위해 십자가에 못박혀 죽었다"라는 주님의 음성이 들려와 깜짝 놀랐다. 그 순간까지도 자신이 제일 아픈 줄 알았고 주님의 십자가는 생각도 못한 것이었다. 십자가의 고통, 생살에 못이 박히고 피가 다 떨어져야 죽는 주님의 고통에 비하면 자신의 고통은 아무것도 아니었다.

"주님, 용서하여 주시옵소서. 주님, 사랑합니다. 주님 십자가를 사랑합니다."

찬송가 135장을 부르면서 아픔을 이길 수 있는 믿음을 수시라고 매달렸다. 10일 후인 3월 14일에 보이지 않는 눈으로 기도하는 가운데 아침 9시쯤 별안간 환상이 보였다. 당시 모습은 머리가 다 빠지고 몸무게도 80파운드였는데 주님은 건강한 얼굴을 환상으로 보여 주셨다. 30초 간 건강한 모습의 환상을 본 그는 아내를 불러

"나는 살 수 있어, 주님께서 건강한 내 모습을 보여 주셨다"고 소리쳤다. 아내는 "니는 당신이 죽는다고 한 번도 생각하지 않았어요"라고 말하고 서로 두 손을 잡고 찬양했다.

환상을 본 지 이틀 후인 3월 16일 아침에 눈을 뜨고 기도하는데 아픔이 와야 할 시간에 아픔이 오지 않았다. 오후가 되자 몸의 혹들이 가렵기 시작, 낫기 시작한다는 징후를 느끼게 되었다. 그런데 다음날 아침에는 혹이 더 커지기 시작하여 걱정했는데 혹들이 하나하나 사라졌다. 물거품처럼 커졌다가 바늘에 터지면서 하나하나 사라져가는 하나님의 역사가 시작된 것이었다. 만져보니 살의 감각도 느껴졌다. 입을 크게 벌릴 수 있었다. 물체가 보이기 시작했다. 다시 시력도 원래의 1.0으로 돌아왔다. 상체에도 힘주기 시작해 앉아 있는 힘이 생겨 이번엔 90달러만 주고 샌프란시스코로 가는 비행기를 타고 돌아갔다.

1981년 4월 3일 집으로 돌아왔는데 12일에는 엉덩이의 양 혹도 완전히 사라지고 감각도 돌아왔다. 13일에는 금식기도 중 두 번째 환상을 보여 주셨다. 찬란하고 하얀 옷을 입은 주님이 나타나셔서 통통 부어 있는 자신의 다리를 만져 주시자 부어 있던 다리가 정상으로 돌아오는 환상이었다. 이 환상을 본 후로 언젠가는 예수님이 반드시 자신을 일으켜 주실 것으로 믿게 되었다.

기적은 계속되어 7월 초순에는 그동안 대소변을 가리지 못하고 아내와 딸이 기저귀를 갈아 주었는데 상태가 좋아져 끼고 있던 고무를 빼기 위해 의사에게 전화했더니 의사는 깜짝 놀라는 것이었다. 분명 당신이 맞느냐며 두 번이나 묻더니 빨리 오라는 것이었다. 병원에서 의사는 위에서부터 밑에까지 검사를 한 후 고개를 갸우뚱하면서 이럴 수가 없다는 표정을 지었다. 진단 결과 암 세포가 하나도 남아 있지 않았고 엑스레이를 찍어보니 뼈도 정상으로 돌아온 것이었다. 놀라는 의사에게 그는 "전에 내가 다시 살아서 오겠다고 말하지 않았느냐"며 하나님의 능력을 증거했다.

12월 7일 새벽에 꿈을 꾸는데 주님이 성경책을 펴주시더니 "예수의 피"를 세 번 적어 주셨다. 즉 예수의 피로써만 구원받을 수 있고, 죄와 허물도 예수의 피로써만 용서받을 수 있으며, 모든 질병, 환난, 역경도 예수의 피로만 이길 수 있다는 것을 보여 주신 것이었다. 또 12월 말에는 신학교에 가는 환상을 보여 주셨다. 그러나 소변 문제로 학교 다닐 일이 걱정되어 학교 다니기 전에 해결되도록 기도했는데 1982년 6월에는 스스로 대소변을 볼 수 있도록 역사하셨다. 첫 소변을 45분 만에 보자 비뇨기과 의사는 70% 마비 환자가 소변 보는 것을 이해하지 못했다.

9월부터는 신학대학교에 입학, 공부를 시작했으나 장애자로서 너무 어려워 포기할까도 생각했다. 그런 가운데 "너는 지금의 길을 걸어야 한다"는 주님의 우렁찬 세 번째 음성을 들었다. 그 하나님의 음성을 듣고 3년 반 동안 온갖 어려움을 극복, 심슨 신학대학과 신학대학원, 베다니 신학대학원을 졸업하고 1986년 목사 안수를 받았으며, 1985년에는 상항 반석교회를 개척했다. 휠체어를 타고 다니며 미국과 캐나다와 한국에서 현재까지 수백 개 교회에서 집회를 하며 살아 역사하시는 하나님을 증거하고 있는 유 목사는 휠체어를 타려다가 수십 번 나가떨어지는 등 힘든 장애인 생활을 함에도 불구하고 장애인들의 어려움을 알 수 있게 해주시고 믿음의 길을 잘 걷게 해주셔서 오히려 하나님께 감사하고 있다.

지금도 소변, 대변을 보는 데 20~30분이 걸린다는 유 목사는 많은 어려움이 있지만 하나님과의 약속을 지키기 위해 복음을 전파하고 있다며 몸이 건강한 성도들은 이 같은 장애인들을 보며 어떤 역경 속에서도 불평불만하지 말고 오직 주님께 찬양, 감사하고 하나님이 주신 직분에 충성하며 항상 기뻐하고 쉬지 말고 기도하며 범사에 감사하라는 하나님의 뜻을 실천하길 당부했다.

장애인 선교단인 북가주 밀알 선교단 이사로도 활동하고 있는 유무길 목사는 "우리는 어떤 환난과 시련 속에서도 하나님께 전부를 맡기는 생활을 해야 한다"라고 강조했다.

〈새 하늘 새 땅〉 2004년 2월호

이 성 숙

애틀랜타, GA

세계적인 프리마돈나로서 오페라 무대 누벼
최정상에서 예수님 영접하고 화려한 오페라 떠나

하나님이 주신 목소리로 하나님 찬양

현재 클리블랜드에 있는 리 유니버시티 스쿨 오브 뮤직(Lee University School of Music)에서 성악과 교수로 재직하고 있는 이성숙 씨는 한국 최초의 세계적인 프리마돈나로서 1970년대, 1980년대에 유명 오페라 무대를 화려하게 누비던 여성이었다. 그러나 그 최절정의 순간에 하나님을 영접하고 오페라 무대를 떠난 후 이젠 찬양으로 하나님께 영광 돌리고 있어 큰 감동과 은혜를 주고 있다.

이화영, 박신경 씨의 5녀 중 셋째 딸인 그녀는 비록 경제적으로는 풍부하지 않았지만 항상 예수님의 사랑이 넘치는 기독교 가정에서 자랐다. 양복점을 운영하시던 아버지는 장로로서 비가 오나 눈이 오나 멀리 떨어져 있는 교회를 한 번도 빠지지 않고 걸어서 새벽기도회를 열심히 다니셨고, 또 마음과 뜻을 다하여 주님을 섬길 뿐만 아니라 항상 말씀을 자녀들에게 심어 주고 기도하셨다. 특히 그는 자녀들의 미래를 위한 축복기도는 헛되지 않을 것으로 확신했다. 어머니는 듣기 괴로울 정도로 노래를 못하는 분이었지만 항상 기도하고 쉬지 않고 찬송을 부르셨다. 또 부모님들은 딸들에게 어떤 말보다 일상 생활의 행동으로 기독교인으로서의 본을 보이셨다.

부산 남성여고를 다닌 그녀는 하나님께서 자신에게 주신 재능이 무엇인지 몰랐으나 합창단원으로 활동하던 중 그녀의 뛰어난 자질을 발견한 최인찬 음악 선생님이 "성숙아, 너는 하나님이 주신 목소리를 가지고 있다"며 성악을 공부하면 대성할 것이라고 권유, 그때부터 성악을 전공하기로 결정하였다.

세계적인 성악가가 되려는 꿈을 간직한 그녀는 그 꿈을 이루기 위해 장학금을 받으며 숙명여자대학교 음대를 다녔으며, 졸업을 한 해인 1964년 언니가 살고 있는 미국의 알래스카로 음악공부를 하기 위해 떠났다. 그곳에서 오디션을 받은 후 장학금을 받고 1965년 시애틀에 있는 워싱턴 대학교(University of Washington) 음악대학원에서 석사 과정을 공부하였다. 이 짧은 기간에도 벌써 수많은 오페라, 성악 경연대회에서 최우수상 등을 수상하고 많은 장학금을 받으면서 각 단체로부터 인정을 받는 등 두각을 나타내었다. 그 후 메트로폴리탄 오페라에서 매해 개최하는 콩쿠르에서 본선에 진출한 것을 계기로 다시 1968년 명문 대학인 뉴욕의 줄리어드 음대에 입학해 5년 동안 전액 장학금과 생활비를 받으며 학교에 다니면서 발성법뿐만 아니라 연기 등을 배우며 세계적인 오페라 가수가 되기 위해 피나는 노력을 기울였다.

줄리어드 재학생 시절인 1972년 일본에서 열린 나비부인 세계 경연대회에서 대부분 공산권인 심사위원들의 불공정한 심사로 인해 아깝게 2위를 차지했다(1등은 심사위원의 제자가 차지함). 그 당시 결승과 시상식을 오사카 필하모니 홀에서 했는데, 오케스트라와 공연할 때 테너 디 스테파노와 소프라노 마리아 칼라스와 같은 무대에 서기도 했다. 그녀는 그 공연에 참석한 미국 저명 음악인들에게 실력을 인정받아 1973년부터 시카고, 샌프란시스코의 오페라 무대에 데뷔했고, 1975년에는 세계적으로 유명한 콜럼비아 아티스트 매니지먼트를 비롯 비엔나 로돌프 라브, 영국 헤리슨 파레트 매니지먼트 등과 계약 아래 한국인으로서는 최초로 세계적인 무대에서 프리마돈나로 활동했다.

그 시절 동양인 성악가는 불과 다섯 손가락에 꼽을 만큼 찾기가 힘들었다. 소프라노인 그녀는 세계적으로 명성 높은 이태리 라 스칼라(La Scala)를 비롯 런던의 코벤트 가든의 로열 오페라, 뉴욕 링컨센터의 시티 오페라에 모두 데뷔했으며 프랑크푸르트 오페라, 네덜란드 오페라, 케네디센터, 카네기 홀, 피츠버그 심포니 오케스트라, 뮌헨 스테이트 오페라, 취리히 스테이트 오페라, 시애틀 오페라와 심포니 오케스트라 등 국제적인 무대에서 공연했으며 유수의 오케스트라와도 많은 협연을 했고, 대한민국 국제 음악제에도 초청되어 출연하였으며 홍난파 상도 수상했다.

특히 푸치니의 오페라 "나비부인", "라보엠" 등의 주연만도 수

백 번 이상 했을 정도로 헤아릴 수 없는 오페라, 오라토리오, 독창회의 연주와 함께 완벽한 연기로 세계의 뛰어난 성악가들 중 하나로 활동했다. 그처럼 세계 유수의 오페라 하우스를 돌며 오페라 "나비부인"의 주인공 나비부인 역으로 각광을 받던 그녀가 세계 최정상에 우뚝 섰던 1985년에 "나비부인"의 클라이맥스 중 '초초상'이 자신의 애인에게 안녕을 고하듯 한 편의 드라마처럼 돌연 그레이터 마이애미 오페라(Greater Miami Opera) 연주를 끝으로 세계 무대를 떠나 팬들을 놀라게 했다. 그것은 늘 자기를 위해 기도해 주시던 어머니의 예상치 못했던 죽음으로 그토록 우상화했던 오페라 가수로서의 대성만을 꿈꾸며 살았던 그 생활이 얼마나 어리석고 헛된 것인가를 깨달았기 때문이었다. 그녀는 주님을 진정으로 자신의 구세주로 영접하고 주님께로부터 받은 그 귀한 재능을 오직 주의 영광만을 위해 쓰기로 결심하였던 것이다.

당시 그녀는 유명 오페라 하우스들의 스케줄로 비행기를 타고 돌아다니며 화려한 개막식 밤 공연에 출연해야만 하는 분주한 생활을 하고 있었다. 마침 한국에서 아버지가 돌아가신 후 혼자 되신 어머니가 딸이 있는 뉴욕에 오셨는데 한인교회를 찾아 딸에게 함께 가자고 권했으나 그녀는 고개를 저었다. 그때까지만 해도 형식적인 신앙생활을 하던 그녀는 교회가 부모님에게는 좋을지 몰라도 지금 그런 것이 자신에게는 필요 없다고 생각했다. 어머니는 뉴욕 맨해튼의 양복점에서 재봉사로 일하면서도 교회를 열심히 다니셔서 장로님이 되셨다.

그러던 1983년 4월, 유럽 네덜란드 오페라 하우스에서 그녀가 "나비부인"을 공연하고 있었는데, 암스테르담 호텔방에 들어오자마자 전화벨이 울렸다. 뉴욕에서 걸려온 전화였는데 어머니가 심장마비를 일으켰다는 소식이었다. 전혀 예상치 못했던……. 너무 건강하시던 어머니가 쓰러지셨다는 소식을 듣고 그 자리에 얼어붙은 듯 서 있었다. 그녀는 첫 비행기로 뉴욕으로 가 어머니가 누워 계신 병원 침대 옆에 섰다. 어머니는 아직도 혼수 상태에서 깨어나지 못하고 있었다. 그녀는 매일같이 어머니의 손을 꼭 잡은 채 침상 옆에 앉아 불안한 눈으로 심장 박동기를 지켜보았다. 가끔 침상 옆에 있던 한글 성경을 들고는 어머님 귀에 입을 가까이 대고 읽어 드리곤 했다. "저 높은 곳을 향하여" 같은 쉬운 찬송가를 흥얼거리며 부르시던 어머니의 음성이 귀에 들리는 듯했다. 자신도 모르게 어머니의 회복을 위해 기도를 드리기도 했다. 2주 후 끝내 어머니는 돌아가셨고, 뉴욕 플러싱(Flushing) 한인제일교회의 교회장으로 장례식이 치러졌다.

그때부터 그녀는 많은 날들을 먼 하늘만 멍하니 바라보며 세월을 보내는 등 초점이 없는 사람이 되었다. 모든 출연 계획을 취소한 채 자신 속에 아주 깊이 숨어 들어갔다. 목소리도 항상 쉬어 있어 노래를 부를 수가 없었다. 예전에는 마음만 먹으면 어떤 일도 다 해낼 수 있었다. 하지만 이제는 아무 일도 할 수 없었다. 그녀는 인생이라는 것이 오늘 비록 화려해도 내일 당장 사라질 수 있으며, 죽음은 노인들에게만이 아니라 강하고 젊은 사람에게도 온다는 인생의 허무함, 절망감을 느끼고 우울증에 빠졌다.

그러던 어느 날 밤, 침대에 누운 채 어두운 허공을 바라보고 있었다. 침대 옆의 형광시계 빛이 새벽 2시를 알리고 있었다. 어두운 허공을 바라보고 있으려니 부모님의 평화로웠던 모습이 떠올랐다. 어머니의 자그마한 코와 쾌활한 웃음소리, 일을 마치고 돌아오신 아버지의 다정하게 반짝이던 눈빛……. 처음으로 그분들은

60 하나님의 사랑을 증거하는 사람들(상)

참 행복하셨구나 하는 생각이 들었다. 비록 세상에서는 가난하였지만 하나님의 영적 축복 가운데 삶을 즐기신 분들이었던 것이다. 항상 웃고 노래하셨으며 내면의 기쁨을 소유하고 계셨다. 어떻게 그런 소박한 삶을 통해 그렇게 큰 기쁨을 얻을 수 있었을까? 갑자기 그 이유를 깨달은 것이다. 그것은 예수님의 가르치심대로 베푸는 삶을 살았기 때문이었다. 남에게 베푼다는 것은 필시 금전으로만이 아니다. 베풂의 방법에 있다는 것을 깨달았다. 그녀는 그동안 그런 모습과는 정반대적인 삶을 살아왔던 것이다. "나는 받는

오페라 나비부인에서 이성숙 씨가 나비부인 역을 맡아 열연을 하고 있다.

자였다. 나는 오로지 내 자신과 내 일에만 몰두해 있었다. 심지어는 하나님을 위한 자리마저도 내놓질 않았다. 내 목소리, 내 연주의 생활이 내 최대의 우상이었으니까." 교회에서 노래를 했을 때도 하나님의 영광을 위해서라기보다는 자신의 노래 실력을 뽐내기 위한 것이었다.

"억지로 잠들기를 포기한 나는 몸을 돌려 침대 옆의 불을 켰다. 그때 침대 옆에 놓여 있던 어머니의 한글 성경이 눈에 들어왔다. 귀퉁이가 낡아 떨어진 그 성경을 집어 들고는 어머니의 존재와 어머니의 따스했던 팔이 마치 나를 감싸 안는 듯한 느낌을 받았다. 그것은 마치 내가 찾던 행복을 어디서 찾을 수 있는지 알려 주시는 것 같았다. 갑자기 나는 알게 되었다. 나는 행복을 찾을 필요가 없었던 것이다. 부모님과 함께 살던 우리 집을 채우던 그 행복은 내가 받아들이기만을 기다리며 항상 거기 있었던 것이다."

그녀는 침대보를 활짝 걷고 내려와 찬 바닥에 무릎을 꿇었다. 그리고는 통곡의 기도를 드리기 시작했다. "오, 주님, 제가 여기 있습니다. 제 죄를 용서하여 주시고 저를 받아 주시옵소서. 제 모습 이대로 받아 주시옵소서. 주님의 뜻을 좇아 주님을 따르겠나이다." 그동안 크리스천이라고 했지만 머리로만 믿었지 가슴으로 믿은 것이 아닌 것을 회개한 그녀는 그날 진심으로 예수님을 자신의 구세주라고 고백하며 받아 주시기를 기도했다. 그러자 말로 형용할 수 없는 평안함이 몰려왔다. 그리고 어린아이와 같이 평온한 잠 속에 빠져들었다. 다시 식욕이 돌아왔고 목소리도 정상으로 돌아왔다.

자신도 모르게 입에서는 그동안 바보 같은 짓이라고 흉보았던 어머니가 즐겨 부르시던 찬송가가 흘러나왔다. 그리고 자신도 모르게 성경으로 관심이 쏠렸는데, 말씀을 아무리 읽어도 지치지 않앉다. 그때 찬송가 "달고 오묘한 그 말씀"이 무슨 뜻인지 알 수 있었다. 모든 성경 구절들은 특별한 메시지를 전해 주고 있었다. 매일 읽는 성경 말씀에 따라 생활 속의 인도를 받았다. 그러면서 다시 무대에 서게 되었다. 그러나 이제 "나비부인"의 첫 장면에서 핑크빛 벚꽃 사이를 걸어 나오면서 "우리는 도착했노니……이 얼마나 큰 행운인가"라는 노래를 부르는 그녀는 새로 태어난 이성숙이었다. 이제 그것은 단순한 공연만은 아니었다. 그녀는 자신과 자신의 재능을 하나님께 드리고 있었던 것이다. 그녀는 이전의 삶에 작별을 고하고 새로운 삶으로 새롭게 태어났던 것이다. 그러나 그렇게 소중히 여기며 우상화하며 지니고 있는 오페라를 쉽게 포기하는 것이 너무 어려워 2년 동안 갈등을 겪다 끝내 오페라를 떠나기로 용단을 내렸다.

"나는 그동안 명예와 부와 긍지만을 추구해 왔습니다. 나는 유명한 오페라 하우스를 하나 둘 정복한 것에서 만족을 찾았지만 그러나 영적인 만족을 찾을 수 없었습니다. 단지 수표만이 보상이었다는 것을 어머니의 죽음으로 깨달았습니다. 이제 성가를 통해 하나님은 나에게 다른 보상을 주시고 하나님이 나의 매니저가 되셨습니다. 내가 오페라 무대를 그리워하지 않는다고 말한다면 거짓말일 것입니다. 나는 오페라를 그리워할 것입니다. 그러나 예수님에게만 초점을 두겠다는 것이 나의 강한 신념입니다. 예수님이 나를 강하게 만드시고, 숨 쉬게 하시고, 능력 주실 때까지 하나님이 주신 목소리로 하나님께 영광 돌리길 원합니다."

그녀는 1985년 3월 마이애미 플로리다 기자회견에서 "나의 오페라 연주는 오늘이 마지막"이라는 은퇴선언을 했고, "이 시간부터 나는 다시 태어난 사람으로 오직 나의 구세주이신 예수 그리스도의 영광만을 위하여 찬양하겠다"라고 선언했다. 이처럼 화려한 오페라 무대를 떠나자 하나님은 새롭게 하나님의 도구로 그녀를 사용하기 시작하셨다. 신문기사를 읽은 오르가니스트 다이안 비쉬(Diane Bish)의 "음악의 기쁨(Joy of Music)"이라는 종교음악 TV 프로그램에서 연주 계약이 들어왔고, 이어 계속 TV 출연 요청이 들어왔다. 그 후 전도폭발 창시자인 제임스 케네디 목사 시무교회에서 5년 간 코럴 리지(Coral Ridge) TV를 통해 찬양하는 성악가로 변했으며, CBN TV의 700클럽, TBN의 프레이즈 더 로드(Praise The Lord) TV, 1986년 워싱턴 D.C.와 암스테르담에서 열린 빌리 그레이엄 목사 전도집회로 시작하여 여러 번 출연하였으며, 조용기 목사의 여의도 순복음교회와 미국 전도 집회, 한국기독교방송과 TV, 세계 선교 전도 집회, 아시아 선교대회, 김장환 목사 전도집회 등 수많은 종교 단체의 전도 집회와 TV에서 간증하며 찬양으로 하나님께 영광 돌리고 수많은 심령들을 울리는 음악전도자의 사명을 감당하고 있다. 또 비영리 음악 종교단체인 '포도나무와 가지'를 설립하였고, 1996년부터 애틀랜타에 있는 미국여성 교도소에서 찬양과 말씀을 통한 복음 사역에 헌신하고 있으며 제자 양성에도 노력하고 있다. 2000년에는 숙명여대의 초빙교수로 일 년 간 학생들을 지도했다.

그녀의 간증을 오페라 형식으로 노래한 "스토리 앤드 송(Story and Song)" 등 CD와 테이프로 그녀의 노래를 들으면 누구와도 비교할 수 없는 천상의 목소리와 세계적 프리마돈나의 실력으로 눈물이 날 정도의 큰 감동과 은혜를 받게 된다. 한때 오페라 무대에서의 제한된 관객들에게만 기쁨을 주었던 그녀가 이젠 하나님께서 주신 선물인 아름다운 목소리를 통해 더 많은 사람들의 심령을 변화시키고 하나님께 영광 돌리는 더 귀한 하나님의 뜻을 실천하고 있는 것이다.

"나의 생전에 여호와를 찬양하며 나의 평생에 내 하나님을 찬송하리로다"(시 146:2).

〈새 하늘 새 땅〉 2005년 5월호

이 운 화

타코마

총 위협 속에 독약 마시고 목소리 잃어
현재의 고통 속에서도 하나님께 감사

끔찍하고도 잔인한 범죄에 희생당해

이운화 씨는 상상할 수 없는 끔찍하고도 잔인한 범죄로 신체 장애인이 되었으나 하나님을 원망하지 않고 오히려 하나님께 감사하고 있어 큰 은혜를 주고 있다.

원래 가난했을 뿐만 아니라 아버지의 폭력에 시달리며 자라 초등학교 시절에 식구들이 아버지를 피해 서울로 가출할 정도였다. 그 후 가족들은 다리 밑에서 생활하는가 하면, 어머니는 남대문 시장에서 좌판을 하시며 간신히 생계를 유지했다. 어린 운화도 오빠와 함께 공장에서 일하는 등 온갖 고생을 했는데, 아버지가 어떻게 알고 찾아와 돈을 미리 가불해 가는 등 식구들의 어려움은 계속되었다. 제대로 입지도 먹지도 못했던 그녀는 잘살고 행복한 친구들을 보면 너무 속이 상해 견딜 수 없어 15세 때부터 수시로 가출을 시작했는데 17세에 돈을 벌기 위해 친구 따라 아무것도 모르고 이태원에 갔다가 인신 매매단에 속아서 술집에서 미군을 상대하는 타락의 길을 걷게 되었다.

자포자기로 술과 담배와 세상 정욕에 빠져 있던 그녀는 한 미군을 만나 1991년 결혼, 알래스카로 오게 되었다. 떠나는 그녀에게 어머니와 언니가 예수님을 믿으라고 전도했으나 거부했다. 왜냐하면 그녀가 어릴 적부터 어머니는 교회에 다녔으나 조금도 변화된 모습이 없어 그런 예수님은 믿고 싶지 않았기 때문이었다. 그러나 알래스카에 도착한 후 사람을 만나지 못해 외로워하던 중 어느 날 한국 사람을 만나게 되었고, 전도를 받아 처음으로 한인교회를 다니기 시작했다. 그리고 3주 만에 부흥회에서 큰 은혜를 받고 주님을 영접하였는데 불행했던 과거를 회개하고 새사람이 되니 너무 좋아 주 안에서 살려고 열심히 노력했다. 2년 후 다시 부흥회에서 성령을 체험하고 구역장으로 열심히 봉사하기도 했다. 그러나 그동안 너무나 세상을 좋아했던 탓에 교회에 다니면서도 다시 세상의 유혹을 뿌리치지 못하고 술집에 한두 번 나가게 된 것이 계속되었다. 하나님을 영접하고도 다시 또 세상 유혹에 빠지려는 그녀에게 하나님은 꿈 속에서 경고를 주셨다.

"여러 사람들과 함께 앉아 있는데 갑자기 하늘에서 먹구름이 일더니 하늘이 갈라졌고 세상이 완전히 뒤집혔습니다. 하나님 심판의 날이 온 것이었습니다. 잠시 후 보니 많은 사람들이 구름을 타고 하늘로 올라가는데 나는 구름에 몸이 반만 걸쳐 있어 올라가질 못했습니다. 그래서 예수님께 나도 데려가 달라고 소리쳤더니 예수님은 '운화야 너는 아직 안 된다. 너는 세상 것을 버려야 한다'라고 말씀하셨습니다."

　더구나 그때 남편이 외도를 시작, 가정 불화가 생기자 주님을 잘 믿는데 왜 시련을 주시는지 하나님을 원망했다. 심지어 남편이 다른 여성의 집으로 떠나자 하나님을 더 원망했고, 이젠 예수님을 안 믿겠다고 결심했다.

　하나님을 떠난 가운데 한 한인 남성을 알게 되었다. 남편에 대한 배신감과 외로움 속에서 처음 사귄 한인 남성이 한국말로 위로해 주어 자신도 모르게 빠져 들었다. 나중에는 그 남성이 결혼을 요청할 정도가 되었고, 아직 이혼 수속이 끝나지 않은 가운데 한인 사회에 둘의 관계에 대한 소문이 나기 시작했다. 그러던 중 집을 나갔던 남편이 속았다며 1년 만에 다시 집에 돌아왔는데, 세 살배기 딸이 엄마 아빠와 다 같이 살자고 간청하는 것이었다. 그녀는 딸의 요청에 전 남편과 재결합해야겠다고 마음을 바꾸었다. 그런데 막상 그 남성과 관계를 청산하려니 한인 남성은 적극 반대했고, 아무리 설득해도 소용이 없어 무조건 딸을 위해 남편과 다시 결혼생활을 시작했다.

　한인 남성은 마지막 소원이니 저녁 식사나 한 번 같이 하자고 수차례 간청해 완강하게 거절했으나 아는 언니가 좋게 헤어지려면 밥이나 한 끼 먹고 오라고 말해 마지막으로 그를 만나기로 했다. 딸 수정이도 같이 나오라고 했으나 딸은 데려가지 않고 남편에겐 밤 10시 안에 들어오겠다며 혼자 나갔다. 그러나 이것은 끝이 아니라 그녀의 인생을 일순간 바꿔 버린 비극의 시작이었다. 식사 후

68 하나님의 사랑을 증거하는 사람들(상)

그녀는 시간이 늦어 빨리 집에 가야겠다고 거절했으나 그 남자는 강제로 산속으로 운전해 갔다. 차가 캠핑장에 도달하자 그는 양주를 마시라고 했고, 안 먹는다고 하자 술 좋아하는 네가 왜 안 먹느냐며 갑자기 총을 꺼내 위협하고 총대로 머리를 마구 폭행했다. 그리고 왜 딸은 안 데려왔느냐? 같이 죽으려고 독약을 준비해 왔다며 염산이 들어 있는 박카스 두 병을 보여 주면서 독약이라는 증거를 보여 준다며 그녀의 머리에 염산 한 병을 순식간에 부었다. 머리가 타고 옷과 살이 녹아 연기가 나기 시작했다. 남자는 죽기 전 딸에게 전화나 한 번 하라고 해서 집에 전화했더니 남편이 받으면서 밤 12시가 넘었는데 왜 안 들어오느냐는 것이었다. 그녀가 살아서 못 돌아가니 애를 잘 키워 달라고 울먹이자 남편은 거기가 어디냐고 물었으나 남자가 총으로 위협해 말할 수 없었다.

그 후 남자는 24시간 가량 산 속으로 그녀를 끌고 다녔다. 계속 남자를 달래자 좀 진정이 되는 듯 거의 시내까지 내려왔는데 갑자기 남자의 휴대전화로 경찰이 전화를 걸어 왔다. 남편의 신고를 받은 경찰이 그동안 휴대전화를 걸었으나 산속이라 연결이 안 되다가 그제서야 연결된 것이었다. 남자는 영어를 잘 못해 그녀에게 전화를 바꿔줬는데 경찰은 괜찮으냐며 신상의 안전을 묻고 위치가 어디냐고 물어오는데 그만 배터리가 나가 통화마저 중단되었다. 경찰이 수색 중인 것을 알자 그 남자는 다시 격분해 이젠 돌려보낼 수 없다며 어차피 끝난 인생, 너를 죽여야겠다며 그녀의 얼굴에 총을 들이대고 총을 맞고 죽든지 독약을 마시고 죽든지 둘 중 하나를 택하라고 위협했다. 24시간을 끌려 다니면서 그녀에겐 다시 하나님이 보였고, 그동안 지은 죄들을 회개했다. 하나님 앞에 무릎을 진작 꿇어야 했는데 이젠 후회해도 너무 늦은 것이었다. 그러나 이 위기의 순간에 "독을 마실지라도 해를 받지 아니하며"(막 16:18)라는 성경 말씀이 떠올랐고, 독을 마셔도 살 수 있겠다는 생각이 들어 독약을 먹겠다고 말했다. 독약을 마시니 입이 불처럼 타고 토하기 시작했다. 순간적으로 지혜가 떠올라 죽은 체를 하기 위해 하나님을 부르짖으며 차 안에서 크게 몸부림쳤다. 남자는 그녀가 죽은 줄 알고 차 밖으로 나갔는데, 잠시 후 총소리가 들렸다. 그가 땅에 쓰러져 있는 걸 보고 그녀는 맨발로 뛰어나갔다. 주위는 조용한 시골이라 민가도 없었는데 하나님이 사람을 보내 주신 듯 마침 어떤 사람이 보였고, 독약을 마셨다고 울부짖는 소리에 주민은 911에 신고했다. 염산을 마신 그녀는 몸에서 불이 나는 뜨거움을 느꼈는데 곧 정신을 잃었고, 깨어보니 응급실이었다. 그때가 1999년 5월이었다.

눈을 떠보니 곁에 남편이 있었다. 말을 못하니 펜을 달라고 해서 살려 주신 하나님께 감사하고 남편과 아이를 볼 수 있게 되어 감사하다고 썼다. 그 후 그녀는 식도, 위 등이 모두 다 타서 녹아 버린 것으로 진단되어 긴급히 구조 비행기로 시애틀 UW 대학병원으로 후송되었다. 다시 정밀 검사 후 수술을 받게 되었는데, 마음에 평안을 느꼈다. 수술이 실패해 세상을 떠난다면 딸을 두고 가는 것이 죄스러웠지만 죽는 것에는 두려움 없이 평안히 수술을 받았다. 위와 식도를 절단하고 목에서 바로 내장을 연결하는 12시간에 걸친 대수술 후 기적적으로 목숨을 건질 수 있었다. 그러나 코에 호스를 끼고 숨을 쉬다가 호스를 빼니 숨을 쉴 수가 없어 이비인후과에 가서 진단을 받아보니 기도가 녹아서 막혀 있었다. 이 정도의 상태이면 보통 죽어야 하는데 살아 있는 것이 기적이라며 놀란 의사는 바로 수술을 하자고 말했다. 그래서 성대를 떼어내는 수

70 하나님의 사랑을 증거하는 사람들(상)

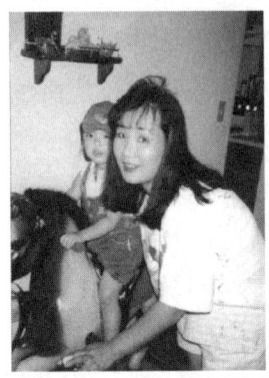

사고를 당하기 전의 이운화 씨와 딸

술을 받은 그녀는 퇴원 후 이런 몸으로 살아서 무얼 할까 하는 심정 속에, 살아 있는 것 자체가 짐이 되고 자신감도 없어져 사람이 와도 만나지 않고 집에 불도 켜지 않은 상태로 숨어 지냈다.

기적적으로 생명은 건졌지만 밥을 제대로 못 먹으니 얼굴은 해골처럼 말라갔고 몸도 바싹 여위어 이럴 바에는 차라리 죽는 것이 낫겠다는 생각까지 들었다. 이제 자신이 더 내려갈 바닥이 없는 것을 느끼고 "하나님, 저는 어떻게 해야 합니까? 이런 모습으로 어떻게 살 수 있겠습니까? 저를 도와 주시든지 아니면 데려가시든지 해주세요"라고 눈물로 기도하며 부르짖었다. 그때 성령님의 음성을 들었다.

"운화야, 내가 너를 어떻게 도와 주겠느냐, 너를 도와 주고 싶어도 네가 나에게 손을 내밀고 의지하지 않으니 도울 수가 없구나. 네가 모든 것을 포기하고 다시 일어서려는 마음을 가지고 나에게 손을 내밀어야 내가 너에게 힘을 실어 주고 앞에서 당겨 주거나 뒤에서 밀어 줄 것이 아니냐. 어둠 속에 누워 있지 말고 일어나 걸어라."

그 같은 하나님 말씀에 용기를 얻고 보니 오히려 감사하는 마음이 생겼다. 많은 것을 잃었지만 아직도 자기에겐 귀한 생명이 있고 예쁜 딸이 있으며, 더구나 주위를 돌아보니 자신보다 더 어려운 환경의 사람들이 많은 것을 깨닫고 다시 일어나 용기 있게 밥도 하고 방의 불도 켜고 창문을 열 정도로 변했다.

그 후 남편 집을 나와 대한부인회와 샤론의 집에서 도움을 받아 현재는 아파트에서 여덟 살 된 딸과 함께 새로운 생활을 시작하게 되었으며, 타코마 침례교회(담임 문창선 목사)에 출석하며 신앙생활도 열심히 하고 있다. 이운화 자매는 "목소리가 없어 찬양하고 싶어도 하지 못하고 보니 음치라도 목소리가 있을 때 주님께 감사하고 찬양해야 한다는 것을 깨닫게 되었다"고 말했다. 또 현재 비록 몸 안이 망가졌고 목소리를 잃었지만 현재의 자신에 대해 하나님을 절대 원망하지 않고 오히려 하나님께 감사한다고 강조했다.

"만일 네 오른 눈이 너로 실족게 하거든 빼어 내버리라 네 백체 중 하나가 없어지고 온몸이 지옥에 던지우지 않는 것이 유익하며 또한 만일 네 오른손이 너로 실족게 하거든 찍어 내버리라 네 백체 중 하나가 없어지고 온몸이 지옥에 던지우지 않는 것이 유익하니라"(마 5:29~30).

건강할 때 예수님을 알고도 육신의 정욕을 이기지 못해 하나님을 떠났지만 하나님은 자신을 너무 사랑하시기 때문에 이렇게 해서라도 돌아오게 하셨다고 감사했다. 특히 하나님이 살려 주신 것은 자신을 크게 쓰시려는 뜻이 있을 것이라고 확신하는 그녀는 자신처럼 하나님을 믿으면서도 세상의 유혹에 빠지는 사람들에게 자신의 이야기가 큰 경고가 되길 바라며, 자신처럼 어려운 사람들에게 용기와 희망이 되도록 최선을 다하겠다고 다짐했다.

〈새 하늘 새 땅〉 2003년 12월호

72 하나님의 사랑을 증거하는 사람들(상)

김 춘 근 장로
CA

악성 간경화로 사형 선고받았으나 극적 치유
JAMA 대표로 젊은이들에게 미국 살리는 비전 심어

하나님 원망이 감사로 바뀐 Why me?

JAMA(Jesus Awakening Movement for America)를 통해 수많은 젊은이들에게 예수님을 영접하게 하고 비전과 사명을 심어 주고 있는 김춘근 장로(현 California State University Monterey Bay 국제 경영학 교수)도 한때는 간경화와 간염, B형 간염으로 죽음을 선고받고 'Why me?(왜 하필이면 나입니까?)'라며 하나님을 원망하기도 했다. 그러나 지금은 부족한 자신에게 큰 복과 은혜를 넘치도록 부어 주신 하나님께 감사의 'Why me?'를 하

고 있다.

　전북 익산에서 태어나 전주고를 거쳐 경희대학교(정외과)를 수석으로 졸업한 그는 1967년 유학 이후 USC에서 석·박사 학위를 받고 페퍼다인(Pepperdine) 대학에서 교수 4년 만에 최우수 교수상을 받기도 했다. 그야말로 승승장구하는 부러울 것이 없는 나날이었다. 그러던 1976년 여름, 몸이 이상해 진단을 받았다. 그 결과 이미 간이 두 배로 커졌고 기능을 잃어 회생이 절대 불가능한 악성 간경화이므로 수술을 할 수도 없고 1년 안에 죽는다는 청천 벽력 같은 사형 선고를 받았다. 그때가 37세로 한창 나이였다. 그의 가슴은 찢어지듯 아팠다.

　미국에서 박사 학위를 받고 미국 대학교에서 유명한 교수가 되겠다는 청운의 꿈을 품고 사랑하는 아내와 함께 단돈 200달러와 가방 세 개를 가지고 미국에 도착했다. 공부가 생명보다 귀하다고 생각할 정도로 악착같이 공부하여 학위를 받고 108대 1의 경쟁률을 뚫고 1973년부터 LA 유명 사립대학인 페퍼다인 대학교에서 조교수로 강의를 시작했다. 1976년에는 4년 만에 전체 학생들의 투표를 거쳐 최우수 교수상을 받게 되었다. 그렇게 여덟 살 된 딸 샤론과 두 살 된 아들 폴 그리고 아내(김성매)와 함께 그 많은 고생 끝에 이제는 미국에서 잘살게 되었구나 하며 행복한 나날을 보냈었다.

　그의 병세는 급속히 악화되기 시작했다. 체중은 165파운드에서 127파운드로 38파운드나 줄었고, 배는 만삭된 여인처럼 팽팽하게 부풀었다. 간이 전혀 제 기능을 못하게 되어 피는 독소로 점점 탁해지고 피부는 독이 퍼져 가려워 견딜 수 없었다. 깊은 밤 아내는 옆방에서 흐느끼며 기도하였고, 어린 딸과 아들은 아버지가 어떻게 될 줄도 모르고 쌕쌕거리며 자고 있었다. 가슴이 미어지듯 아프고 한스러웠다. "하나님 Why me? 제가 무엇을 얼마나 잘못하고 무슨 죄를 지었기에 이 젊은 나이에 이렇게 비참하게 죽어야 합니까?"

그는 하나님께 울부짖었다. 그의 마음은 하나님에 대한 원망과 반항심으로 꽉차 있었다. 그때 미국 친구 부부가 그의 소식을 듣고 찾아와 자연 식이요법으로 암을 치유한다며 LA 서쪽 산타모니카에 있는 한 클리닉을 소개해 주었다. 즉시 그곳을 찾아가 진단과 피검사를 받고 며칠 후 의사를 만났다. 살아 있는 것도 기적이라며 간은 이미 회복될 수 없는 단계로 들어갔고 지금까지 당신 같은 상태의 산 사람을 본 일이 없다며 오직 기적으로만 나을 수 있으니 최선을 다해보자고 말했다. 특히 자기도 크리스쳔이라면서 기도까지 해주었다. 그때부터 아내는 최선을 다하여 식이요법을 적용하기 시작했다. 그러기를 7개월, 그 의사가 처방한 식이요법도 아무런 도움이 못 되었다.

이렇게 되자 그는 만약에 인간을 창조하신 분이 하나님이시라면 하나님께 매달릴 수밖에 없다고 결심했다. 어차피 죽을 몸, 하나님께로부터 응답을 받을 때까지는 절대로 산에서 내려오지 않겠다는 비장한 결심을 하고 LA 동쪽의 빅베어 마운튼에 올라갔다. 그곳에서 조그만 오두막을 빌려 기도를 시작했다. 그날이 1977년 6월 18일이었다. 그러나 자신이 죽은 뒤 남을 아내와 자식들 걱정, 한국에 계시는 어머님 생각 등, 착잡한 생각들로 기도가 되지 않았다. 하나님께 울부짖었으나 소리를 질러도 힘이 없어 목소리는 고작 새소리 정도였다. 몸은 가려워서 견딜 수가 없어 긁으면 자국이 생기고 피가 났다. 배는 바람이 꽉찬 풍선 같아서 숨쉬기조차 어려웠으며 물 한 모금을 마시는 것도 너무 힘이 들었다. 간이 지독하게 아프기 시작했다. "내가 고통 중에 여호와께 부르짖었더니"(시 118:5)라는 말씀이 떠올라 갑자기 시편이 읽고 싶어졌다. 아픔을 견디며 시편을 읽기 시작했다. 그런 중에 하나님께서는 시편을 통해서 그에게 인간의 오욕칠정을 적나라하게 보여 주셨다. 죽음의 계곡을 거닐면서, 또 죄의 고통을 견디지 못해 하나님께 울부짖던 다윗, 또 한편으로 하나님께 감사와 승리의 찬양을 부르던 다윗의 모습들을 보면서 자신을 비춰보게 되었고, 시편을 통해 큰 감동과 충격을 받았다.

6일째 되는 날이었다. 새벽 1시쯤, 머리가 깨질 듯 아프고 숨이 가쁘면서 심장이 터질 것 같아 견딜 수가 없어 담요를 두르고 밖으로 나갔다. 약 100피트 가량 떨어진 곳에 큰 나무가 넘어져 있었다. 그는 기다시피 가서 그 나무를 붙잡고 하나님께 울부짖으며 기도했다. "하나님, 저를 불쌍히 보시고 자비와 긍휼을 베풀어 주시옵소서. 이렇게 비참하게 죽으면 지금까지 쌓아온 제 모든 지식과 재능이 헛되이 버려질 뿐만 아니라 하나님께도 영광이 되지 않습니다. 하나님 한 번만 살려 주십시오." 그것은 궁지에서 어쩔 수 없이 부르짖는 기도였지 하나님이 원하시는 기도가 아니었고, 인간의 이성에서 나오는 지극히 이기적인 기도였다. 그때 영어로 기도했었는데 기도가 끝나자마자 하나님의 강한 말씀이 그 입술을 통해 영어로 튀어 나왔다. "네가 네 피 속에 있는 독소 때문에 육체적으로 죽어가는 것은 사실이지만 진정 네가 영혼 속에 있는 독소 때문에 죽어가는 것을 모르느냐?"

이 말씀이 떨어지자마자 지금까지 지었던 모든 죄가 하나하나 TV 화면과 같이 눈 앞에 환상으로 펼쳐졌다. 그는 비교적 자신이

76 하나님의 사랑을 증거하는 사람들(상)

김춘근 장로 가족

다른 사람들보다는 더 도덕적, 윤리적, 신앙적인 사람이라고 늘 생각하면서 큰 죄나 많은 죄를 지었다는 느낌 없이 살아왔었다. 한국에서는 대학시절 기독학생회 회장도 지냈고, 도덕재무장 운동도 열심히 하면서 불의한 것을 보면 참지 못하고 도전하기도 했다. 교회에서는 주일학교 교사, 찬양대원, 청년회장으로 활동했고 24세에 집사, 35세에 장로 피택까지 받은 그였다. 그는 자신의 신앙이 약하다고 생각하지 않았다. 그 많은 부흥회를 통해 회개도 많이 했으며 교회 활동도 하고 봉사도 했다. 그러나 하나님 앞에서 완전히 열어 놓고 보니 회칠한 무덤과 같았다. 사도 바울의 "죄인 중의 괴수"라는 표현이 자신을 두고 한 말이었다. 나중에 이 죄들을 하나하나 구체적으로 회개하기 위하여 목록을 적었는데 무려 52페이지나 되었다. 또 자신이 이중인격자요, 위선자인 것을 발견했다. 한 발은 교회에, 다른 한 발은 세상에 들여놓고 편리하게 살고 있었다. 그는 넘어진 나무의 그루터기를 붙잡고 생명을 내놓고 전심으로 기도했다.

고통 중에 몇 시간을 울면서 회개하며 기도하는 가운데 하나님께서는 크게 세 가지 사실을 깨닫게 하셨다. 첫째로 생명이 얼마나 소중한가. 둘째로 아무리 위대한 계획과 큰 꿈을 가졌다 하더라도 몸이 아프면 아무 일도 할 수 없다. 셋째는 하나님의 도전이 있었다. "나에게는 네 생명이 그렇게도 가치가 있고 소중하기에 너를 죽음에서 영원한 생명으로 구원하기 위해 나의 가장 소중한 아들 예수 그리스도를 십자가에 죽게 했는데 너는 지금까지 예수 그리스도를 영접한 후 22년 동안 나를 위해 무엇을 했느냐?" 이 도전에 그는 자신이 산산조각으로 부서지는 것을 체험했다. 그리고 살려만 주시면 하나님 편에서 보실 때 최고로 가치 있는 삶을 살겠다고 기도하고, 다시 살려 주신다는 특별한 표적을 보여 주실 때까지는 죽어도 산에서 내려가지 않겠다고 부르짖었다. 그때 먼동이 트기 시작했는데 기도 중에 한 환상을 보았다. 하얀 옷을 입으신 큰 분의 가슴에 그의 얼굴이 깊이 파묻혀 있었고 그를 안아 주시며 다정히 등을 세 번 두드려 주며 "I forgive you, I forgive you, and I forgive you(내가 너를 용서한다)"라고 말씀하셨다.

　이것을 하나님이 보여 주신 표적이라고 느낀 그는 기쁨과 감사와 희열로 이제 살게 되었다고 소리쳤다. 참으로 중생을 체험한 날이었다. 아내에게 연락해 3시간 만에 아내가 산에 올라오자 그는 그 역사적인 사건들을 설명하고 차를 길가에 세우게 한 후 아내의 손을 잡고 그동안 아내의 마음을 아프게 했던 것을 고백하며 용서를 구했다. 또 집에서 딸과 아들에게도 잘못한 것을 고백하고 좋은 아빠가 될 것을 다짐했다. 곧바로 섬기는 교회 목사님에게 전화해 이젠 살 것이라며 다음 주일 간증할 기회를 주실 것을 당부했다. 당시 하나님의 응답을 받았지만 몸은 조금도 변하지 않고 아픈 상태였기에, 이젠 산다고 확신하는 그를 아내도 조금 의심했고 일부 성도들은 마지막 단계라 머리가 조금 돈 모양이라고까지 생각했다.

　하나님께서 분명히 고쳐 주신다는 믿음으로 우선 식이요법을 시

78 하나님의 사랑을 증거하는 사람들(상)

작했는데 과학적인 증거가 없다고 미국 의사협회에 많은 공격을 했지만 이를 믿고 철저히 실천했다. 예를 들면 6개월 동안 순수 물(distilled water)을 큰 유리잔으로 한 잔씩을 1시간 간격으로 마시고 순수 물에 레몬을 짜서 만든 순수 레몬 주스를 꼭 같은 양으로 마셔야 했다. 매일 큰 유리잔으로 24시간을 마셔야 했으니 매우 힘들었다. 그동안 몸과 피 속에 쌓였던 독소들을 순수 물과 레몬 주스로 완전히 흘러내리도록 하자는 이론이었다. 또 여러 비타민을 복용하고 몇 개월 후에는 여러 가지 과일과 현미가루를 믹서기에 넣고 갈아서 주스로 만들어 식사 대용으로 마셨다. 이런 식이요법이 점점 효과가 있어 배가 점점 줄어들고 체중이 늘더니 1978년 봄에는 기적적으로 건강이 회복되었다. 다시 글렌데일 커뮤니티 병원에서 모든 검사를 마치고 결과를 가지고 의사를 만나니 이건 기적이라며 입을 다물지 못했다. 유명한 간 전문의사를 만나 진단받은 결과 완전히 나았음을 확인했다.

무슨 약 하나도 쓰지 않고 다니엘서의 방법으로 집중적인 기도와 식이요법을 실천하는 중에 하나님이 환상으로 보여 주신 약속이 1년 2개월 만에 이루어진 것이다. 이 같은 하나님의 사랑과 기적의 치유를 기념하기 위해 그는 상징적으로 그때부터 콧수염을 기르기 시작했다. 매일 아침 거울을 볼 때 콧수염을 보면서 심히 아파서 고생했을 당시 수염을 깎을 수도 없었던 시절을 떠올리며 중생했던 날을 생각하고 하나님께 감사하는 것이다. 그 후 1980년부터 16년 동안 알래스카 생활을 통해서 하나님은 그를 알래스카의 요셉이 되게 하셨다. 그는 탁월한 교수 활동으로 알래스카 주립대학 최우수 교수상을 수상했을 뿐만 아니라 알래스카 국제 경영무역 연구소, 알래스카 세계무역 센터, 아메리칸-러시안 센터

(American-Russian Center) 등을 설립, 운영하여 알래스카 주립대학 개교 이래 최고 영예상을 수상했다. 10년 동안 알래스카 주지사의 경제, 국제 무역 특별고문으로 일하면서 300%의 수출 증가를 이루어 알래스카 주로부터 주 경제 개발 공헌 특별상을 받았다.

알래스카에서 생활하던 시절, 세상 속에서도 믿음의 본이 되려고 노력한 그는 대통령이 주는 술잔을 거절한 일화도 있어 그리스도인들에게 믿음의 감동을 주고 있다. 노태우 대통령이 앵커리지에서 도착했던 1989년에 한 호텔 연회장에서 동포들을 위한 리셉션이 있었다. 약 500명이 초청되었는데, 리셉션 도중 노 대통령이 김 교수를 앞으로 불렀다. 노 대통령은 그를 칭찬하고 5분 동안 그의 역할에 대해 이야기하게 했다. 그리고 김 교수 부부는 노 대통령 내외와 함께 대화를 나누었다. 그런데 갑자기 앵커리지 한인회장이면서 유행가를 외우며 노름으로 유명한 C 장로가 노 대통령이 가져온 소주를 참석한 모든 사람에게 따르라고 하면서 건배를 하자고 제의했다. 노 대통령도 작은 소주병을 들더니 김 장로의 잔에 소주를 따르려고 권했다. 그러나 크리스천이며 장로인 그는 술을 못한다고 거절했다. 대통령은 즉시 오렌지 주스를 가져올 것을 명령했고 함께 건배를 했다. 신앙인들에게 큰 도전을 주는 중요한 에피소드가 되었다. 다니엘이 젊은 청년으로 바벨론에 포로로 잡혀 가서 뜻을 정하여 궁중에서 주는 음식과 술을 들지 않겠다고 각오했던 것처럼 대통령 앞에서도 하나님의 뜻을 거역하는 일은 하고 싶지 않았던 것이었다.

김춘근 교수는 특히 1985년 정초 기도 중 하나님으로부터 "미주 한인 크리스천들과 함께 우리의 신앙을 다시 회복함으로 미국을 신앙으로 더 위대하게 만들라"는 놀라운 비전과 사명을 받았다.

80 하나님의 사랑을 증거하는 사람들(상)

그때 받은 비전이 오늘 JAMA의 시작과 기초가 되어 1993년에는 JAMA를 발족했고, 1996년에는 2,500여 명의 청년 대학생들을 모아 JAMA 전국대회를 가졌다. 1996년에는 JAMA의 사명과 비전을 이루기 위해 모든 영예와 업적을 뒤로하고 정든 알래스카를 떠나 캘리포니아로 옮겨 갔다.

현재 캘리포니아 몬트레이 베이 주립대학교(California State University Monterey Bay)에서 국제 경영학 교수로, 글로벌 비지니스 센터(Global Business Center) 디렉터(Director)로 대학에서 중심 역할을 하고 있으며, 몬트레이 한인 제일장로교회 시무장로로 섬기고 있다. 무엇보다도 JAMA 대표로서 영적으로 타락한 미국을 청교도 신앙으로 회복시키며 무너진 신앙과 도덕을 재건하기에 그의 혼신을 다하고 있다.

"병으로 죽게 되어 소망을 잃고 하나님을 원망하며 'Why me?(왜 하필이면 나입니까?)'라고 소리쳐 울부짖었던 죄 많은 나를 살려 주시고 오늘날까지 인도하신 하나님께 나는 또다시 조용히 감격하며 'Why me?'라고 내 영혼과 심장으로 속삭이곤 합니다. 하나님, 제게 무슨 자격이 있기에 저같이 부족한 사람에게 하나님의 이 엄청난 은혜와 사랑과 능력과 지혜를 이렇게 넘치도록 충만하게 부어 주십니까?"

〈새 하늘 새 땅〉 2004년 3월호

박수웅 장로

CA

노골적이고 솔직한 성이야기로 큰 인기
JAMA, 가정 세미나 등 많은 사역

젊은이들에게 꿈과 비전 심어

박수웅 장로 부부

캘리포니아 헌팅턴 비치 병원(Huntington Beach Hospital) 마취과 의사인 박수웅 장로는 의사로서의 시간보다 미국과 전세계를 다니면서 복음을 전하는 데 더 많은 시간을 보낼 정도로 평신도 사역에 열정적인 하나님의 사람이다. 그는 JAMA(전세계 예수 대각성 운동)를 비롯, KOSTA(전세계 유학생 수련회), CCC(대학생 선교회), 가

82 하나님의 사랑을 증거하는 사람들(상)

정 사역, 그리스도의 대사 등 많은 사역을 하고 있는데 젊은이들에게 열변으로 꿈과 비전을 주는가 하면, 가정 사역에서는 얼굴이 뜨거울 정도로 솔직한 성 문제를 강의해 아주 인기가 높다.

1944년 전주 출생인 그는 믿음의 가정에서 자랐다. 할아버지는 장로요 조선 말 전국을 돌아다니며 전도를 위해 성경을 팔았던 권서인이었는데, 다섯 곳에 교회를 설립하고 나중에는 신사참배를 거부하다 옥고를 치렀고, 고문 끝에 순교했다. 순교자 집안답게 부모님도 철저한 기독교 신앙으로 자녀를 키웠다. 전주고를 졸업하고 서울대 의예과에 지원했으나 실패하고 전남대에 들어가게 되었다. 대학에 들어가 모든 규칙에서 벗어나자 뒤늦은 신앙의 회의가 찾아왔다. CCC에서 활동을 하고 교회 대학부에서도 일했지만 하나님과 인격적인 교제가 전혀 이뤄지지 않아 열등감과 죄책감으로 우울증에 빠지는 침체와 방황의 세월을 보냈다. 그러나 의예과 2년 후 고향에서 있었던 부흥회에서 "여러분 확신을 가지십시오! 하나님은 여러분과 함께하십니다"라는 차남진 목사님의 말씀을 통해 성령이 그의 심장을 강타하는 것을 느꼈다. 그리고 눈물을 쏟으며 2년 동안의 방황으로 굳어 있던 가슴이 녹아내리고 그의 가슴을 뜨겁게 했던 '주님이 함께하신다'는 확신은 그의 평생을 지배하는 전환점이 되었다.

그 후부터 하나님이 자신을 향한 놀라운 계획을 가지고 계시다는 비전을 발견하고 하나님 나라와 그분의 의를 구하는 의사가 되기로 했다. 미국에 가서 실력 있는 의사가 되어 젊은이들에게 복음을 전하고 싶은 꿈에 24살에 결혼하고 미국으로 떠났다. 특히 복음을 전할 수 있는 시간의 여유를 갖기 위해 비교적 한가한 마취과 의사를 택했다. 캘리포니아로 와서 개업한 후 현재까지 22년을 의사로 일하고 있는 그는 주님으로부터 비전을 받고 준비한 지 약 20년 만인 1988년부터 본격적으로 평신도 사역을 시작했다. "하나님, 이제는 제가 받은 축복과 은혜를 나누고 싶습니다. 주님이 주신 메시지를 전하고 싶습니다. 저를 사용해 주십시오." 기도를 마치고 돌아온 얼마 후 주님은 다섯 개의 제자훈련 그룹을 붙여 주셨다. 의사들로 구성된 평신도 그룹, 남자 대학생, 여자 대학생, 교회 청년 그룹별로 선별해서 제자를 키워나갔다. 약 2년의 제자훈련 과정에서 의외로 낮은 자아상 때문에 신음하고 있는 젊은이들이 많고 성에 대해서도 잘 모르는 것을 깨닫고 공개적으로 성에 대한 수업을 하기로 했다.

"제자훈련이라고 성경공부나 비전 강화 훈련만 하는 것이 아니라 오히려 '나는 누구이며 어떻게 결혼을 준비해야 하는가?' 와 같은 실제적인 문제들을 다룸으로써 마음 문이 열리고 삶의 문제가 투명해지는 것을 경험할 수 있었습니다. 또 그리스도인의 성에 대한 무지를 깨뜨려야 문제 가정의 재생산이라는 악순환의 고리를 끊을 수 있었습니다. 즉 제자훈련을 통해 리더를 키우기 위해서는 가정을 올바로 꾸리도록 준비시켜야 한다는 결론이 나왔습니다."

그래서 제자훈련 사역에서 가정 사역으로 비전을 확장하게 되었다. 젊은이를 대상으로 시작한 사역이 교회 부흥회로 이어졌고, 수련회나 부흥회 초청을 받는 일이 점점 늘어났다. 평신도를 세우고자 하는 교회에서는 그 같은 평신도의 외침이 의미심장하게 느껴지기 때문이다. 사역의 범위가 확장되면서 병원 일이 점점 줄었다. 병원 일이 줄었다는 것은 소득이 줄었다는 의미이다. 하나님이 그의 가정에 원하시는 분량이 많아지면서 불필요한 삶의 규모를 줄여 나가게 하셨다. 18년 동안 일곱 식구가 살았던 집을 처분

했다. 아내도 그도 남은 생애만큼은 허영을 버리고 단출하게 살면서 주님을 위한 일을 확장하며 살고 싶었다. 그래서 반으로 규모를 줄여 조그만 연립주택으로 이사를 했다.

1993년 8월 CCC가 주최하는 비전 93 컨퍼런스가 뉴욕에서 열렸을 때 박수웅, 김춘근 장로를 비롯 많은 사람들이 강사로 초빙되었다. 그 중 레이건 대통령 당시 7년이나 장관을 지냈던 돈 호델 장관이 김춘근 장로에게, "신앙과 실력을 갖춘 한인 2세들이 미국의 정치, 경제, 사회, 문화, 종교, 교육, 과학, 예술 등 모든 분야의 주류 속으로 들어가 오늘날 도덕적으로나 영적으로 타락한 미국을 새롭게 변화시켜 줄 것"을 당부했다. 도전을 받은 김 장로는 뉴욕 CCC 강용원 목사, 강순영 목사, 박수웅 장로에게 전화를 걸어 비전을 나누었고 기도 끝에 드디어 1996년 첫 JAMA 전국대회를 개최했다.

이 같은 젊은이들을 위한 사역과 함께 가정 사역에도 그는 최선을 다하고 있다. 그는 아이들이 어렸을 때 가정 예배를 빠뜨리지 않은 모범적인 가장이었고, 아내도 순종을 잘해 주었기에 자신을 모범 아버지이자 남편으로 알고 있었다. 그러나 딸이 사춘기를 맞으면서 문제가 생기기 시작했다. 똑똑하고 착하기만 하던 아이가 아빠에게 반항하기 시작한 것이다. 그는 자신이 신앙적으로 착실한 아빠라고 믿었기 때문에 아이만 다그쳤고, 아이는 아이대로 아빠를 미워하며 대들었다. 딸아이의 일기장에서 "아빠가 싫다. 아빠가 밉다"라는 글을 보고 딸아이를 변화시켜 달라고 6개월 동안 기도했다.

"그런데 그 응답은 뜻밖에도 변화되어야 할 사람은 딸이 아니라 바로 나라는 것이었습니다. 말씀의 거울에 비추어 볼 때 나는 가부

장적이며 권위적인 아버지요 남편이었습니다. 그 후 딸에게 먼저 사과해서 가정 위기는 해소되었지만 그제야 나는 좋은 아버지, 좋은 남편이 되기 위해서는 전문적인 공부와 준비가 필요하다는 사실을 알게 되었습니다. 의사가 되기 위해서는 수십 년을 전문적으로 공부해 왔으면서도 아버지가 되기 위한 공부는 하루도 하지 않았으니 돌팔이 아버지인 셈이었습니다."

그 같은 가정의 아픔을 겪고 나서 부부 세미나 등 다양한 가정 사역을 적극적으로 실시하고 있다.

"결혼생활에서도 우리는 사전에 공부를 하거나 준비하지 않았기 때문에 문제가 발생하고 있습니다. 상대방에게서 결점이 보이면 그것을 상대방을 공격하는 단서로 삼을 것이 아니라 그 결점을 채워 주기 위해 결혼했다는 사실을 깨닫고 실천하는 것이 섬김의 원리입니다. 또 지금의 배우자가 하나님이 허락하신 최고의 배우자임을 믿고 감사하고 아내나 남편이 먼저 변하기를 바라기 전에 내가 먼저 변해야 가정이 삽니다. 특히 남편은 아내를, 아내는 남편을, 부모는 자녀를 세워 줘야 합니다."

박 장로는 특히 가정 치유 사역에서 중요한 것은 부부 사이의 성생활이라고 강조하고 있다.

"성에 대한 은폐와 어정쩡한 태도가 많은 그리스도인들을 이중적인 고통으로 밀어 넣고 있습니다. 부부가 성생활에서 거절당함으로써 성적 스트레스가 쌓이면 그 때문에 다른 이성에게 관심을 돌리게 됩니다. 성경조차 부부의 성생활에 대해 숨김없이 기록하고 있습니다. 아가서는 청혼과 결혼, 첫날밤으로 이어지는 남녀의 사랑 이야기로, 특히 4장은 신랑 신부의 초야를 직접적이고도 노골적인 언어로 해설하고 있습니다. 그런데 이 아가서가 신랑 되신

86 하나님의 사랑을 증거하는 사람들(상)

박수웅 장로가 부부 사역에서 강의하고 있다.

그리스도와 신부인 교회와의 사랑의 관계로까지 해석되고 있습니다. 이것은 부부의 성을 하나님이 어떤 관점으로 바라보시는지 단적으로 보여 줍니다. 부부의 성은 더럽거나 악한 것이 아니라 진실한 사랑의 표현인 것입니다."

그래서 박수웅 장로는 부부 세미나 등에서 그림과 함께 노골적으로 성 문제를 설명하고 있다. 심지어 큰아들 결혼 때에도 아들과 며느리를 불러 첫날밤에 어떻게 해야 하는지를 설명했을 정도이다.

그는 매일 꿈을 꾼다. 그리고 환상과 비전을 본다. 그는 이민 25년째를 맞은 1998년에 미국에서 다시 맞게 될 25년에 대한 이력서를 작성했다. 이 이력서에는 JAMA 운동의 30년 개최, KOSTA, CCC 집회 전세계에 개최, 가정 사역, 평신도 사역, 결혼, 부부, 사모, 아버지 교실, 내적 치유, 가정생활 세미나 사역 확대, 책 발간, 전임 사역자가 되어 전세계 한민족 네트워크 구축, 전세계 한국계 중에 500~1,000명 훈련 각지 선교사로 파송, 천국 입성 준비 등이 들어 있다. 이 이력서를 해마다 점검하고 사명을 바로 감당하고 하나님 말씀에 순종하며 꿈이 이루어질 것을 소망하느라 천천히 가는 세월이 안타까울 정도이다. 미래 이력서의 결승점인 찬란한 2023년을 바라보는 그의 심장은 여전히 영원한 청년처럼 박동하고 있다.

〈새 하늘 새 땅〉 2003년 11월호

엄 일 섭

대전 대흥침례교회

뇌성마비 불구, 코로 오르간 연주 하나님 찬양
왜소증 아내와 함께 주님 영광 위해 노력

부부 모두 신체 장애 극복하고 하나님 찬양

부부 모두 장애인인
엄일섭 씨 부부

먼저 부족한 제게 간증과 찬양을 드릴 수 있는 능력을 주신 주님께 감사드립니다.

나는 1963년 춘천에서 가난한 집의 3남매 중 막내로 태어났으며, 예수님을 믿고 천국의 소망을 갖게 된 지 14년이 되는 대전 대흥침례교회 엄일섭 집사입니다.

제게는 두 다리와 두 손 그리고 눈, 귀, 입과 코가 있습니다. 그러나 심한 뇌성마비라는 장애 때문에 다리로 걷지 못했고, 손으로는 밥 한 숟가락 떠먹지 못하며 나를 위해 평생 고생하신 어머님

엄일섭 씨가 코로 연주를 하고 있다.

과 아내와 고마운 분들의 손 한 번 따뜻하게 잡아드리지 못했습니다. 주님을 알기 전에는 뭐 하나 맘대로 할 수 없는 쓸모 없는 몸뚱이였습니다. 작은 구멍가게에서 풀빵을 구워 팔며 다섯 식구의 입에 풀칠하기도 어려운 살림에도 자식의 병을 고쳐보겠다는 일념으로 연약하신 어머님은 용하다는 곳을 무거운 저를 등에 업고 찾아다녀 보았습니다.

그러나 치료의 효과도 없이 오히려 침을 잘못 맞아 상태가 더욱 나빠진 제 몸을 끌어안고 "차라리 너하고 나하고 죽어 버리자" 하시며 목놓아 우시던 어머님의 모습이 지금도 제 마음을 아프게 한다. 그때의 심정으로는 하나님을 원망하지 않을 수 없었습니다. '나는 왜 사랑하는 가족과 이웃의 무거운 짐으로 슬프게 살아야 하는가?' 하는 마음에 당장이라도 죽고만 싶었습니다. 그래서 가족이 없는 시간을 틈타서 몇 번 자살을 하려고 목도 매어 보았고 전기 감전도 시도했지만 실패하여 괴로움만 더해 갔습니다.

그러나 무엇보다 견디기 힘든 것은 혼자라는 외로움이었습니다. 친구들과 함께 놀고 싶은 마음에 친구들이 노는 광경을 구경하다가 저의 이상한 모습이 아이들 눈에 띄일 때는 얼마 안 되어 바보야, 병신아, 하는 놀림과 돌팔매질을 당하기 일쑤였지만 그래도 얼마 안 되어 다시 문틈 사이에 숨어서 아이들 노는 것을 바라보며 웃곤 했습니다. 성경을 보니 예수님은 장애인들과 38년 된 중

풍병자와 죽은 나사로까지 살리셨다고 쓰여 있었습니다. 그래서 병 고침을 받기 위해 간절한 마음으로 금식하며 기도했는데 몸에 변화가 없어 실망하고 있을 때, 주님은 이런 깨달음을 주셨습니다. 만약, 나의 기도가 응답을 받아 건강한 몸이 되었다면 과연 주님을 위해 헌신 봉사하며 살았을까? 결코 아니었습니다. "주를 위해 살겠으니 병을 고쳐 주시옵소서"라고 찬양과 기도는 했지만 참된 주님을 믿지 않고 병만 고쳐 달라는 믿음이었으니 말입니다.

제게 병 낫기를 바라는 믿음이 있어도 주님의 때가 아니면 안 되는 것입니다. 인간이 생각하는 때가 아닌 하나님의 때가 오면 운동 선수 못지않은 건강한 몸으로 만드실 것을 믿습니다. 비록 그리 아니하실지라도 이 모습 이대로 주님을 찬양하다가 천국에 가면 사슴과 함께 뛰며 예수님과 데이트하며 영원히 살 것을 믿기에 실망하지 않고 기쁘게 살기 위해 오늘도 노력하고 있습니다.

어머님이 연로하셔서 집에 있기가 어려워진 저를 위하여 사랑의 주님은 1991년 1월 부산의 집에서 낯선 대전 근처 장애인 공동체인 소망의 집으로 인도해 주셨습니다. 30년을 저의 손발이 되어 주신 어머님과 가족들의 곁을 떠나는 것이 마치 죽음같이 여겨졌던 당시로서는 차라리 달리는 차창 밖으로 뛰어내려 죽고 싶었으며 어머님의 옷을 잡고 "엄마, 나 가기 싫어. 엄마랑 같이 살고 싶어" 하며 애원을 하고도 싶었습니다. 그러나 그렇지 않아도 어머님께서는 병신 자식을 먼 객지에 버리러 가는 심정으로 계속 흐르는 눈물을 훔치고 계셨기에 저까지 눈물을 보인다면 마음이 얼마나 아프실까 생각되어 입술을 깨물며 눈물을 참아야만 했습니다.

그곳에서 주님의 사랑과 형제 자매님들의 보살핌 속에 살면서 신앙생활을 하니 믿음과 함께 주님께선 내게 원망을 감사로, 슬픔을 기쁨의 찬양으로, 미움을 사랑하는 마음으로 변화시켜 주셨습니다. 그런 마음이 생기니 무엇인가 하고 싶어서 오랜 기도와 생각 끝에 볼펜심을 구부려 입에 물고 편지와 글을 쓰기 시작했습니다. 편지 한 장을 쓰려면 이도 아프고 땀이 나서 겨울에도 옷이 젖을 정도로 힘들었지만 편지로나마 주님의 사랑과 내 마음을 전할 수 있기에 참으로 기뻤습니다. 현재는 컴퓨터를 배워 입에 문 막대기와 코와 턱과 온 얼굴을 이용하여 워드로 이 글을 쓰고 있습니다. 주님은 또한 알아듣기 힘든 발음과 음정 박자가 엉망인 입으로 찬양케 하셨고, 코끝으로 키보드 건반을 눌러서 연주하며 하나님께 영광 돌리게 하셨습니다. 그러나 처음에는 검은 건반까지 누르기에는 힘이 들어서 하얀 건반만을 가지고 연주를 했습니다. 그랬더니 소망의 집 정 집사님께서 그런 식으로 연주를 하려거든 그만두라는 사랑 어린 호된 꾸지람을 하셨습니다. 그때는 내 딴에는 열심히 했는데 하는 마음에 화도 나고 참으로 서운했습니다. 그러나 그것이 약진의 발판이 되어 다시 결심하고 코피 터지도록 연습하여 원음대로 칠 수 있게 되었습니다. 할렐루야!

저는 음악의 기본인 악보 보는 것도 모르기에 찬양 한 곡을 익히려면 먼저 그 곡을 많이 들은 뒤 수십 번 연습을 해야 되고, 많은 사람들 앞에서 연주를 하려면 백 번 이상의 맹연습을 해야만 합니다. 그렇게 하려면 땀도 많이 나며 때로는 코의 허물도 벗겨지고 코피도 나며, 청춘의 심볼이라는 여드름이라도 코에 나면 너무 아픕니다. 이런 것들이 힘들어 그만두고 싶을 때가 많지만 주님이 주시는 힘과 나의 몸짓으로 하나님을 찬양하며 사람들에게도 작은 기쁨과 소망을 줄 수 있어 여러분들의 도움으로 어려움을 이겨내고 있습니다.

현재는 주님이 제게 주신 짝(이현숙)과 아담한 보금자리에서 행복을 만들며 생활하고 있으며, "주 예수 나의 당신이여"라는 찬양의 시를 쓴 이인숙 집사와 생수 찬양단의 반주자로 활동 중에 있습니다. 또한 늦었지만 2001년 6월부터 모두 사랑야학에서 배움을 시작하여 중입, 고입, 대입 검정고시를 통과하여 무학의 설움에서 고졸이란 자격과 함께 대학 캠퍼스를 누비고 다닐 날을 꿈꾸게 되었습니다.

때로는 낙심되고 절망 앞에서 넘어질 때도 많겠지만 주님께서 주시는 능력으로 저는 일어날 것입니다. '예수님의 품에 꼭 안기는 그날까지 하나님 아버지의 영광만을 위해 쓰여지게 하소서'라고 늘 기도드립니다.

하나님께서 여러분들에게 주신 달란트를 더욱 갈고 닦아서 그것으로 창조주를 찬양하며 이웃을 사랑하여 주님 앞에 귀한 열매를 많이 맺어드리는 여러분 모두가 되시기를 예수님의 이름으로 기도드립니다.

〈새 하늘 새 땅〉 2003년 12월호

이 희 아

서울

네 손가락으로 감동적인 피아노 연주
피아노 연주 통해 하나님 사랑 전해

손가락을 네 개 주신 하나님께 감사

이희아 양과 어머니

"네 손가락의 피아니스트"로 알려진 이희아(19) 양이 지난 9월 시애틀에서 열린 제2회 밀알의 밤에서 아름답게 피아노를 연주, 장애인들에게 큰 용기와 희망을 주었을 뿐만 아니라 정상인들에게도 잊지 못할 큰 감동과 은혜를 주었다.

이운봉 씨와 우갑선 씨 부부의 외딸로 1985년 7월 서울에서 태어난 이 양은 선천성 사지 기형 1급 장애인으로 손가락이 양손에 두 개씩 있고 무릎 이하 다리도 없다. 이 양의 아버지는 2000년 6월 병으로 하늘나라로 떠났는데, 포병 장교였던 그는 1967년 경기도 연천 무장공비 토벌작전 때 척추를 다쳤다. 10년째 보훈병원에서 치료받던 아버지는 1977년 이 병원의 간호사였던 어머니 우 씨를 만나 결혼했다. 어머니 우갑선 씨는 남편이 척추를 다쳐 휠체어 신세를 졌고, 결혼 후에도 8년여 동안 아이가 없어 임신이 되지 않은 줄 알고 감기약과 차 멀미약을 과다 복용했는데 이로 인해 희아가 장애인으로 태어났다고 한다.

희아를 처음 봤을 때 자신도 놀랐을 뿐 아니라 주위에서도 차가운 눈으로 보는 바람에 고통의 나날을 보냈다는 그녀는 하나님께 많이 기도하며 하나님의 목소리를 사모했다. 그러던 중 하나님으로부터 "생긴 모양이 정상인과 다르다고 무시하지 말라"는 야단치는 음성을 듣고 딸을 보는 마음이 달라졌다. 한 손에 손가락이 두 개밖에 없어 마치 가위 같았던 손이 하나님의 음성을 들은 후로는 오히려 튤립처럼 예뻐 보였고, 희아를 잘 키워 하나님께 영광을 돌리는 하나님의 도구로 삼아야겠다는 생각을 갖게 되었다.

희아가 온갖 어려움을 극복하고 밝은 모습으로 온전히 자랄 수 있었던 것은 오로지 어머니 덕이었다. 특히 어머니는 딸에게 하나님의 사랑으로 용기와 소망을 심어 주었다.

"사람들을 피하지 않고 오히려 먼저 밝게 인사하도록 하면서, 남과 다른 것보다는 같은 점을 먼저 깨닫고 지켜가도록 했습니다. 약한 모습으로 태어났기 때문에 하나님의 능력으로 더 강하게 키우려고 애썼습니다."

특수학교인 주몽학교 고등부 3학년생인 이 양이 피아노를 치기

손가락을 네 개 주신 하나님께 감사_이희아

이 양이 피아노 연주를 하고 있다.

시작한 것은 여섯 살 때부터였다. 처음부터 피아니스트가 되기 위해 피아노를 친 것은 아니고 연필조차 쥐기 힘든 손가락 힘을 길러 주기 위해서였다. 그러나 시작부터 쉽지 않았다. 손가락을 보고 모두 고개를 내젓기만 했지 받아 주는 학원이 없어 몇 달이나 여러 학원을 전전했다. 학교 가서 연필이나 제대로 쥘 수 있게 하려고 시작하였는데 본격적인 피아노 수업을 받게 된 것이다. 건반을 두드려 소리를 내는 데만 6개월이 걸렸다. 가혹하리만큼 엄한 훈련이었고, 선생님은 밤잠까지 줄여가며 가르치는 데 열성을 보였다. 그런 덕에 희아의 네 손가락은 피아노 건반에, 한 음 한 음에 익숙해져 갔고 짧은 동요에서부터 "은파", "소녀의 기도", "즉흥환상곡" 같은 소품들을 연주할 수 있게 되었다. 그리고 다리에 맞는 특수 페달도 일본에서 구해 사용하면서 피아노 곡의 다양한 표현도 가능해졌다.

"손이 까져 피가 나지 않은 날이 없었어요. 엄마에게 울면서 매달렸죠. 피아노 안 칠 수 없느냐고요. 당시에는 엄마가 한없이 미웠는데, 지금은 너무 감사해요." 희아는 당시를 회상했다. "포기하고 싶은 생각이 수천 번 들었지요. 날마다 '전쟁' 이었습니다. 고단한 삶이었지만 실력이 점차 늘면서 피아노에 특별한 재능이 있다는 것을 알게 됐죠."

어머니는 희아가 장애인이어서 한계가 있었지만 항상 하나님께 도와 주시라고 기도했기 때문에 하나님이 능력을 주셔서 그 고통과 한계를 극복할 수 있었다고 간증했다. 희아도 "유명 작곡가들의 클래식 곡도 잘 연주할 수 있도록 해달라"고 하나님께 간절히 기도했다. 그리고 하루도 거르지 않는 10시간씩의 피아노 연습이 매일같이 이어졌다.

1992년 희아는 일반 학생들과 겨루는 전국 학생 음악 연주 평가 대회에 출전했다. 장애인이라고 하면 출전 자격을 주지 않을까봐 장애 사실을 숨겼다. 와이만의 "은파"를 연주한 이 양은 최우수상을 수상했다. 상을 받으러 나온 희아를 보고 채점 교수들은 "네가 손가락이 네 개였느냐"며 놀랐다. 그때부터 희아의 이름이 알려지기 시작했다. 1993, 94년에 전국 장애인 예술대회 최우수상을 수상하는 등 수많은 상을 받았다. 1999년에는 김대중 대통령으로부터 장애 극복 대통령상을 받기도 한 이 양은 청와대 초청 연주를 비롯, 2000년 호주 시드니 장애인 올림픽 축하 연주, 미국, 캐나다 순회공연, 성악가 조수미와 협연, KBS 교향악단을 비롯 여러 오케스트라와 협연했으며 한국 KBS, MBC, SBS를 비롯 미국 방송국

CNN, ABC 등에 출연했다.

이러는 가운데에도 슬럼프는 있었다. 친구들과 장난치고 놀던 희아가 머리를 크게 다쳤다. 병원 신세를 진 희아는 퇴원 후 피아노를 멀리하기 시작했다. 이때 다시금 용기를 갖게 된 계기가 찾아왔다. 오른손을 쓰지 못해 왼손만으로 피아노를 치는 라울 소사(캐나다)의 내한 연주회였다. 1999년 11월 소사의 격려로 힘과 용기를 되찾은 희아 양은 다시 혹독한 연습에 들어갔다.

이름이 알려지면서 희아는 장애인들에게 희망을 나눠 주기 시작했다. 열한 살인 1996년 일본의 장애인 재활시설인 '꿈의 공방'을 방문해서 연주한 것을 시작으로 장애인의 날 기념식 축하 연주, 각종 음악회 등을 열었다. 희아를 소재로 한 동화「네 손가락의 즉흥 환상곡」도 만들어져 전국 초등학교에 보급되었고, 2003년에는「네 손가락의 피아니스트 희아의 일기」도 출간되었다.

미국 순회 공연으로 한국과 미국을 오가고 있는 희아는 "무슨 일이든지 꿈을 가지고 최선을 다하고, 인내하고 노력하자"는 자신의 좌우명대로 매일매일 열심히 살고 있다며, 희망이 있는 것을 믿기 때문에 좌절하지 않는다고 강조했다.

"저는 하나님이 좋아요. 더욱 열심히 하겠어요. 앞으로 세계적인 피아니스트가 될 거예요. 헬렌 켈러 같은 사람이 되어서 저보다 어렵고 힘든 사람과 장애인들에게 꿈과 희망을 주고 제가 받은 하나님의 사랑을 되돌려주고 싶어요. 또 지하철이나 버스 타기도 힘든 한국의 장애인들이 장애인 천국이라는 미국처럼 생활할 수 있는 곳이 되도록 기도하고 있어요."

〈새 하늘 새 땅〉 2004년 10월호

강영우 박사

워싱턴 D.C.

시각장애의 고난을 믿음으로 극복한 인간 승리
동양인 최초, 미국 차관보인 최고 공직자

고난과 역경을 기회와 축복으로

강영우 박사 부부

동양인 최초로 미국 부시 행정부의 장애인 정책 차관보가 된 강영우 박사는 유엔 세계 장애 위원회 부의장, 루스벨트 재단 고문으로도 활동하는 세계적인 인물이다. 한인 1세로는 유일하게 미연방 공무원 중 대통령이 임명할 뿐만 아니라 상원위원회에서 인준하는 최고위직 500명 중 한 명인

그는 미 상원 선정 존경 인물로 'Honorable'의 칭호를 받고 있으며, 미국 저명인사 인명 사전과 세계 저명인사 인명 사전에 수록되어 있는 그야말로 자랑스러운 한인이다.

특히 강 박사는 정상인이 아닌 시각장애인으로서 온갖 고통과 사회의 편견과 차별 속에서도 신앙과 굳은 의지로 이를 극복, 전 세계 장애인의 귀감이 되고 있다. 1968년 서울 맹학교 고등부를 졸업하고 연대 교육학과에 입학하여 1972년 문과대학 전체 차석으로 졸업한 그는 1972년 2월에 결혼을 하고 그 해 8월 한국 장애인 최초 정규 유학생으로 아내와 함께 도미하였다. 유한한 후 3년 8개월 만에 피츠버그 대학에서 교육학 석사, 심리학 석사, 교육전공 박사 학위를 취득, 1976년 4월 한국 최초로 맹인 박사가 되었다.

1944년 경기도 양평군에서 태어난 그는 중학생 시절에 축구공에 눈을 맞아 망막이 파열되어 병원 입원 생활 2년 동안 여러 차례 수술과 치료에도 불구하고 완전 실명되었다. 특히 실명 선고를 받은 날 어머니는 충격을 받아 뇌졸중으로 세상을 떠나셨다. 이로 인해 누나도 고교 학업을 포기하고 공장 직공으로 일하며 어린 동생들의 생계를 돌봐야 했다.

"현대 의학으로는 시력을 회복할 수 없다는 실명 선고를 받은 날 저는 하늘이 무너지고 땅이 가라앉는 것 같았습니다. 그 당시 저에게는 미래에 대한 희망이 전혀 없었습니다. 눈앞에 어리는 것은 남산 밑에 쪼그리고 앉아 점을 치는 맹인뿐이었고 귀에 들려오는 것은 손님을 찾아 밤거리를 헤매는 안마사의 구슬픈 피리 소리뿐이었습니다."

모태신앙인 그는 하나님께 현대 의학으로 고치지 못한다면 이적으로 고칠 수 있게 해달라고 간절히 기도했다. 신앙으로 고칠 수 있다는 생각으로 교회에서 기도를 열심히 했으나 2년이 지나도 눈은 고쳐지지 않았다. 더구나 과로로 누나마저 세상을 떠났다. 이렇게 양친과 누나를 잃고 가난 속에 9세의 어린 동생은 고아원에, 13세의 동생은 남의 집에 보낼 때 헤어지기 싫어 어린 두 동생을 끌어안고 울고 또 울었다. 계속되는 시련 속에서 '어떻게 이런 비극이 일어날 수 있는가? 좋으신 하나님이라면 어떻게 이런 일을 가만히 보고만 계시는가?' 하는 하나님에 대한 원망과 탄식이 터져 나왔다.

자신의 믿음이 부족해서 하나님이 고쳐 주지 않으시는가 하는 신앙적 갈등도 컸고, 미래에 대한 희망이 전혀 없는 가운데 맹인으로 살면서 다른 사람들에게 짐이 되고 인간 구실도 못할 바에는 차라리 죽는 것이 낫다고 생각하여 자살을 시도한 적도 있었다. 이처럼 미래에 대해 부정적인 생각으로만 꽉차서 방황의 세월을 보내던 어느 날 헬렌 켈러의 삼중 장애를 극복한 이야기를 접하고 장애를 보는 그의 태도가 변화되었다.

"보지도 못하고 듣지도 못하고 말도 못하는 삼중 장애인도 대학에 갈 수 있었으니 나는 비록 실명은 했지만 들을 수도 있고 말할 수도 있으니 노력하면 대학에도 가고 유학도 갈 수 있겠구나 하는 생각이 들었습니다. 대학에 갈 수 있다는 생각을 하게 되니 나의 실명에 대한 긍정적인 태도가 서서히 형성되기 시작했습니다. 만일 대학에 가서 장차 전문직에 종사하게 된다면 그것은 개척자의 길이 될 것이라는 희망을 가질 수 있게 된 것입니다. 그랬더니 그 동안 온갖 불편과 어려움만을 가져다주는 저주로 생각되었던 실명이 하나님이 나에게 주신 개척자의 사명을 수행하는 도구로 생각되어지고 그 운명에 도전하게 되었습니다."

특히 신앙적 면에서도 사도 바울이 역할 모델이 되어 큰 위로와 용기와 소망을 주었다.

"저는 사도 바울을 역할 모델로 고난과 역경을 기회와 축복으로 받아들이는 신앙을 배웠습니다. 그의 육신의 가시가 하나님의 위대한 도구였다면 나의 실명도 하나님께서 나에게 주신 사명을 수행하는 도구가 될 수 있다고 믿게 된 것입니다. 또한 사도 바울의 기도를 응답하지 않으신 것이 믿음이 부족해서가 아니었다면 나의 눈을 고쳐 주지 않으시는 것도 나의 믿음이 부족해서가 아닐 수 있다는 생각을 하게 된 것입니다. 요컨대 사도 바울과 나의 처지를 동일시해 가면서 나를 괴롭히던 신앙 갈등을 해소하고 새로운 출발을 해서 놀라운 하나님의 축복을 누리게 된 것입니다."

어린 동생들과 헤어지기 싫어 하나님께 피눈물 나는 기도를 했었다. '만약 눈을 뜰 수 있으면 누나처럼 공장에서 돈을 벌어 동생들이랑 함께 살고 싶다'는 것이었다. 그러나 당시 하나님은 이 기도에 응답하지 않으셨는데 그것이 오히려 가장 큰 축복이 된 것이다. 만약 당시 하나님이 그의 기도대로 눈을 뜨게 하셨더라면 현재와 같은 세계적인 인물이 될 수 없었을 것이라며 하나님께 감사하고 있다. 이처럼 그의 기도에 하나님이 응답하지 않으셨기 때문에 오히려 축복을 받은 일이 많았다. 연세대학교에서 공부하기 위해 입학 원서를 제출하니 접수조차 거절당했는가 하면, 1972년 연세대 문과대를 졸업하고 미국에 유학하려니 문교부에서는 장애자는 해외유학 결격사유라며 유학길을 막았다. 그러나 이 같은 차별, 편견, 고난 속에서도 6개월 동안 싸운 끝에 유학 관련법을 고치고 유학할 수 있었다.

특히 1976년 박사 학위를 받고 한국에 돌아가 취업하기 위한 목적으로 기도를 했으나 하나님은 기도를 들어주지 않으시고 귀국하는 길을 막으셨다. 이로 인해 당시 큰 실망과 낙심을 했으나 오히려 하나님은 더 좋은 길을 열어 주셔서 미국, 한국 등 열네 명의 현직 대통령을 만났을 정도로 이젠 UN과 백악관을 무대로 하는 세계적 인물이 된 것이다.

"박사 학위를 받고 취직이 안 돼서 오도 가도 못할 때였습니다. 유학생 비자는 유효 기간이 만료되고 그나마 생활비로 지급되던 장학금마저 중단되었는데 둘째 진영이까지 태어났습니다. 아내가 산후 조리를 할 동안 미국 친구의 집 지하실에서 살다가 다시 아파트를 구해 나왔습니다. 생계에 보태려고 극빈자 모자 건강을 위해 주는 무료 식품을 받으러 가야 했을 때는 당장 모든 것을 포기하고 죽든 살든 고국으로 돌아가고 싶었습니다. 그러나 그때 아내는 '내가 진석이를 데리고 식료품 가게를 열어 생계를 유지할 테니 당신은 계속 직장을 찾아보세요. 여기까지 인도하신 주님께서 반드시 더 좋은 문을 열어 주실 거예요'라고 하는 것이었습니다. 평생을 부부로 살면서 가장 아내에게 고마움을 느꼈던 때였습니다."

강 박사는 자신의 이 같은 생애를 통해 자신은 "장애에도 불구하고가 아니라 장애 때문에, 장애를 통해서 축복받고 승리했다"며 고난과 역경이 있을지라도 실망하거나 낙심하지 말고 기회와 축복으로 삼아야 한다고 강조하고 있다. 또 실명이라는 약점이 오히려 많은 강점이 된 것처럼 약점 때문에 오히려 위대한 역사가 창조된다고 말했다. 강 박사는 현재 43년째 함께 살고 있는 훌륭한 아내와 결혼하게 된 것도 인간의 생각으로는 불가능한 것이나 오히려 크리스천에게는 약한 자를 돕고 싶어하는 동정심이 있어 이

아버지 부시 대통령과 함께한 강 박사 가족

뤄졌다며 감사하고 있다.

실명을 하고 시각장애인으로서 밑바닥에서부터 다시 인생을 시작하면서 새로운 목적을 설정할 때는 이미 그의 나이 20세에 가까운 때였다. 서울 맹아학교 중등부 1학년 때 아내인 석경숙 씨를 만나게 되었다. 당시 입학금과 첫 3개월 등록금은 병원 사회사업가가 지불해 주었는데 그분이 도미 연수 교육을 떠나자 걸스카우트 지도자 훈련을 받고 있던 여대생 단원들이 모금을 해서 두 번째 등록금을 지불해 주었다. 그 단원 중 한 명으로 만난 여대생은 그를 도우려는 자원 봉사자로 만났다가 누나가 되었고, 연인으로 자리 바꿈하다가 7년 후에는 약혼자로 바뀌었고, 10년 후엔 아내가 되었다.

지금의 아내를 처음 만났을 때는 공교롭게도 강 박사가 시력을 잃고 먹고 마시고 거동하는 일상 생활의 훈련부터 다시 시작할 때였다. 그래서 그때를 시발점으로 인생 30년 동안 성취할 목적을 담은 아내의 이름을 새로 지어 주었다. 본명은 석경숙인데 석은옥이란 이름을 지어 주면서 석의 시대 10년은 "시련과 역경을 믿음으로 극복하는 시대", 은의 시대 10년은 "두 사람의 공통된 이상을 준비하는 시대"로 정하고, 옥의 시대 10년은 "하나님께 영광을 돌리고 사회를 위해 봉사하는 시대"로 정했다.
 석의 시대가 끝나던 1972년 2월 21일 그는 연대를 졸업하고 5일 후인 2월 26일 결혼하여 그 해 8월 도미, 유학을 하였다. 은의 시대 10년에는 행복한 가정을 꾸미고 두 아들을 낳아 기르면서 석사, 박사 학위를 받아 교수도 되고 교육 행정가도 되었으며, 아내도 석사학위 종신 교사가 되었다. 옥의 시대가 시작된 1982년에 「빛은 내 가슴에(A Light In My Heart)」라는 책을 출간했다. 이 책의 영문판은 미국 장로교 교단 출판사인 존 낙스 프레스에서 출간되었는데 미의회 도서관에서는 녹음 도서로도 제작하고 이어 일본어, 스페인어 등 6개 국어로 출판되어 고난과 역경을 극복한 인간 승리자로 세상에 널리 알려지게 되었다. 그 책 때문에 1983년 캐나다 토론토에서 열렸던 국제 로터리 세계 대회에서 연설하여 세계 지도자 대열에 당당히 끼게 되었다. 1992년에는 국제 로터리 재단이 창립 75주년을 맞이하여 120만 회원 중에서 75명의 봉사 인물을 선정했는데 그 중 한 사람으로 선정되었고, 그 해 올랜드에서 열렸던 세계대회에서 각 나라 3만여 대표들에게 연설을 하기도 했다.
 그의 삶을 다룬 방송 특집극 "눈먼 새의 노래"는 1995년 한국 방송 대상을 수상하기도 했으며, 아리랑 필름사 이기원 감독이 제작했던 영화 "빛은 내 가슴에"는 극장에서 상영되기도 했다. 하나님은 자녀의 축복도 주셔서 큰아들 진석은 의학박사이자 안과의사로서 듀크 대학 안과 교수가 되었고, 둘째아들 진영은 법학 박사이자 변호사로서 현재 미 연방 상원의원 고문 변호사 중 최연소 변호사로 활약하고 있다.
 "모든 것을 합력하여 선을 이룬다는 하나님의 약속은 지켜질 것입니다. 그러나 그러한 약속이 지켜지기 위해서 우리는 일생 동안 어떠한 고난의 비바람이 몰아쳐도 끝까지 하나님을 버리지 않고 의지하고 사랑해야 하는 조건을 충족시켜야 한다는 것입니다. 아버지 부시 대통령은 '강 박사를 보라. 그는 인생에 등을 돌려야 할 절망적인 인간의 한계 상황에서도 끝까지 하나님을 의지하고 노력하고 투쟁하여 오늘날 주류 사회에 우뚝 설 자리를 발견했습니다'라고 했습니다. 캄캄한 밤이 지나가면 밝은 새벽이 오듯이 숭고한 신앙으로 고난을 극복하면 그것은 보통 사람을 위인이 되게 하는 도구요, 자양분이 됩니다."

강영우 박사는 고난과 역경을 기회와 축복으로 삼을 것을 다시금 강조하고 고난 속에서도 믿음을 잃지 않고 하나님께 감사하는 삶을 살기를 당부하고 있다.

〈새 하늘 새 땅〉 2004년 9월호

106 하나님의 사랑을 증거하는 사람들(상)

박 창 윤 목사

삼보장로교회 담임

목사로서 주님의 능력과 사랑 전해
주님 사랑 만난 순간부터 매일 행복

두 눈과 두 손 잃은 절망에서도 감사

박창윤 목사 부부

시애틀 명성교회에서 지난 6월 부흥회를 인도해 많은 사람들에게 은혜를 준 박창윤(삼보장로교회 담임) 목사는 38선에 이웃한 볼음도 섬에서 자랐다.

고등학교를 막 졸업하고 대학 진학과 장래에 대해 고민하고 있던 1965년 3월 그는 집안 형편으로는 대학 진학이 어렵다는 것을 알고 매일 바닷가를 산보하며 절망스러운 마음을 달래고 있었다. 그날도 친구들과 어울려 바닷가를 거닐던 중 한 명이 이상한 물건을 발견했다. 어른 주먹보다 조금 큰 쇳덩이는 처음 보는 물건이었다. 친구가 쇳덩이를 그에게 건네 주는 것을 두 손을 벌려 받는 순간 "쾅" 하고 천지를 뒤흔드는 광음 속에서 순식간에 몸이 공중으로 붕 떠올랐다. 그리고 의식을 잃고 말았다. 얼마나 시간이 지났을까? 목이 타는 갈증 속에 겨우 눈을 떴다. 가물가물한 의식 속에 어머니의 울음소리가 들렸다.

그런데 이게 웬일인가. 어머니가 보이지 않았다. 어머니뿐만 아니라 아무것도 보이지 않았다. 사방이 캄캄했다. 그리고 얼굴에 닿는 손의 감촉이 뭉뚝했다. 그 뭉뚝한 감촉의 부분에서 살을 베어 내는 듯한 쓰라림이 온몸으로 흘렀다. 그는 아픔과 놀라움으로 비명을 질렀다.

"어머니 내 손, 내 손이 어떻게 됐어요?"

그는 미칠 지경이 되어 병원이 떠나도록 소리를 질러댔다.

"창윤아! 내 아들 창윤아! 하늘도 무심하시지, 네가 무슨 죄가 있다고 이런 꼴이 되었단 말이냐. 내 두 손과 내 두 눈을 너한테 줄 수 있으면 얼마나 좋겠냐."

드디어 어머니가 그의 손을 잡고 엉엉 울기 시작하였다.

시간이 지나면서 손목과 두 눈에서 느끼는 고통은 점점 줄어갔으나 마음의 고통은 더 깊어갔다. 세상이 싫고 살고 싶지가 않았다. 그는 침상에서 죽을 궁리에 몰두하고 있었다. "예수를 믿고 의지하세요." 그때 아주 고운 목소리가 눈물을 흘리는 그의 침상 앞에서 멎었다. 그 목소리는 따뜻하고 부드러웠다. "하나님께서 왜 독생자이신 예수님을 이 땅에 보내셨는지 아세요? 창윤 씨처럼 고통받는 사람, 외로운 사람을 위해서예요. 하나님께서는 사람의 외모나 권세나 재산을 보시는 분이 아니에요. 그분은 이 땅에서 가난하고 병들고 힘없는 분들을 가장 먼저 위로하시는 분이에요. 그러니 예수님을 믿고 의지하세요."

김영자 학생 간호사가 이처럼 자주 찾아와 예수를 전할 때면 그의 마음이 조금씩 흔들리기 시작했다. 그러나 그럴수록 열등의식과 한탄이 커져 죽어야겠다는 결심이 더욱 새로워졌다.

막상 죽음을 결심하고 나서도 손이 없고 눈이 보이지 않으니 그 실천이 매우 어려웠다. 그래서 투신자살을 결심하고 어느 날 2층에서 뛰어내렸다. 그러나 투신자살에서도 죽지 않고 살아나자 다시 또 투신자살을 하기 위해 어느 날 화장실 창문을 여는 순간 누군가 뒤에서 세차게 그를 껴안았다.

"창윤 씨, 이러면 안 돼요. 어차피 죽을 목숨이라면 내 말대로 예수님께 의지해 보고 난 뒤 그때 가서 죽어도 되잖아요."

김영자 학생 간호사였다. 그 후에도 그는 틈만 나면 자살을 생각했는데 시간이 흘러 퇴원하게 되어 고향으로 내려갔다.

"창윤 씨, 고향에 돌아가면 꼭 교회에 나가세요. 사람의 외모는 이 세상 머무는 동안 가지고 있는 껍데기일 뿐이에요. 예수님을 만나 영원한 삶을 얻게 되면 제 말뜻을 알게 될 거에요."

그녀는 병원 문 앞까지 따라 나오며 신신당부를 했다. 고향에 와서도 절망 속에 어느 날 한 봉지의 쥐약을 먹었다. 5분도 지나지 않아 가슴이 오그라드는 것처럼 불붙기 시작했다. 조그만 참으면 죽을 수 있다는 생각에 방바닥을 구르며 고통을 참았지만 비명소리가 저절로 터져 나왔다. 그때 옆집 아주머니가 왔다가 비명소리를 듣고 쌀뜨물을 갖고 들어와 그에게 먹였다. 그리고 모든 것을 다 토해 버려 자살에 실패했다. 어느 날에는 소나무 가지에 새끼

줄을 걸고 목을 매어 죽으려 했으나 새끼줄이 끊어지는 바람에 실패했다. 또 어느 날은 바다에 빠져 죽기 위해 바닷가에 들어가 물이 목에 잠겼는데 한동네 사람이 구조해 주는 바람에 또 실패했다. 몇 번씩이나 거듭된 자살의 실패를 통해 그는 막연히 어떤 운명의 힘을 느끼기 시작했다.

그러던 어느 날 인근에 살고 있던 한 고등학생이 찾아와 함께 교회에 가자고 권유, 처음으로 대방동 영동교회에 나갔으나 아무런 관심 없이 멍하니 앉아 있다 돌아왔다. 다음주 주일에도 교회를 나갔다. 설교 도중 김시원 목사의 외치는 소리가 가슴에 뜨겁게 와 닿았다.

"예수님이 누구를 위해 십자가에 못박히고 피 흘리셨습니까? 죄인인 우리의 죄를 대속하기 위해서입니다. 예수님께서는 부활하셔서 영원히 살아 계십니다. 예수님을 자신의 구주로 영접하시면 죄 사함을 받고 영생을 얻을 수 있습니다." 이 말씀에 이전 병원시절 김영자 학생의 진심어린 기도가 살아 움직이고 있었다. '나는 남의 죄를 대신해서 죽을 수가 있는가. 남을 위해 울면서 기도해 본 적이 있는가. 그저 내 한 몸의 불구를 비관하여 가족들을 괴롭히고 사람들을 미워하며 목숨을 끊는 데만 모든 노력을 기울이지 않았던가. 주여, 저는 죄인입니다.' 회개의 고백과 함께 참회의 눈물이 터졌다. 삶에 대한 믿음과 의욕이 어느새 가슴에 가득했다.

그날 이후로 새벽기도회에 나가기 시작했다. 교회에 가면 육신이 멀쩡할 때도 못 느꼈던 평안을 느꼈다. 고향에 돌아간 후에도 그는 여동생에게 성경을 읽어 줄 것을 부탁했다. 폭발사고를 당한 후 처음으로 집에서 웃음소리가 들리기 시작했다. 그의 신앙은 반석처럼 단단해지기 시작했다. 이런 새 삶을 주신 하나님께 감사한 마음을 표시하고 싶어졌다. 그래서 교회 청소를 시작했으나 어렵게 되자 울면서 기도하는 도중 갑자기 교회 종을 쳐야겠다는 생각이 들었다. 그래서 그는 종각으로 달려가 종 줄을 입에 물고 종 줄을 움직이자 종소리가 온 마을로 울려 퍼졌다. 그는 교회에서 60일 동안 숙식을 하며 매일 새벽 종을 쳤다. 입으로 종을 친다는 그의 이야기를 듣고 새벽기도회에 나오는 사람들의 수가 점점 많아졌다. 이것이 그에게는 주님이 응답하시는 것으로 여겨졌다. 또 커다란 기쁨이 되었다.

이런 이야기가 마침 신문에 보도되자 새문안교회 양순화 권사로부터 편지가 왔고, 그에게 의수를 쓰는 훈련을 받을 수 있도록 모든 비용을 감당해주는 사랑을 베풀었다. 믿음의 어머니가 된 양 권사는 두 손과 두 눈이 없는 그를 떳떳한 사회인으로 자립할 수 있도록 우선 성경공부를 제대로 시키기 위해 서울시가 맹인들의 교육을 위해 설립한 대린원에 다니게 했다. 처음에는 점자를 배울 손가락이 없다는 이유로 입학을 거절당했으나 그녀가 끈질기게 부탁한 끝에 1966년에 입학할 수 있었다. 이곳에서 보낸 1년의 생활이 그 인생의 항로를 결정짓는 계기가 되었다. 토요일이면 많은 사람들이 이곳을 찾아와 봉사활동을 하는 것을 보고 자신도 봉사하는 삶을 살겠다고 다짐했다. 그러나 특별한 기술도 지식도 없어 그 방법을 찾지 못했다. 어느 날 교도소 선교를 나가 간증을 했더니 보통 때의 세 배가 넘는 사람들이 예수님을 영접하는 것을 보았다. '아, 내가 할 일이 바로 이것이구나. 육체적으로 심한 불구인 내가 사랑으로 충만되어 살아가는 것을 보임으로써 정신적으로 불구인 저들이 고침을 받을 수 있구나. 이것이야말로 얼마나 보람된 봉사인가.' 그동안 그토록 궁금했던 주님의 섭리가 한순간에 깨우쳐졌다.

　그는 믿음의 어머니 도움으로 1968년 광화문에 있는 피어선 신학교에 입학했다. 고생 끝에 2년 과정인 신학교를 우수한 성적으로 졸업하고 전도사 자격을 얻었다. 이어 목사 자격을 얻기 위해 장로교신학교에 편입 수속을 했다. 입학을 기다리고 있는 그에게 어느 날 친구 전도사가 김포군 하성면 지역에 네 개의 마을이 있는데 교회가 하나도 없다며 개척교회를 할 것을 권유했다. "주님 어떻게 할까요?" 무릎을 꿇고 응답을 기다리는 그에게 주님이 말씀하셨다. "그곳에 가라, 가서 병든 영혼을 고치고 복음의 씨를 뿌려라."

　그러나 현실은 천막 하나 살 돈이 없었다. "창윤아, 네가 전도사 자격을 받았을 때부터 이런 날을 대비해 반지 계를 들었다. 이걸로 천막을 사서 교회를 세우고 꼭 성공하거라." 그의 고민을 알아차린 어머니가 그 앞에 1만 5천 원을 내놓으셨다. 청소원 어머니의 한 달 월급이 6,500원이었는데 그 금액은 가족이 먹고 살기에도 빠듯한 돈이었다. 그런 어려움 속에서도 어머니는 계를 들었던 것이다. 그 후 그의 노력과 하나님의 은총으로 교인 수가 점점 많아져 성인 50명, 어린이의 수만 200명이 되자, 봉성리에 땅 300평을 사고 천막을 짓고 삼보교회라는 간판을 걸었다. 삼보교회란 기독교 신앙의 가장 중요한 기둥인 믿음, 소망, 사랑의 세 가지 보물에서 따온 이름이었다. 그리고 삼보교회는 믿음의 어머니 도움 등으로 교회를 신축하는 부흥을 이룩했다. 그의 나이 스물넷이었다. 열아홉 살에 인생의 절망을 이기지 못해 자살을 꿈꾸던 이름없는 젊은이가 주님의 사랑을 알게 된 후 이젠 미신이 판치는 마을에 들어와 주님의 전당까지 세운 것이었다.

다음해인 1971년 삼보교회를 사임하고 한국성서대학 3학년에 편입했다. 이 대학에서 그는 학장인 강태국 박사가 자신의 한쪽 눈을 그에게 주고 싶다는 말에 감동을 받고 울면서 참사랑을 보여 준 주님 앞과 학장님께 훌륭한 목사가 되겠다고 다짐했다. 그리고 성서대학을 졸업하고 드디어 1975년 5월에 목사 안수를 받았다. 1977년 7월 서대문 굴다리 옆에서 남의 집을 세내어 개척교회를 시작했다. 또 각 교회에서 요청하는 강사 초청에도 응하고 있었다.

어느 날 김포에 있는 공항교회에 강사 자격으로 갔는데, 하나님은 그에게 그의 평생 가장 큰 축복인 아내를 만날 수 있도록 준비해 놓고 기다리고 계셨다. 그곳에서 최미숙이란 젊은 여성을 만나게 되었는데 그 이후에도 우연히 몇 차례 다시 만나게 되자 이상하게도 이성으로서 마음이 끌려 끝내 청혼을 하게 되었다. 느닷없이 청혼을 받은 그녀는 처음엔 너무 황당해서 어이가 없었다. 그러나 기도 중에 마음의 결정을 내렸는데 한 달 동안 박 목사 집에 출근하면서 경험을 해본 후 결정하기로 했다. 그 후 그녀는 박 목사를 도와 경찰서, 교도소, 윤락여성 그리고 교회 등 그날 그날의 사역 스케줄에 맞추어 함께 동행했다. 팔짱을 끼고 걸어가는 그들의 모습을 이상한 눈빛으로 사람들이 쳐다보는 것 같아 너무 창피하고 힘들어 1주일째 되는 날 청혼을 거절하리라 마음먹고 잠자리에 들었다. 그런데 이 일은 자신이 하는 게 아니라 주님이 하시는 일이라는 담대한 생각이 들어 더 이상 부끄러워하지 않게 되었고, 15일째 되는 날 청혼을 수락했다.

그러나 이를 알게 된 그녀의 집안에서는 그녀를 감금하기까지 하였다. 6남매 중 막내딸인 그녀가 예수를 믿고 미쳤으니 제정신이 돌아올 때까지 가둬 놓아야 한다며 오빠가 그녀의 머리채를 가위로 싹둑 잘라 버렸다. 그리고 친언니, 새언니들이 그녀를 지키고 설득했다. 심지어 그녀가 다니던 교회의 목사님도 그녀를 방문해서 결혼을 포기하도록 설득했다. 그러나 끝내 설득하지 못하자 집에서는 그녀를 남남이라고 선언하고 집에서 쫓아냈다. 이 같은 반대를 무릅쓰고 둘은 1977년 11월에 결혼식을 올렸다. 그러나 신부측에서는 가족이 전혀 없었고 교회 친구 몇 사람밖에 없었다. 결혼 후에도 아내는 가난한 박 목사와 살면서 수많은 육체적, 경제적 고통을 겪어야 했다. 수많은 교인들의 밥짓기, 빨래, 청소는 물론이고 특수 전도와 목회 일의 뒷수발도 여전히 아내의 몫이었다.

박창윤 목사는 1980년 화곡동에 삼보교회를 개척하고 1983년에 「님은 그렇게 하셨는데」라는 제목의 간증집을 출간했다. 그리고 교회는 하나님의 은혜로 계속 부흥했다. 한경직 목사도 이 교회에 왔다가 은혜를 받고 건축에 도움을 주는가 하면, 많은 성도들과 외부인들이 협조해 주어 교회측은 불과 배 열 상자 값만 치르고 1990년 9월 새 성전에서 입당예배를 드렸다. 월 3만 5천 원의 사글세방에서 시작하여 여러 곳을 전전하며 예배를 드렸던 일들이 여러 가지 감회로 떠올랐다. 자체 성전도 없는 가난한 교회에서 부족한 목

신학대학 졸업식 때 박 목사 부부

자인 자신을 믿고 따라 준 교인들에 대해 감사의 눈물이 흘렀다.
"주님의 사랑을 만난 순간부터 나는 새롭게 태어났고 매일매일 이 행복했다. 남들은 눈도 안 보이고 손도 없으면서 저렇게 즐거울 수 있을까, 혹은 위선이 아닐까 의심도 하겠지만 나는 정말로 행복하다. 모든 사람들이 행복하기를 갈망하기에 나는 내가 알고 있는 행복의 비결을 공개한다. 그것은 예수 그리스도의 사랑과 능력 안에서 사는 것! 오직 이것이다."
"내게 능력 주시는 자 안에서 내가 모든 것을 할 수 있느니라"(빌 4:13).

〈새 하늘 새 땅〉 2005년 8월호

이 재 서

총신대 교수

마음 환히 밝혀 주시는 하나님 만나
장애인 돕는 세계적 밀알 선교단 설립

실명의 어둠 극복 박사와 교수까지

시애틀 밀알 모임에 온 이재서 박사

총신대 교수이며 밀알 선교단 회장인 이재서 박사(52)는 전남 순천 인근 황전면의 가난한 집에서 태어나 초등학교만 졸업하고 다른 형제들처럼 농사일을 해야 했다.

그러던 중 14세 때 자꾸 눈이 침침해졌다. 멀리 있는 물건이 안 보이고 눈앞에 있는 물건도 뿌옇게 보이는 등 눈이 현저하게 나빠졌다. 다음해에는 밤낮을 구분하는 것 외에는 더 이상 보이지 않게 되자 다급해진 아버지는 논을 팔아 아들을 서울 병원 공안과에 데려가 수술을 받게 했으나 수술한 보람도 없이 전혀 보이지 않게 되었다. 세 살 때 심한 열병을 앓아 고열의 충격이 잠복되어 눈 신경에 영향을 주었다며 현대 의학으로는 어쩔 수 없다고 의사는 말했다.

'이제 세상은 끝났다.' 그는 참담한 생각이 들었다. 그리고 절망 속에 빠져 가족들에게 짐이 되지 않고 죽어야겠다고 결심했다. 자살하기 위해 뒤뜰의 감나무에 끈을 묶고 목을 매달려고 몇 차례 시도했으나 포기하였다. 억울한 생각에 울컥 설움이 차올랐기 때문이었다. 이대로 죽는 것은 너무 억울하다는 생각이 들었다. 포기하고 다시 방으로 되돌아오면 그곳에는 다시 고통만이 그를 기다리고 있었다. 책도 볼 수 없고 라디오조차 없는 적막강산에 팽개쳐진 그는 별수없이 또다시 자살을 생각하곤 했다.

다행히 형의 도움으로 서울에 있는 맹아학교를 찾아갔다. 그곳에서 처음으로 시각장애인이 피아노 등 악기를 다루고 능숙하게 타이프도 치는 것을 알게 되었다. 그들은 그에게 많은 용기를 주었다. 다른 사람들이 무슨 말을 해도 위로가 되지 않았으나 같은 처지에 있는 그들이 이야기를 하니 힘이 되었다. 처음으로 교회라는 곳에도 가보았다. 그곳에서 점자를 배우고 정식으로 1968년에 중학교에 입학하고 고등학교까지 6년을 다녔다. 그곳에서 참으로 많은 것을 배우고 얻었다. 그러나 실명에 대한 좌절감에서 쉽사리 벗어나지 못하고 방황, 학교에서 가장 침울한 아이였다.

이처럼 좌절의 늪에서 벗어나지 못하고 있던 어느 날, 학교에 초청된 한 목사님의 설교는 그에게 큰 용기를 주었다. "사람에게는 네 가지 눈이 있습니다. 사물을 보는 육안, 지혜를 터득하는 지안, 마음으로 보는 심안, 그리고 하나님을 믿고 영원한 세상을 보는 영안이 바로 그것입니다. 세상 어떤 사람도 이 네 가지 눈을 완전히 가진 사람은 없습니다. 대부분 한 가지씩 눈이 부족한 시각장애인인 셈입니다. 여러분만 시각장애인이 아닙니다. 육안 하나를 잃은 것 때문에 자신만 장애인이라는 생각으로 비관하고 좌절하는 것은 어리석은 일입니다. 여러분은 비록 육신의 눈을 잃었지만 나머지 세 가지 눈을 밝고 건강하게 가질 수 있습니다."

그는 인간에게 네 가지 눈이 있다는 사실에 놀랐다. 육안 하나를 잃었다고 좌절할 필요가 없다는 목사님의 말씀이 가슴을 때렸다. 그리고 마침내 '나는 네 개의 눈 가운데 육체의 눈 하나를 잃었을 뿐이다. 나머지 세 개의 눈을 가꾸기 위해 노력하자'고 다짐하였다. 그 후 많은 변화가 생겼다. 공부에도 관심을 갖기 시작했고, 사람들과도 적극적으로 어울렸다.

한편 그때까지 수년 동안 종교적 갈등의 기간을 가졌다. 교회에도 다녔고 성당에도 가보고 심지어 원불교, 통일교, 여호와의증인, 몰몬교까지 기웃거려 봤지만 어디에 가도 마음에 큰 감동은 없었다. 그러던 중 1973년 5월 여의도 광장에서 열렸던 빌리 그레이엄 목사의 전도 집회에 우연히 참석했다가 예수님을 영접했다.

"대개 하나님을 알고 믿겠다고 한다. 그러나 우리의 머리로는 하나님을 헤아릴 수 없다. 왜냐하면 머릿속에 악한 영이 자리하여 생각을 방해하고 유혹하기 때문이다"라는 빌리 그레이엄 목사의 설교 말씀이 신기하게 믿어졌다.

서울 맹아학교를 졸업하고 대학에 진학하지 못해 고향으로 내려갔다. 여의도에서 자신감을 회복한 이후 하나님이 주신 달란트는 문학이라는 생각에 작가가 되기로 하고 글 쓰는 일에 전념했다. 연말 몇몇 일간지 신춘문예 소설 부문에 응모했으나 실패했다. 그래서 전문적으로 성경을 공부하면 크리스천 작가로 문학 활동을 할 수 있다는 생각에 순천 성경학교에 다녔다. 성경학교에 다니면서 교회에 중고등부를 조직하여 학생들을 가르쳤는데, 이 학생들 중 순천여고에 다니는 한점숙 학생이 8년 후 그의 아내가 될 줄은 상상도 못했다.

그에게는 아픈 기억이 있었다. 학교에 다니면서 사귄 여성이 있었다. 결혼 문제가 나왔을 때 그녀의 가족들은 반대하지 않았다. 그런데 그녀의 친척들이 들고일어났다. 그러자 부모들의 마음도 돌아섰다. 그녀의 가까운 친척은 이런 말을 했다고 한다. "그런 사람에게 시집보내려면 차라리 개에게 보내는 것이 낫다. 그 계집애, 말을 안 들으면 골방에 가둬 두고 죽도록 때려 입에서 게거품이 나오도록 해야 한다. 차라리 두들겨 패서 죽이는 것이 낫다." 그토록 모욕적인 말은 처음 들어보았던 것이다.

성경학교를 졸업한 그는 장애인 선교를 결단하고 신학대학 입학을 추진했다. 그러나 총신대는 시각장애인이라며 원서 접수를 거부했다. 시각장애인이 공부할 만한 시설을 갖추지 않았고 어려운 대학공부를 따라가기 어려우리라는 이유였다. 간신히 사정해 시험을 치르고 합격했으나 이젠 등록금이 없었다. 그래서 장학금을 받기 위해 자신의 처지를 설명하는 호소문과 함께 여러 교회를 방문했으나 모두 거절당했다. 심지어 전남도청, 방송국, 여러 장애인 단체도 찾아갔다. 순천, 광주, 서울을 한 달 동안 돌아다녔으나 한 군데서도 도움을 받지 못하자 세상 사람들의 장애인에 대한 생각이 어떻다는 것을 알 수 있었다. 그때 그는 더욱 굳게 결심했다. 나중에 꼭 장애인을 위한 선교를 하겠다고. 간신히 형이 돈을 빌려와 대학에 입학한 후 점자로 공부를 하는 어려움 속에서도 하나님의 은혜로 대학 4년을 마쳤다.

특히 3학년 때 한국 밀알 선교단을 창립했다. 그 무렵 강원도 원주시에 있는 성광원이라는 맹인촌에 60명이 살고 있는데 화장실이 단 한 개도 없다는 소식을 듣고 가슴이 아팠다. 그는 청년들에게 그곳의 실상을 소개하고 하계봉사활동을 통해 그곳에 화장실 두 동을 지어 주고 성경학교, 부흥집회 등으로 도와 주었다. 이곳에서 돌아온 후 한 달 동안 장애인 선교방법을 구상하고 1979년 10월 16일 역사적인 한국 밀알 선교단 창립식을 가진 것이다.

요한복음 12장 24절처럼 희생과 죽음을 통한 새 생명의 탄생, 그 메시지가 장애인 선교단체의 정신이 되어야 한다고 생각했다. 특히 좌절과 절망의 나라에서 희망과 생명의 나라로 그를 옮긴 것은 예수 그리스도에 대한 믿음이었기 때문에 장애인에게 시급한 것은 복음이란 생각에 전도, 봉사, 계몽을 3대 목표로 정했다. 선교단을 창립한 후 그는 유학을 가야겠다는 마음이 생겼다. 전문 지식 없이는 어느 단계 이상 선교단을 발전시키기 어렵기 때문에 사회 복지가 발전한 미국에서 배워야겠다고 생각했다.

유학을 가기 위해 필요한 토플 시험을 치르려니 당시 한국에는 시각장애인을 위한 시험이 없었다. 그래서 미국 대학 28군데에 편지를 보내 한국에서 토플 시험을 볼 수 없으니 받아주면 거기 가서 보겠다고 했으나 모두 거절당했다. 3년 이상 유학을 모색했지만 길이 열리지 않았다. 그러던 1984년 2월 이상한 꿈을 꾸었다. 우유를 한 잔 마셨는데 우유 컵 속에서 생생한 영어노래가 흘러나오고 사람이 튀어나왔다. 그날 사무실에 가니 놀랍게도 필라델피

이 박사 부부와 이희호 여사

아에 있는 템플 대학에서 어학연수 과정으로 입학허가서가 와 있었다. 그러나 수속은 쉽지 않았다. 재정 보증이 약하여 거절당한 끝에 세 번째에야 겨우 3개월 비자를 받았다. 그 이후에도 많은 어려움이 있었으나 드디어 처음 타보는 비행기로 1984년 7월 미국에 도착했다. 이곳에서도 몇몇 한인들은 미국이 살기 힘들고, 학비도 비싸고 특히 시각장애인은 공부하기 어렵다며 돌아갈 것을 권유하기도 했다. 그러던 중 우연히 필라델피아 성경대학을 알게 되어 3학년에 편입학하였다. 그리고 다음해에는 한국의 아내도 미국으로 오게 되었다. 여고시절 교회에서 선생님과 제자로 만났던 아내는 전남대 밀알 동아리를 조직할 때 다시 만났는데 금방 친해졌다. 그녀가 대학을 졸업하고 여중 교사로 임용된 지 1년도 채 못 된 24세 되기 전에 결혼했다. 아내는 부모님께 결혼하겠다고 말씀드렸는데 장애인과 결혼하는 것을 반대하는 많은 사람들과는 달리 반대하지 않으셨다.

그는 유학 생활 10년 동안 수많은 고생을 했으나 끝내 1994년 럿거스 대학원에서 박사 학위를 수여받았다. 한국 시각장애인으로서 미국에서 네 번째로 박사학위를 받은 것이었다. 유학 기간 동안 공부뿐만 아니라 미국에서 밀알 선교단을 우뚝 세웠다. 현재 밀알 선교단은 1992년 6월 워싱턴 D.C.에 첫 지부를 세운 것을 시작으로 해서 시애틀 등 미국에 아홉 개의 지부가 있고 1년 예산이 200만 달러가 넘는데, 1년에 장애인에게 지급하는 장학금만 10만 달러가 넘는다. 여름마다 동서부에서 개최되는 밀알 사랑의 캠프에는 1,000명이 넘는 장애인과 단원들이 모인다. 또 러시아, 중국, 북한, 네팔 등 여러 나라 장애인들에게도 물질적으로 지원하고 있다. 1998년 8월에는 유럽에도 밀알 선교단을 세웠다. 또 한국과 미국의 밀알을 하나로 묶은 세계 밀알 연합회를 1995년 3월 출범시켰다.

1994년 여름 10년 만에 한국으로 돌아온 그는 1995년부터 총신대와 성균관대학에서 강의를 시작했고, 1996년에는 정식으로 총신대 교수가 되었다. 시각장애인이 교수가 된 것은 한국에서 두 번째였다. 그는 학생으로도 들어오기 힘들어 많이 울면서 입학했던 총신대의 교수가 된 것이 꿈만 같았다. 모든 것이 감사할 뿐이었다. 이재서 교수는 특히 아내에 감사하고 있다. "아내는 나의 공부에 필요한 것을 찾아 주고 중요한 것은 점자로 옮겼다. 점자로 옮기는 것은 중노동이다. 내가 쓴 과제물을 타이핑하는 일도 맡아 했다. 부족한 학비와 생활비 충당을 위해 베이비시터를 하고 세탁소에서 일하고 식당 웨이트리스로도 일했다. 거기에 1남 2녀의 아이를 키우는 일까지 1인 다역을 감당해야 했으니 몸뚱이 하나로 버티기 힘들었을 것이다. 아내는 참 많이 울었다. 일이 힘들어서 울었고, 성격이 급하다 보니 부부 싸움을 하고도 울었다. 임신하여 입덧을 할 때도 울었다. 내가 가장 마음 아팠던 아내의 눈물은 장애인 나라 사람이 되어 가면서 흘리는 눈물이었다. 특히 주변 사람들의 편견적인 태도에 대해서는 온몸으로 못견뎌 했다."

"열다섯 살, 푸르던 날에 나는 예기치 않은 암초를 만났다. 어느 날 눈앞에 희뿌연 안개가 끼는 것 같더니 매일 더 심해졌다. 온갖 아름다운 색깔이 세상을 덧칠할 때 내게는 오직 검은 색만이 다가왔다. 날이 갈수록 눈앞은 더 캄캄해지고, 나는 영문 모를 어둠 속에서 매일 피폐해졌다. 세상은 내 불행에는 아랑곳없이 분주하게 돌아갔다. 그로부터 38년이 지나 나는 그 어둠 속에서 박사와 교수가 되었으며 세계적인 단체의 회장으로서 눈코 뜰 새 없이 바쁘게 산다. 지금까지 나를 이끌어 온 것은 내가 아니라 다른 힘이다. 나는 눈이 멀고 난 뒤 오히려 많은 것을 누렸다. 공부를 하게 되었으며, 내 마음을 환히 밝혀 주시는 하나님을 만나게 된 것이다. 좌절과 절망으로 여러 차례 자살도 생각했고 정신조차 혼미했으나, 희망을 갖고 최선을 다했을 때 내 앞에는 무한한 가능성이 펼쳐졌다. 여전히 내 눈앞은 깜깜하지만 지금 나는 세상 누구보다 행복하다. 그 과정에서 내가 깨달은 것은 사람은 어떤 마음을 갖고 사느냐가 중요하다는 것이다. 나는 15년이나 세상을 볼 수 있었다는 것에 감사한다."

이재서 교수는 지난 4월 펴낸 그의 자서전 「아름다움은 마음의 눈으로 보인다」에서 이처럼 하나님의 섭리와 사랑에 감사했다.

〈새 하늘 새 땅〉 2005년 8월호

김 선 태 목사

한국 실로암 안과병원

시각장애 시련에도 하나님께 감사
더 많은 사람들이 빛을 찾는 큰 역사

한평생을 시각장애인 위해 살아

시애틀에서 순회공연을 했던 한국 실로암 안과병원의 간호사 등 열두 명으로 구성된 엔젤스 보이스 합창단은 전문 음악인은 아니지만 수준 높은 음악 솜씨를 보여 줘 많은 이들로부터 박수갈채를 받았다. 그 중에서도 가장 큰 감동을 준 것은 이 병원의 상임이사 겸 원목실장이며 합창단을 지도하는 김선태 목사였다. 그는 시각장애인인데도 불구하고 피아노를 훌륭하게 연주하여 청중을 놀라게 했을 뿐만 아니라 그의 파란만장한 일생은 깊은 감동과 도전을 주고 있다.

그는 1941년 9월 서울에서 귀한 외동아들로 태어나 별 탈 없이 자라났다. 그러나 열 살 때인 1950년 한국전쟁이 일어났다. 전쟁이 일어난 지 열흘쯤 지났을 무렵, 부모님과 아침 식사를 하고 신당동 집을 나서 옆집 친구들과 함께 놀러 다니다가 배가 고파 집으로 돌아오니 집이 몽땅 폭격을 맞아 산산조각이 나 있었고, 부모님도 보이지 않았다. "엄마! 아빠!" 목이 메도록 부르면서 동네를 뒤졌지만 부모님을 찾아내지 못했다. 폭격으로 인해 집과 부모를 잃고 고아가 된 후 졸지에 거지가 되어 밥을 얻어먹고 남의 집 처마 밑에서 자는 비참한 생활을 했다. 그러던 8월 어느 날 친구들과 함께 수박 서리를 하기 위해 뚝섬으로 갔다. 그는 친구들과 함께 정신없이 수박을 따먹고 있었는데, 다른 친구들이 가지고 놀던 폭탄이 터져 의식을 잃고 말았다. 얼마나 지났을까. "얘야, 너는 천만다행이구나, 네 친구들은 다 죽었는데 살아 남았다. 하늘이 너를 도우셨구나!"라는 음성이 들렸다. 그런데 조금 전까지 볼 수 있었던 푸른 하늘과 들판, 한강을 볼 수 없었다. 수류탄 폭발로 양 눈을 실명한 것이었다.

그 후 고모 집으로 갔던 그는 현재도 몸에 상처의 흔적이 60여 군데나 있을 정도로 온갖 저주와 구타와 멸시, 천대를 고모 가족으로부터 당했다. 심지어 어느 날 고모 가족이 피난 가기 위해 골치 아픈 그의 밥 속에 양잿물을 넣어 죽이겠다는 끔찍한 이야기를 나누는 것을 우연히 듣고 무작정 도주했다. 그 후 거지로서 떠돌아다니며 2년 동안 방랑 생활을 하다가 다시 서울로 올라왔다. 그러던 중 거지 체포령에 걸려 아동 보호소에 보내졌고 다시 라이트 하우스(Light House)라는 맹인학교로 보내졌다. 이 시절 그는 대

김선태 목사 가족

나무 피리를 불며 안마사 일을 하기도 했다. 안마를 하면서 하룻밤에 많은 돈을 벌기도 했으나 그는 안마를 직업으로 삼지 않겠다고 맹세했다. 안마를 하면서 술 파티나 담배 연기나 남녀 간의 좋지 못한 모양들을 목격했기 때문에 그와 같은 유혹에 걸려 실수할까 염려되었던 것이다. 이처럼 온갖 역경 속에서도 시각장애인 학교와 일반 고등학교를 졸업하고 숭실대학교에서 철학을 전공했다. 그리고 신학대학과 대학원을 졸업하고, 목사가 되고 미국 맥코믹 신학대학원에서 목회학 박사 학위까지 받았다.

특히 당시 한국에서는 시각장애인에 대한 천대와 차별이 심했지만 그는 그때마다 놀라운 용기와 믿음으로 이를 극복해 나갔다. 5·16 군사 혁명 당시 시각장애인은 일반 대학에 갈 수 없다는 차별이 있자 그는 문교부 대학교육 국장에게 32번이나 찾아가도 이뤄지지 않자 33번째에는 칼을 꺼내 들고 담당관에게 달려드는 소동을 벌였다가 마침 기자들이 보고 이를 신문에 크게 보도하는 바람에 드디어 맹인도 대학에 응시할 수 있도록 방침이 변경되었다. 이 같은 수많은 좌절과 시련을 극복하고 그는 1969년 장로회신학대학을 졸업하고 1972년에 한국맹인연합교회를 비롯하여 많은 맹인 교회를 세워 시각장애인들의 선교와 복지에 힘써 왔으며, 1984년부터 매 2년마다 전국 12개 처 맹인학교 학생들을 위해 선교대회 및 성가 경연대회를 개최하여 장학금도 전달하고 꿈과 희망을 심어 주었다. 또 매년 일반 대학에서 공부하는 맹인 대학생, 신학생, 유학생들에게 장학금을 지급함으로써 지도자 양성에 앞장섰는데 현재까지 장학금을 지급받은 학생은 900여 명에 이르고 있다. 이와 같은 일들을 수행하기 위해 후원금을 모금하고 독지가로부터 기증받은 헌금으로 한국기독교연합회관(종로구 연지동 소재) 431평을 확보하여 맹인들의 선교와 복지를 위해 기증하였으며, 역시 독지가로부터 기증받은 대지 위에 1988년에 낙원빌딩(관악구 봉천동 소재) 800평을 건립하였는데, 현재 사회복지법인 실로암 시각장애인 복지관으로 변경되어 시각장애인들의 재활과 복지사업에 큰 몫을 담당하고 있다.

1986년에는 실명 예방과 시각장애인들의 시력 회복을 위해 의료법인 실로암 안과병원을 설립하고 현재까지 15,000여 명에게 개안수술을 실시하여 광명을 찾아 주었으며, 1995년부터는 버스를 이용하여 움직이는 실로암 안과병원을 가동하면서 전국 농촌과 섬 지역 주민들, 전남 고흥군 소록도 나환자촌, 여수 애양원, 전국 70여 개 처 음성 나환자 마을 등 의료 취약 지구를 순회하면서 무료 안과 진료와 개안수술을 실시하고 있다. 또한 1997년에는 실로암 안과병원 후면에 '실로암 빛의 집'을 어려운 여건 속에서 건립하여 맹인들의 복지와 선교를 위해 헌납하였다.

의료 사업은 국내뿐만 아니라 국외적으로도 활발히 전개되고 있다. 1987년 방글라데시에 의료 봉사단을 파견한 것을 시작으로 1991년 중국 연변에 1차 이동 진료반 파견, 1994년에 필리핀 바기

오 지역 원주민들을 위한 이동 진료반 파견, 1997년 중국 연변 대학 복지 병원에 2차 이동 진료반을 파견하여 조선족 및 한족들에게 무료 진료와 개안수술을 실시했으며, 앞으로는 중국 연변에 실로암 안과병원 분원을 설립하여 지속적으로 어려운 동포들의 무료 안과 진료와 개안수술을 지원할 계획이다. 이처럼 의료 사업은 1986년 의료법인 실로암 안과병원이 개원한 이래 국내외를 합하여 현재까지 총 450여 회에 걸친 무료 안과 순회 진료를 실시할 수 있었다.

김선태 목사는 그동안의 맹인 생활에서 초기에는 온갖 멸시와 고통과 학대로 눈물을 흘렸지만 이젠 자신의 희생을 통해 더 많은 사람들이 빛을 찾는 것에 감사의 눈물을 흘리고 있다고 말했다.

"사도 바울의 표현에 의하면 6·25가 내게 준 상처들은 그리스도의 십자가의 흔적입니다. 그것은 내게 고난의 상처요 가시였지만 지금은 그 상처를 딛고 일어나 그 나라와 그 의를 위하여 당당하게 일할 수 있게 된 기적의 흔적임을 알게 되었습니다. 전쟁 고아에 두 눈까지 잃어버린 6·25가 준 상처와 흔적은 내가 고난을 극복하고 일어설 수 있도록 면역성을 기르는 계기가 되었습니다. 만일 내가 외동아들로 태어났다고 집에서 응석이나 부리며 자랐더라면 가장 이기적인 삶을 살지 않았겠습니까. 어떻게 시각장애인의 친구가 될 수 있었으며 하나님을 위해 헌신하며 살아가는 목사의 길을 걸어갈 수 있었겠습니까. 내 몸에 남겨진 수많은 고난의 상처와 흔적들 때문에 오늘의 내가 있게 되었고 시각장애인을 위한 맹인 선교의 사명자가 되었다는 사실을 부인할 수 없습니다. 사랑하는 주님은 나의 몸에 고난의 흔적을 깊이 새겨 놓으면서 무의식 속에 한을 품게 하셨습니다. 그리고 그 한을 삭여 가면서 다른 사람의 한을 풀어 주는 일을 하도록 나를 영혼의 의사로 만드셨습니다. 나의 일생의 모든 여정을 섭리하신 그분의 깊은 뜻을 어찌 인간의 머리로 헤아릴 수 있겠습니까. 그러나 분명한 것은 역경과 고난, 가혹한 시련과 절망의 숲을 통과하지 않고는 결코 위대한 영혼의 탄생은 없다는 것입니다."

〈새 하늘 새 땅〉 2004년 3월호

이 정 진
LA

아내와 함께 하나님 도구 되도록 기도
장애인을 사랑한 아내와 행복한 생활

뇌성마비 장애인 고아에 주신 축복

이정진 씨 부부

먼저 저의 인생에서 아내와의 귀한 만남을 허락하신 하나님 아버지께 감사드립니다. 저는 뇌성마비 2급 장애 판정을 받은 장애인이며 고아입니다. 너무나 어려서 버려졌기에 부모의 얼굴도, 가족에 대한 그 어떤 것도 제 기억 속에 없습니다.

공원에 이불보쌈이 되어 버려진 저를 청소부 아저씨가 근처에 있는 시립 아동 병원으로 옮겨 주셨다는 말을 들었습니다. 유아기를 약 50여 명의 장애 아동들과 함께 병원에서 일어나 걷지도 못한 채 생활했던 것 같습니다. 그리고 1980년에 저는 은평 천사원이라는 고아원으로 몇몇 장애 아동 친구들과 함께 옮겨졌습니다. 천사원에서의 생활을 시작할 때 제 나이는 아홉 살이었던 것 같습니다. 천사원 원장님은 감리교 장로님이셨습니다. 그래서 많은 교회나 선교단체로부터 도움의 손길이 끊이질 않았고, 매주일이면 그분들과 함께 예배를 드려야 했습니다. 장애인 대부분이 생각도 하지 못하는 정신장애인, 그리고 앉아 있지도 못하고 걷지도 못하는 신체장애인들이어서 교회를 가고 싶어도 갈 수가 없었습니다. 저 역시 열 살이 넘도록 걷지 못해 건물 안을 사방팔방으로 기어 다녔습니다. 손바닥과 무릎이 새까매지도록 말입니다.

　장애 고아들을 찾아오시는 자원 봉사자 선생님들, 형, 누나들과 함께 늘 예배를 드렸어도 저는 어린 나이에 그냥 군중을 따라다녔을 뿐, 예수님의 존재에 대해 관심도 없었고 믿고 싶지도 않았습니다. 그런데 어느 전도사님이 저를 품에 꼭 안으시고 눈물을 흘리시며 기도를 해주셨습니다. 긍휼히 여기시는 마음에 우시는데 저도 왠지 덩달아서 막 울고 있었습니다. 그리고 며칠이 지나서 저의 다리에는 힘이 생기고 한 발짝씩 넘어져 가면서 저의 힘으로 걷게 되었습니다. 저의 나이 열한 살에서 열두 살 때였습니다.

　그렇습니다. 전적인 아버지 하나님의 은혜로 제 다리에 힘을 주시고 저로 하여금 걷도록 기적을 허락하셨습니다. 그러나 매번 원장님과 사모님이 천사원을 방문하시는 손님들에게 "저 아이는 전도사님이 기도해서 하나님께서 걷게 해주셨습니다"라고 제 소개를 하실 때마다 그 소리가 듣기 싫어서 "또 그 소리야! 하나님이 어디에 있어! 내가 걷게 된 것은 순전히 나의 노력으로 걷게 된 거라

이정진 씨가 장애의 몸으로도 찬양하고 있다.

고!" 하며 하나님을 부인했습니다.

사춘기 시절을 정신 지체 발달장애인들이 다니는 특수학교에 어쩔 수 없이 다니면서 '왜 나는 일반 학교에서 비장애인들처럼 그들과 함께 어울려서 공부할 수 없는 걸까?' 하는 생각들로 우울하고 속상할 때가 많았습니다.

1990년 17살 때 하나님의 또 다른 특별한 은혜로 미국인 브라운 씨의 가정에 소개를 받아서 미국에 입양을 목적으로 오기 위해 준비를 했습니다. 저는 이것을 좋은 기회로 알고 '미국 가면 하나님과는 정말 멀리할 수 있겠지. 미국 가서 내 마음대로 하고 싶은 것

다하면서 살아야지' 하고 결심하고 있었습니다. 그러나 5년 동안을 함께 지낸 브라운 씨의 가족은 아주 엄격하면서도 성실한 기독교 가정으로 저를 인도하는 것이었습니다. 큰 실망이 아닐 수 없었습니다. 한가족처럼 지내면서도 또 다른 생각지 않은 어려움 때문에 많이 힘들기도 했습니다. '차라리 천사원에서 혼자 있을 때가 좋았다. 괜히 왔구나' 싶을 정도로 많이 힘들었습니다. 그렇지만 미국 가정생활을 하면서 많은 변화에 감사했습니다. 그 후 갈보리 채플의 고등학교에 다닐 수 있었습니다. 그것을 통해 저는 하나님을 만나게 되었습니다. 거의 날마다 있었던 찬양과 예배, 척 스미스 목사님의 설교는 저에게 너무나 소중한 추억입니다. 참으로 외롭고 지쳐 있을 때 찬양 속에서 우리 주님을 만나곤 했습니다. 찬양 속에서 만난 주님은 저에게 말씀하듯 다가오셔서 제가 주님 품에 안겨 있듯 편안하고 부드러웠습니다.

"그래 정진아, 내가 널 안다. 나는 네가 버려졌을 때 그곳에서 밤새 널 지켰단다. 정진아 사랑한다." 저는 엉엉 소리 내어 울었습니다. "아버지 잘못했습니다. 제가 아버지를 십자가에 못박았습니다. 회개합니다. 저의 죄를 용서하세요. 아버지를 원망하고 아버지로부터 도망하려고 하고 감사하지 못했던 저의 죄를 용서해 주시고 저를 버리고 간 저의 부모님도 용서할 수 있는 마음을 허락해 주세요. 그들에게도 구원을 허락해 주세요"라고 기도했습니다.

제가 고등학교를 졸업하던 해, 저는 아무 갈 데도 없고 일반 학교를 들어갈 아무런 재정적 뒷받침도 없이 그저 짐을 싸서 그 집에서 나왔습니다. 그리고 하나님의 은혜로 갈보리 바이블 칼리지(Calvary Bible College) 성서 신학교 기숙사에서 지내면서 한인교회와 여러분의 도움의 손길로 신학교 2년 과정을 졸업했습니다.

그 뒤로 여러 장애인 선교단체들을 알게 되어 그분들의 도움으로 방을 얻어 안정된 생활을 하기 시작했습니다. 저는 컴퓨터를 무척 좋아합니다. 첫째, 하나님을 섬기고, 둘째, 제 아내를 섬기고, 셋째, 컴퓨터를 섬깁니다. 남가주 밀알 선교단에서 6, 7년 동안 한 달에 한 번 나가는 소식지인 잡지를 편집하고 컴퓨터를 고치고 컴퓨터와 네트워크를 관리하는 일을 하는 밀알 단원이자 간사로 봉사해 왔습니다. 이렇게 밀알과 한가족이 되어 많은 분들의 도움을 받으면서 생활하고 있었습니다. 저는 지금 미주 장신, 장로회신학대학교에서 계속 공부하고 있습니다.

저는 내성적이고 소극적인 성격입니다. 그래서 앞에 나서는 것을 두려워하여 감히 목회자의 길을 걸어갈 생각도 없었던 사람입니다. '사역자의 길은 나의 길이 아니다' 라고 생각했습니다. 바이블 칼리지 성서신학에 다니면서도 하나님의 뜻을 인정하지 않고 두려워하면서 도망만 했었습니다. 그리고 미주 장신에서까지 계속 신학을 하면서도 저의 갈 길이 불분명하고 희미했었습니다. 그러나 결혼 후에는 하나님께서 저에게 허락하신 은혜가 얼마나 큰지 모릅니다.

결혼을 하기 전에 제 아내는 한국에서 청년 사역을 하고 있는 전도사였습니다. 호산나라는 크리스천 홈페이지에 올라 있는 저의 프로파일을 보고 아내로부터 먼저 저에게 메일이 왔습니다. 이메일 교제가 시작되고 6개월 후에 아내가 1주일 간 휴가를 내어 저를 보러 LA에 다녀갔다가 2001년 12월 15일에 저희들이 섬기고 있는 베델 한인교회에서 손인식 목사님 주례로 많은 분들의 사랑과 축복 속에서 정말 성대히 결혼식을 올렸습니다. 얼마나 큰 은혜인지 모릅니다. 싱글 때에도 많이 힘들고 어려웠지만 막상 결혼을 하고 모르는 두 사람이 만나서 지내다 보니 사는 것이 결코 만만치 않았습니다. 홀로 사는 것에 익숙해진 저와 많은 사람들과 지내며 열심 있는 사역자로 여기저기 뛰어다니던 아내, 저희 두 사람은 참으로 다른 성격과 배경을 가지고 있습니다. 저 때문에 갑자기 가정주부로, 직장인으로, 저의 개인 기사로 대부분의 시간을 보내는 아내에게 미안하면서도 감사한 마음이 많습니다.

하나님께서 사랑하시는 딸 영기 자매님을 제게 허락하신 것은 참으로 놀라운 일입니다. 이것은 저의 인생에서 또 다른 기적입니다. 너무도 큰 선물입니다. 결혼을 하기 전 저는 제 자신을 향해 스스로 한계를 정하고 그 이상의 한계선을 넘을 생각도, 노력도 하지 않았습니다. 그런데 너무나 놀랍고 신기하게도 하나님은 저에게 새로운 삶에 대한 비전과 소망을 주셨습니다. 여러분! 저같이 연약한 자가 하나님을 위한 복음의 도구가 되어서 많은 연약한 자에게 용기를 주고 진리를 전할 수 있도록 기도해 주십시오. 저희 가정이 하나님이 기뻐하시는 가정으로, 늘 아버지의 마음에 기쁨을 드리는 가정으로, 이웃에게 본이 되고 사랑을 넉넉히 나눌 수 있는 가정이 될 수 있도록 기도해 주십시오.

"비록 무화과나무가 무성치 못하며 포도나무에 열매가 없으며 감람나무에 소출이 없으며 밭에 식물이 없으며 우리에 양이 없으며 외양간에 소가 없을지라도 나는 여호와를 인하여 즐거워하며 나의 구원의 하나님을 인하여 기뻐하리로다"(합 3:17~18).

이 말씀이 저희 부부의 끊임없는 간증이 되기를, 그리고 성도 여러분들의 간증이 되기를 축복합니다.

〈새 하늘 새 땅〉 2004년 1월호

이지선

시애틀

세상 가운데 다시 일어서게 하신 하나님
병들고 힘든 사람들에게 소망 주는 사명

온몸 55% 3도 화상에도 소망 주신 하나님

시애틀에 공부하러 온 이지선 씨

어학 연수로 시애틀에서 공부하고 있는 이지선 씨가 지난 4월 21일 섬기는 형제교회에서 처음으로 간증을 해서 많은 사람들에게 큰 은혜를 주었다. 그녀는 간증을 통해 비참했던 사고 당시와 힘들었던 치료 과정을 설명하였는데, 이에 눈물을 흘린 사람들도 많았으나 이 같은 고난 속에서 만난 하나님

을 증거해 많은 아멘을 받고 큰 감동을 주었다.

　대학 4학년이었던 2000년 7월에 음주 운전자의 실수로 교통사고를 당해 온몸 55%에 3도 화상을 입었습니다. 주일 예배를 마치고 오빠와 나는 학교 도서관으로 갔다가 밤 10시 10분에 같이 차를 타고 집으로 향했습니다. 용산쯤 와서 신호등이 바뀌어 차가 섰습니다. 순간 뒤에서 "끼-익-" 하는 소리가 크게 들렸습니다. 오빠가 "어디서 사고 나는가 보다" 하고 뒤를 돌아보는 순간, 이미 그 사고는 우리에게 일어나고 있었습니다. 가만히 서 있던 우리 차를 술을 마시고 이미 작은 사고를 내고 도망치려던 갤로퍼가 뒤에서 치고, 그 충격으로 앞차와 충돌하고, 또다시 건너편에서 오던 차가 우리 차에 부딪쳤습니다. 그러면서 차가 두 바퀴 돌게 되었고 다시 갤로퍼에 가서 박혔습니다.
　오빠가 정신을 차린 것은 차가 빙글빙글 돌고 있을 때로, 며칠 전 여행에서 오빠와 내가 탔던 놀이기구를 탔나 하는 생각이 들었다고 합니다. 머리 뒤쪽이 후끈하여 일어나 옆을 보니 조수석에 앉아 있던 제가 보이지 않았던 것입니다. 그 자리에서 바로 안전벨트를 풀고 열려진 창문으로 어떻게 나왔는지도 모르게 순식간에 빠져나왔고, 조수석 쪽으로 돌아왔습니다. 혹시나 제가 그 옆으로 떨어졌는가 해서였습니다. 저는 거기에 없었습니다. 차 뒤쪽에서 흰 양말을 신은 제 다리를 오빠가 보았습니다. 갤로퍼와 우리 차 사이에 다리가 걸쳐져 있었고 이미 상체는 불길에 휩싸여 있었습니다. 오빠는 제 두 다리를 잡고 끌어당겨 보았으나 움직이지 않았습니다. 그래서 상체를 위로 띄우듯 당겨 저를 꺼내었습니다. 오빠는 불길에 휩싸인 동생을 보고 급한 마음에 저를 안았습니다.

오빠 팔에도 불이 붙었고 순식간에 피부가 타서 벗겨졌습니다. 오빠는 입고 있던 티셔츠를 벗어 불을 끄기 시작했습니다. "빨리 비켜요! 차 터져요!" 누군가 소리를 질렀습니다. 그리고 오빠가 바삐 저를 안아 몇 발자국 옮겼을 때 오빠와 제가 탔던 차가 폭발했습니다. 이 모든 일이 불과 1~2분도 채 걸리지 않았습니다. 정말 모든 일이 순식간에 일어났습니다

그리고 잠시 정신이 든 저는 오빠에게 "오빠, 지금이 몇 연도야? 2000년도야?"라고 물었습니다. 아마도 꿈이라고 생각되었나 봅니다. 무의식중의 저는 꿈이라고 믿고 싶었는지도 모르겠습니다. 그리고는 아직도 오빠의 뇌리에서 잊혀지지 않는다는 말을 했습니다.

"오빠, 나 이렇게 어떻게 살아. 나 죽여 줘."

앰뷸런스가 오고 저와 오빠는 용산 중대부속병원 응급실로 옮겨졌습니다. 의사들이 달려들었지만 별 방도가 없었습니다. 잠시 기절했던 저는 갑자기 벌떡 일어나더니 뜨겁다고 좀 치료해 달라고 소리지르더니 다시 정신을 잃었다고 합니다. 의사들이 오빠의 팔을 치료하려고 하자 오빠는 자기는 괜찮다며 동생을 봐달라고 했지만 저는 그때 화상이 문제가 아니라며 맥박조차 안 잡힌다고 이 병원에서는 더 이상 해줄 게 없으니 화상전문병원으로 옮기게 될 것이라고 했습니다. 그리고 마음의 준비를 하라고 했습니다. 저에게는 산소호흡기가 끼워지고 다시 앰뷸런스를 타고 저희 남매는 한강성심병원으로 향하였습니다.

앰뷸런스 안에서 오빠는 끝도 없이 주기도문만 외웠고, 나중에 들은 이야기지만 오빠는 정말이지 한강을 건너는 다리 위에서 저를 안고 뛰어내리고 싶었다고 합니다. 오빠는 주기도문을 끊임없

이 중얼거리다 작별인사를 하기 시작했습니다. "지선아 잘가. 지선아, 너 너무나 좋은 딸이었고 동생이었어. 누구보다도 예쁘게 착하게 살았고 그렇게 평생 널 잊지 않을게. 먼저 하늘나라에 가서 조금만 기다려. 지선아 잘가." 오빠가 그렇게 인사를 했을 때 저는 그때까지 계속 너무나 괴롭게 내던 신음소리를 그쳤습니다.

한강성심병원 응급실에 도착했습니다. 그러나 그곳에 와서도 별로 달라진 것은 없었습니다. 호흡조차 잡히질 않았고 머리 뒤통수는 다 찢어져 너덜거렸으며, 이미 많은 양의 피를 흘리고 있었습니다. 응급실 안은 고기 탄 냄새로 진동하였고 얼굴은 새카맣게 타서 누군지 알아볼 수도 없는 상태였습니다. 의사가 오빠에게 치료하러 치료실로 가라고 했습니다. 그리고 마지막일지 모르니 동생에게 작별인사를 하고 가라고 하였습니다. 오빠가 인사를 하자 저는 부르르 떨던 다리를 멈추었다고 합니다. 오빠의 인사를 받는 듯. 잠시 후 아빠와 엄마가 병원에 도착했습니다. 아빠가 "지선아, 아빠야. 아빠가 왔어. 괜찮을 거야"라고 말했더니 의식이 없다던 저는 고개를 끄덕였다고 합니다. 새벽 4시, 폐에 가스가 찼기 때문에 그것을 빼내는 호스를 옆구리에 꽂고 중환자실로 옮겨졌습니다. 그러나 의사는 아직 살았다고 할 수 없으며 아주 위험한 상태이니 계속 지켜보자고 했습니다. 그렇게 저는 지옥 같은 죽음과의 싸움을 시작했습니다.

새벽 6시, 사고 소식을 듣고 전가화 목사님이 달려오셨습니다. 중환자실에 들어가 엉망이 되어 버린 저와 함께 기도를 하신 후, 밖으로 나오셨습니다. 목사님은 한 20분을 아무 말도 하지 않으신 채 앉아 계셨습니다. 사선을 넘는 고난을 겪으셨던 목사님도 이 기가 막힌 상황에 차마 엄마를 위로할 수도, 제가 괜찮을 것이라고 말씀하기가 어려우셨던 것 같습니다. 그러나 목사님께서 하나님의 말씀을 전하셨습니다. "이때를 위한 믿음이라, 이 사건을 위한 믿음이라." 10년이 넘게 하나님을 믿어 온 우리에게 어떻게 이런 일이……' 하고 원망할 것이 아니라 그간의 신앙생활이, 지금 가진 믿음이 이 어려운 때를 이겨나가기 위한 것이라는 말씀을 듣고, 상상하지도 못했던 어려움들이 있었지만 우리 가족은 그럴 때마다 이 말씀을 붙들고 기도했습니다. 하나님 말씀은 우리에게 위로가 되었고, 힘이 되었으며, 우리를 선한 길로 인도하셨습니다.

사고가 난 후 며칠 동안은 기억이 없는데 지금도 뚜렷이 기억나는 것이 있습니다. 정신이 돌아올 무렵의 기억인 것 같습니다. 어디선가 "웅~" 하는 소리가 들리는 듯하고, 빙글빙글 도는 것 같기도 하고, 보이진 않지만 누군지 모를 여러 사람들이 나를 둘러싸고 나를 지켜보는 것 같았습니다. 우습지만 저는 외계인에게 잡혀서 우주선을 타고 실험을 당하고 있는 것같이 느껴졌습니다. '이게 뭐지? 꿈인가? 자고 있나? 이게 뭐지?' 그러다가 문득 "누가 구급차 좀 불러 주세요! 지선아 괜찮아. 괜찮을 거야" 하며 소리를 지르는 오빠의 목소리가 귓전을 울렸습니다. 뭔지는 모르겠지만 내게 아주 큰 일이 일어난 것을 느낄 수 있었습니다. '사고구나. 사고가 났구나. 내가 다쳤구나.' 그때 그 기분을 지금도 잊을 수가 없습니다. 당황스럽고 무서운 그 기분……공포였습니다. 되돌릴 수 없는 길을 지나온 것을 직감하였습니다. 부끄럽지만 저는 죽으려고 했었습니다. 얼마나 다쳤는지 모르는 정신이 왔다갔다할 때였는데 어떻게 그런 못된 생각까지 했는지 모르겠습니다. 산소호흡기로 목을 눌러 산소가 들어오지 못하게 해보았지만 되지 않았습니다. 몸에 무언가 줄이 달려 있어 그걸 뽑으면 죽을까 싶어 발

140 하나님의 사랑을 증거하는 사람들(상)

이지선 씨가 시애틀에서 간증하고 있다.

로 당겨서 뺀 것이 나중에 알고 보니 소변을 받아내는 줄이었습니다.

내 힘으로 불가능하자 가스펠송을 부르기 시작했습니다. "하나님께로 더 가까이 갑니다. 고통 가운데 계신 주님 변함없는 주님의 크신 사랑 영원히 주님만을 섬기리" 뒤에 가사는 생각지도 않고 하나님께로 더 가까이 간다고……그렇게 천국으로, 하나님께로 데려가 달라고 기도했습니다. 계속 불렀습니다. 정신이 있는 동안은 부르고 또 불렀습니다. 너무 무서워서, 도저히 견딜 수가 없어 하나님께 가고 싶다고, 데려가 달라고 기도했습니다. 그런데 하나님은 기도를 들어주지 않으셨습니다. 아마도 제가 그 찬양을 하고 있을 때 믿음의 집 가족들, 시온성가대, 또 사랑하는 식구들의 간절한 기도가, 뿌려진 눈물이, 안타까운 마음이 하늘 보좌를 흔들었던 모양입니다. 고통 가운데 계신 주님을 만나 이렇게 살아 변함없는 주님의 크신 사랑을 증거하며 영원히 주님만을 섬기라는 하나님의 계획이 제게 있으셨나 봅니다.

생사를 헤매는 중환자실에서 지옥 같은 고통을 체험했으나 감사한 것은 그 지옥도 끝이 있었다는 것입니다. 그러나 믿지 않는 영혼들은 지옥을 가는데 그곳에는 더한 고통이 끝없이 계속되기 때문에 하나님을 전해야겠다고 다짐했습니다. 중환자실에서 지낸 36일 동안 그곳에 있던 18명이 숨을 거뒀습니다. 생명은 누구에게나 귀한 것인데 저를 살려 보내신 데에는 하나님의 계획하심이 있다고 믿고 비록 망가진 몸이지만 사명을 감당하겠습니다. 너무 큰 상처를 보고 절망해 밥도 먹지 않으려 했는데 그때 어머니는 밥을 한 숟갈 한 숟갈 떠먹일 때마다 기도를 하셨습니다.

"에스겔 골짜기의 마른 뼈에 살을 입히시고 가죽을 덮으시고 생기의 영을 불어넣으시는 하나님, 이 밥이 지선이의 살이 되게 하시고 피부가 되게 해주세요."

전혀 눈물을 흘리지 않는 어머니, 어떤 모습에도 행복해하는 어머니의 모습과 그 기도, 그리고 변함없는 아버지의 사랑에 용기를 얻고 치료를 받았습니다. 힘든 치료 기간에도 어제보다 좋아진 하루에 감사하며 내일은 어떤 감사가 있을까 기대와 소망을 가졌는데, 감사 속에 놀라운 능력이 있었습니다. 화상으로 여덟 개 손끝이 다 타버려 각 마디를 잘라내야 한다는 말에 충격을 받고 눈물을 흘렸습니다. 그러나 엄마를 도울 수 있도록 오른손을 쓸 수 있게 해주시고 짧아지더라도 부끄럽지 않게 해달라고 기도했는데, 4년이 지난 지금 이 손가락으로도 모든 일을 다 할 수 있어 감사합니다. 사인도 잘하고 손들고 찬양하며 사진 찍을 때 잘라진 손가락으로 승리의 V자도 만듭니다.

치료의 고통 중에서도 하나님을 찾기 위해 교회에 갔다가 목사님을 통해 하나님이 나를 사랑하신다는 말씀을 듣고 눈물을 흘렸습니다. 또 세상 가운데 다시 일어서게 하고 나를 통해 병들고 힘든 사람들에게 소망을 준다는 하나님의 음성을 들었습니다. 처음에는 거울을 볼 용기가 없었으나 이젠 거울도 보고 이만하면 괜찮다는 생각도 합니다. 처음부터 현재의 고통도 끝이 있을 것이라는 생각에 항상 사진을 찍었습니다. 나를 위해 돌아가신 예수님도 그 고통과 사망까지도 이기시고 부활, 승리하신 것처럼 나의 고통도 승리로 끝날 것으로 믿기 때문에 고난 속에서도 감사하고 찬양했습니다.

KBS에서 다큐멘터리를 찍자는 요청을 해와 처음에는 망설였지만 시편 34편 "……곤고한 자가 이를 듣고 기뻐하리로다……그 얼굴이 영영히 부끄럽지 아니하리로다"(2, 5절)라는 말씀에 용기를 얻고 출연했는데, 많은 사람들이 소망과 믿음을 갖게 되었다고 연락이 와서 하나님의 뜻을 깨닫고 있습니다. 「지선아 사랑해」가 지난해와 올해의 책 10위에 선정되었는데, 이 책은 하나님이 나를 사랑하시는 연애소설입니다.

저는 현재 덤으로 주신 삶을 하나님의 은혜 속에서 너무너무 행복하게 살고 있습니다. 하나님이 주신 평강을 누리고 있습니다. 사고당하기 전에는 좋은 대학을 나와 좋은 남편을 만나는 것이 행복인 줄 알았으나 사고 후에는 영원하고 중요한 것은 눈에 보이지 않는 것임을 알았으며, 이젠 썩어질 것을 위해 기도하지 않고 영원한 것을 위해 살고 있습니다.

옛 모습으로 돌아가고 싶지 않느냐는 질문이 많지만 저는 옛 모습으로 돌아가고 싶지 않습니다. 중요한 것은 겉 모습이 아니라 하나님입니다. 언젠가 하나님이 하나님의 방법으로 회복시켜 주실 것으로 믿고 있습니다.

유학 비자 받기가 어렵기 때문에 모든 서류와 자료를 준비한 후 염려 속에 기도했는데 놀랍게도 미국인 영사가 나를 알아보아 쉽게 통과되었습니다. 나의 작은 기도도 들어주시는 하나님께 감사합니다. 저처럼 보이는 상처야 이야기할 수 있지만 우리 안에는 이야기할 수 없는 보이지 않는 상처들이 많은데, 하나님이 저를 치유하여 주신 것처럼 하나님 안에서 모든 사람들의 상처가 치유되길 바랍니다.

〈새 하늘 새 땅〉 2004년 6월호

김 영 수

오하이오 주

어려웠던 첫 미국 생활 신앙으로 극복
성경 읽고 기쁨과 평안과 사랑 생겨

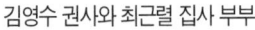

시련 통해 하나님 만나 평온함 얻어

김영수 권사와 최근렬 집사 부부

우리 어머님은 한약국 집 맏며느리셨다. 임신 3개월 때 아무것도 못 잡수실 정도로 입덧이 심하셨다고 한다. 집안에 환자가 있다는 것이 할아버지를 불편하시게 해드리는 것 같아 가장 괴로우셨단다.
그러던 어느 날, 예수님이 나타나셔서 아프신 배에 손을 대시고 "딸아, 이제 다 나았느니라" 하신 순간부터 자리에서 일어나셔서 음식을 잡수시기 시작했고 건강이 회복되셨으며, 열 달이 되어 순산을 하셨다.

이렇게 태어난 나는 복 있는 아이, 복 있는 사람으로 통했고 어머님도 많은 기대를 하시고 키우셨다. 그러나 어머님의 꿈과는 달리 나는 잔병치레가 많았고, 두 번의 교통사고를 당하면서 학교생활을 하는 데도 지장을 받았다. 일찍이 외국에도 보내셔서 자랑스러운 딸이 되기를 원하셨던 어머님을 생각하면서 최선을 다하려 하였으나 모든 것이 뜻대로 이루어지지 않았다. 아주 착실한 크리스천이셨던 어머님은 7남매를 키우시면서 고생도 많으셨을 텐데, 나만은 항상 믿어 주시고 칭찬을 아끼지 않으셨다.

1968년 F.E.M.T. Co.라는 곳에서 일하고 있을 때 동료의 소개로 남편을 만나게 되었다. 만난 지 얼마 안 되어 청혼을 받았다. 곧 미국으로 돌아가야 하는데 부모님 계신 곳에서 결혼식을 올리고 싶었다. 집안 어른들도 모두 좋아하셨으나 너무 조급히 결혼을 해야 하는 상황에 마음의 준비가 안 되어 망설이던 나에게 어머님은 지금이 때인 것 같다고 하시면서 의사란 직업도 맘에 들고, 외모도 잘생겨서 좋고, 건강하고, 술, 담배도 안 하고, 외국에서 살 수 있으니까 네가 원하던 대로 된 것 같다시며 기회를 놓치지 말라고 하셨다. 내가 살아오면서 늘 생각한 한 가지는 어머니를 기쁘시게 해 드리는 것이었고, 어머님 말씀을 듣는 것이 가장 후회가 없을 것 같아 어머님이 원하셨던 사람과 결혼을 했다.

이렇게 시작된 미국 생활은 내 생각과는 너무나 거리가 멀었다. 외롭고 고독하고 불편하고, 밖을 내다보고 있으면 사람 하나 구경할 수도 없고, 남편이 2~3일에 한 번씩 당직을 하면 밤에 혼자 자야 하는 것도 너무도 무서웠다. 대가족 속에서 살아온 나에게는 정말 힘든 일이었다. 좋은 직장에서 충분한(?) 월급을 받고 주말이면 친구들과 음악회나 등산을 다니던 그때가 그립기만 했다. 이 현실을 극복하는 길은 직장을 갖는 것이라 생각하고 두 곳에서 파트타임(part time) 일자리를 갖게 되었다. 그러나 차도 없고 남의 신세를 지며 출퇴근을 해야 하는 등 견디기 어려운 부분이 많았다.

그 해 말경 아기를 갖게 되어 직장을 그만두었는데 입덧하는 여자에게 잘해 주지 못하는 남편이 서운하고 미웠다. 우리는 서로 너무도 거리가 먼 사람들이 만난 것이었다. 나이 차이가 많으니까 더 이해받고 사랑받으리라 믿었던 나의 꿈은 완전히 깨졌다. 수원과 서울밖에 몰랐고, 초등학교 1학년 때 학교가 폭탄에 맞아 집에 돌아와 가족들과 함께 외갓집으로 옮겨간 것 외에는 별 어려움이 없었던 나와는 달리 평안도 진남포에서 부산, 대구, 광주를 거쳐 서울에 왔던 남편은 6·25를 통해 인생의 아픔과 배고픔과 돈의 위력을 안 사람이었다. 돈은 있으면 쓰고 없으면 또 생기는 것이라고 믿고 살아온 나에게 동전까지 세고 따지는 남편은 이해하기 힘든 사람이었다. 미국 생활이 6년째 되었을 때 완전히 삶의 가치를 상실한 채 결혼 생활도 청산하고 싶어 한국으로 혼자 돌아갔다.

빈손으로 간 나는 할 말이 없었고, 친정은 내 집이 아니었고 옛날의 친정도 아니었다. 오빠의 아들과 싸우는 애들을 보면서 마음이 아팠다. 친정에 간 지 2주가 되던 날 아침 아버지의 기도소리가 들려왔다. 그때 아버지는 천주교인이셨는데 "내 탓이오, 내 탓이오" 하면서 기도를 드리고 계셨다. 아버지는 내가 여덟 살 때부터 천주교회에 다니셨고 나도 수녀가 되기를 원하셨다.

옛날에는 그 말을 들으면 '그렇지, 모든 것이 아버지 탓이지' 하면서 비웃었는데 그날은 '우리 영수가 못 살고 돌아온 것이 내 탓

한미교회 여성 연합회 모임에서

입니다. 하나님' 그렇게 울부짖으며 애절하게 기도하시는 것 같았다. 그 순간 나는 탕자의 심정이 되어 "하나님, 제가 잘못했습니다. 우리 아버지 뜻대로도 안 살았고 하나님 뜻대로도 못 살아서 제가 오늘날 이렇게 되었습니다" 고백하는데 눈물이 쏟아지고 통곡이 나왔고 비로소 내 입도 열렸다.

욥의 친구들이 욥의 모습을 보고 말을 못 붙였던 것같이 우리도 서로가 그렇게 지내고 있었는데 그날 아침 비로소 그동안 미국에서 어떻게 살아왔는지, 무슨 마음을 먹고 왜 왔는지 입을 열 수가 있었다. 그러나 이혼하겠다고는 차마 말하지 못했다. 가문의 명예와 체면을 생명같이 여기시는 아버지를 보며 네 딸 중 맏이였던 나는 그럴 수 없을 것 같았다.

처음 떠날 때 이제 너는 그 집 식구고 죽어도 그 집에서 죽어야 한다고 하셨던 어머님 말씀을 상기하며 애들 아빠가 한 달만 있다 오라고 했다는 말로 끝을 맺을 수밖에 없었다. 앞으로는 하나님 뜻대로, 아버지 뜻대로 살겠다는 결심을 하고 돌아왔다.

미국으로 돌아오니 남편의 수련의 기간도 끝났고, 마취과 의사의 아내로 큰 불편함 없이 살 수가 있었다. 나는 남편에게 세 가지 약속만 지켜 줄 것을 요구했다. 첫째, 직장을 옮기지 않았으면 좋겠고 둘째, 하나님을 잘 믿었으면 좋겠고 셋째, 나에게도 돈의 여유를 주면 좋겠다는 것이었다. 그런데 1년 후 직장을 옮겨야 했고, 2년 째 되던 해에는 2개월 간 갈 곳을 찾지 못한 채 며칠 후부터 집을 짓기로 한 것을 포기하게 되었다. 그곳에 땅을 사서 집을 지으려 했는데 갑자기 포기해야 한다니……그 말을 듣는 순간 '아, 하나님께서 내 교만을 깨뜨리시는구나' 하는 생각에 얼마나 울면서 회개하였는지 모른다. 결혼 전 어머님을 많이 힘드시게 하면서 입고 싶은 것, 하고 싶은 것, 먹고 싶은 것을 못하면 병이 날 만큼 애착을 가졌던 나는 집을 내가 원하는 대로 욕심껏 지으려 했었다. 그러한 자신이 너무나 바보같이 느껴지고, 그래서 오늘 이런 일들을 겪는 것 같아 견딜 수가 없었다.

그날부터 성경을 읽기 시작했다. 성경은 나에게 기쁨을 주었고 평안과 사랑이 생기게 하였으며, 세상적인 모든 것을 포기할 수 있게 했다. 다만 건강하게 살아 있는 것과 젊다는 것이 감사했고, 두 아들이 있다는 것이 행복임을 깨달았다. 매일 성경을 읽으면서 내 인생을 되돌아보니 헛살았다는 것만 깊이깊이 깨닫게 되었다.

3대째 크리스천 가정에서 태어났으나 성경을 한 번도 제대로 읽어 보지 않았고, 아버지가 주시는 교리문답책도 첫 페이지 천주님이 세상을 창조하셨고 사람도 만드셨다는 대목에서 덮어 버렸다. 무섭고 두려운 하나님을 피해서 살고 싶었다. 아담이 그랬지 않았나 생각했고, 어차피 마음으로 생각으로 말과 행위로도 죄를 지을 수밖에 없는 인간이기에 나는 수녀가 될 수 없다고 생각했었다.

어렸을 때에는 교회도 잘 다녔고 주일이면 교회에 가는 것이 좋았는데, 천주교로 옮기면서 몇 번 빠지다보니 당연하게 느껴졌다. 그 후로는 하나님을 찾지도 의지하지도 않고 살았던 자신이 얼마나 어리석게 느껴지던지……가진 것도 배운 것도 예쁜 것도 가문도 명예도 사랑도 행복도 돈도 아무것도 내놓을 것이 없는 자신을 발견하고 죽기를 결심하는 순간, 공자님 말씀에 아침에 진리를 깨달으면 저녁에 죽어도 여한이 없다는 것과 예수님께서 길과 진리와 생명이 되신다는 말씀이 떠올라 무릎을 꿇고 기도드렸다.

"처녀 때도 죽으려던 저를 살려 주신 주님, 이것저것 생각하니 살 자격이 없어 죽고 싶고 죽을 수밖에 없는 제가 어떻게 죽어야 할지 고민하고 있습니다. 약도 마음대로 살 수가 없고 다른 방법은 실천을 못할 것 같고 또 애들은……주님, 저는 하나님이 계신 것을 태어나면서부터 믿어 왔고 예수님이 하나님의 아들이심을 믿습니다. 토기장이의 비유와 같이 하나님이 만드셨으니까 죽였다 살렸다 하실 수 있는 분임을 믿습니다. 그런데 하나님 우편이 어디인지 저는 모르겠습니다. 예수님이 살아 계시다면 지금 죽을 수밖에 없는 저를 주님의 능력으로 살려 주십시오. 그러시면 앞으로 남은 생애는 주님을 증거하면서 살겠습니다. 저는 지금 죽은 것입니다" 하는 순간 따끈한 열기가 왼쪽 얼굴을 스치고 가슴으로 들어왔는데, 그 열기는 기쁨과 평안과 사랑과 행복과 만족이 되어 나를 들어올리는 것 같았다.

창 밖의 나뭇잎은 춤추는 듯했고, 태양은 창가에서 웃고 있었고, 만물이 주님을 찬양하며 기뻐하는 것 같았다. 밤에는 찬란한 꿈을 꾸었고, 하늘과 땅이 하나로 통하는 것 같은 느낌이 들었다. 3일째 되는 날 아침, 시편 122편 6절을 읽다가 손을 들고 아브라함과 이

삭과 야곱의 하나님이 이스라엘 민족을 축복하며 기도하는데 마가의 다락방에 임하셨던 성령의 불이 우리 집 천장을 통해서 내 머리 위로 임하셨고, 눈과 귀를 여시고 내 안을 말끔하고 시원하게 그리고 개운하게 씻기셨다.

태어나서 지금까지 지은 모든 죄를 회개케 하시고, 내 이름이 생명록에 기록되었다는 확신을 갖게 하셨다. 그 후부터 많은 은사가 임하신 것을 알았고, 부르짖고 기도하며 밤낮 없이 찬양할 때 외롭고 고독하고 아픈 순간들은 사라지고 평온함 가운데 지낼 수가 있었다. 아픈 사람도 기도하면 나았고, 내 몸의 병도 없어졌다. 그러나 더욱 말씀을 사모하게 되었고 바르게 잘 믿는다는 사람들을 찾게 되었는데 그때마다 오히려 실망케 되었다.

매일 기도와 말씀을 떠나서는 하나님의 사람으로 바르게 살 수 없다는 것을 알게 되었다. 천하 인간에 믿을 만한 사람이 없었다. 지금은 천국에 계신 우리 어머니 외에는……인간은 다만 긍휼과 자비를 갖고 이해하며 사랑해야 할 대상이지 믿을 만한 존재는 아니며, 인간관계는 서로가 같은 마음으로 받아들일 때에만 원만할 수 있음도 알게 되었다.

신앙생활에 불이 붙으면서 물질과 생명과 시간이 주님의 것임을 알게 되었고, 말씀에 의해서 주님 뜻대로만 사는 것이 가장 안전한 것이며 평안과 기쁨은 거기에 있다는 것을 깨달았다.

믿음에 자유가 있다지만 육신과 환경까지 자유로운 것은 아니다. 그것은 쟁취하는 것이고 믿음의 선한 싸움을 싸우면서 서로에게 모가 난 부분들이 다듬어지고 오랜 믿음의 실천을 위한 시련을 통해서 빛으로 나타나는 것이다. 불신자의 가정에 태어나 한 번도 교회에 다녀 보거나 성경을 가까이 접해본 일이 없는 남편은 나를 타이르고 또 핍박했다. 그러나 내 마음속의 평안과 사랑은 한 번도 흔들려 본 일이 없었다. 내 생명의 주인이신 주님을 잊고 괴로워하고 있던 때 온몸을 가누지 못하고 성경책도 읽지도 듣지도 못하는 상황이 되었을 때 다시금 외롭고 고독함을 호소하며 울고 있던 나에게 "영수야, 내가 있지 않니?" 하시던 그 음성이 바로 내 옆에서 들려왔다. 너무도 놀랍고 그 큰 감격이 내 심령 깊은 곳에서 다시금 물결치기 시작했다. 몇 번의 죽을 고비를 넘겼고, 수술실 앞에서 "주님, 제 영혼을 받으시옵소서" 기도드렸을 때의 그 평온함을 잊을 수 없다. 내 기도 소리를 들었던 옆 자리의 암 환자였던 부인이 자기 남편을 통해서 나를 만나고 싶다고 한 일도 있었다.

나는 한국 말로 기도하고 찬송하고 성경도 큰 소리로 읽었다. 그런데 그 부인은 영어밖에 모르는데 다 듣고 알고 있었다. 2주 동안 그 부인을 찾아가 머리도 감겨 드리고 성경도 읽어 드리고 손발도 씻겨 드렸다. 어느 날 그분은 자기가 주님께로 간다고 말하며 크리스마스 트리에 달아 달라고 자기가 만들었다는 계란 두 알을 내놓았다. 그동안 고마웠다고 말하면서.

어느 겨울날 흰 눈이 약간 쌓였는데 긴 코트를 입고 머리에는 모자를 깊이 눌러쓰고 구두는 2~3사이즈쯤 커보이는 것을 양말도 신지 않은 채 신고 삽을 들고 찾아온 사람이 있었다. 바짝 마르고 초라한 모습이었는데, 그의 얼굴에는 창백하면서도 평안함과 만족함이 흐르고 있었다. 1달러만 주면 눈을 치워 주겠다고 했다. 얼른 1달러를 주었다. 잠시 후 양말과 10달러를 챙겨들고 찾아보니 그 사람이 보이지 않았다. 눈은 치울 것도 없을 정도였으니까 관심도 없었다. 그 후 나는 그 사람 생각이 가끔 난다. 우리가 살고 있던 그 집은 100년이 넘은 아주 낡고 초라하고 흔들리는 집이었는데,

그곳에서 나는 가장 아름다운 신앙생활을 하고 있었던 때였다.

'세상도 없고 나도 없고 사랑의 주님뿐이로다'라고 하던 때였으니……우리 두 아이들의 머리에 손을 얹고 기도할 때 그들도 성령으로 거듭나 회개하고 주님을 찬양하는 것을 보았고, 우리 삶에 가장 어두운 밤이었으나(경제적으로) 벅찬 꿈과 희망을 안고 기대하며 준비하던 시절이었다. 그곳에서 살아온 3년의 세월은 이웃도 친구도 없고, 오직 주일에 교회 가서 예배드리고 집에 오면 성경 읽고 기도드리고 신앙서적을 읽으며 조 목사님 테이프를 듣는 것과 그것을 복사해서 가까운 사람들에게 돌리는 것이 전부였다.

그 무렵 주님은 원주에 내가 알고 있는 사람들에게 방문할 수 있는 기회를 주셔서 가서 열심히 전도를 하였지만 열매는 없었다. 완전히 맛이 갔다는 말밖에 들은 것이 없어서 서운하기도 하였으나 비 오는 어두운 밤길을 밝은 달빛으로 우리 집까지 인도해 주신 때도 있었고, 공포가 몰려올 때는 무지개를 보여 주셔서 안심하기도 했다.

교회에 다니면서 수요일 저녁에 1시간만 늦게 와도 핍박하던 남편이 아무렇지도 않았다. 그런 남편이 지금은 하나님의 인도하심과 계획으로 인해 1980년대 말부터 하나님을 믿게 되었으며 지금은 집사로서 하나님의 직분을 감당하고 있다. 신앙은 결단이며, 믿음은 예수 그리스도가 나를 위해 죽어 주셨고 나를 위해 부활 승천하셔서 성령님을 보내 주시고, 내 안에 살아 계시며 끝 날까지 인도하신다는 것과 성경이 하나님을 알게 하는 하나님이 주신 책이란 것을 믿고 받아들이는 것이다.

천지 만물의 주인은 하나님이시며 나의 모든 것이 그분의 것임을 믿고 사는 자는 복이 있다.

김영수 권사, 최근렬 집사 부부는 현재 클리블랜드 한인중앙장로교회를 섬기고 있습니다.

〈새 하늘 새 땅〉 2005년 7월호

154 하나님의 사랑을 증거하는 사람들(상)

최 국 주 장로
포틀랜드

교통사고로 식물인간 된 아내 극진히 간호
기적적으로 깨어난 후 긴 세월 동안 아내 간병

아, 아내가 살아 있구나!

최국주 장로 부부

포틀랜드 영락교회 최국주 장로와 부인 최명기 씨 부부는 남편은 한인회장으로, 아내는 한글학교 교장 등으로 많은 봉사를 했기 때문에 한인사회에 이미 잘 알려진 인물이다. 그러나 지금 이들 부부는 더 소중하고 귀한 하나님 사랑을 부부애로 실천, 더 큰 감동과 은혜를 주고 있다.

1969년 이민 온 후 모든 것이 순조롭기만 하던 최 장로 가정에 어느 날 갑자기 시련이 닥쳐왔다. 1994년 7월 11일 저녁 11시 30분쯤 부동산 업무로 늦게 사무실로 나갔던 부인이 고속도로에서 집으로 오던 중 고교생이 운전하던 트럭에 받히는 큰 교통사고를 당한 것이었다. 자다가 병원에서 걸려 온 전화를 받고 최 장로가 놀라서 달려가 보니 부인은 세상을 떠난 듯 몸이 만신창이가 되어 있었으며, 온몸과 머리가 붕대와 각종 의료기구로 둘러싸여진 채 산소호흡기로 간신히 생명을 유지하고 있었다. 담당의사는 신체 여러 부분에 골절상 및 중상을 당한 것은 물론, 특히 머리 부분에 심한 타박상을 당해 과다한 내출혈과 충격으로 인하여 뇌 세포가 많이 손상되었기 때문에 생명을 구하기가 어렵겠다고 말했다. 또 생명을 구한다 해도 의식불명 상태에서 깨어나기 어려우며, 깨어난다 해도 식물인간이 될지 모른다는 극단적인 상황까지 설명하며 상태가 매우 심각하다고 우려했다.

그러나 최 장로는 비록 아내가 혼수 상태에서 사경을 헤매고 있지만 살아 있는 것만으로 감사했다. 간호사의 전화를 받고 딸과 함께 병원으로 달려올 때의 불안감과 절망감은 신기하게 눈 녹듯 사라지고 귀한 생명을 붙잡아 주신 하나님께 끊임없는 감사의 기도를 드렸다. 사고 후 2주일이 경과하였으나 아내의 혼수 상태는 계속되었고 병세가 호전되는 기미가 전혀 보이지 않았다. 최 장로는 진영길 목사 부부를 비롯하여 여러 장로, 집사 및 많은 교우, 친지들의 기도와 사랑을 흠뻑 받으면서 아내가 금방 눈을 뜨고 식구들을 알아보면서 의식을 회복할 것만 같은 상상을 매일 밤낮으로 하면서 하나님께 애절한 간구와 기도를 하였지만 아내는 깨어나지 못했다. 이에 따라 의식불명 상태에서 중환자만을 취급하는 장기

최국주 장로 가족

요양소로 보내지게 되었고, 온 가족들의 초조함과 불안감은 날이 갈수록 증폭되어 갔다. 요양소에서도 3주, 4주가 지나고 아내의 의식회복을 위하여 수많은 의사와 간호사들의 노력은 물론 온 집안 식구들이 매달려 온갖 정성을 다하였으나 두 눈을 뜬 채 허공만을 응시하며 아무런 반응을 보이지 않는 아내를 보는 마음은 천 갈래 만 갈래로 찢어졌다. 세 딸과 부모님, 친척들 앞에서 태연한 척하면서 곧 아내가 깨어날 것이라고 오히려 그들을 위로하는 입장은 비통과 처절함 바로 그것이었다.

　6주째로 접어드는 8월 17일에는 오랫동안 지병으로 고생하던 장인이 갑자기 돌아가셨다. 최 장로는 그 사실을 비록 아내가 알아듣지는 못할 것이라고 생각하면서 천장만을 응시하고 있는 아내에게 귓속말로 얘기하여 주었는데, 그 순간 그때까지도 아무런 표정이나 반응이 없던 아내의 얼굴에 찰나적으로 미세한 변화가 있었다. 비록 옆에 있던 다른 식구들조차 믿으려 하지 않았지만 그만은 확실히 느낄 수 있었다. '아, 아내가 살아 있구나!' 비록 말은 못하고 표현도 못하지만 모든 것을 알아듣고 있었구나! 식물인간이 되어 버린 상태에서 아내의 영혼이 다시 한 번 제자리에 돌아와 꿈틀거리고 있음을 분명히 확인하는 순간이었다.

그 즉시 아내가 혼수 상태에서 깨어나고 있다는 사실을 담당의사에게 알렸으나 믿으려고 하지 않았다. 그들의 수많은 경험에 의하면 의식불명의 환자들에게는 흔히 병세가 호전되는 듯한 약간의 징후들이 일시적으로 나타나지만 그것은 순간적인 것이므로 너무 큰 희망을 가지지 말고 계속해서 환자에게 음악을 들려주고 대화를 해주라고 권하였다. 의사나 간호사들의 직업적인 견해가 한편으로는 매우 서운하고 실망스러웠으나 가슴속 깊이 느꼈던 아내의 회복은 이미 너무 분명하여 가족들은 더욱 열심을 다해 간호하였다. 그 결과 1주일 후에는 남편과 가족들을 알아보기 시작하였고 장기요양소에서 3개월, 재활원에서 각종 재활치료 3개월, 드디어 사고 발생 후 6개월인 그 해 12월 31일에는 퇴원하여 집으로 돌아왔다. 하나님의 놀라운 기적이었다.

"아내가 사경을 헤매다가 하나님의 은혜로 깨어나고 8년이라는 긴 세월 동안 아내의 간병을 하면서 전지전능하신 주님께 간절히 매달려 기도하는 동안 저와 우리 가족 모두에게도 눈에 보이지 않는 변화가 생기기 시작하였습니다. 하나님의 지극하신 사랑과 자비로 비록 엄마가 병상에 있었지만 세 딸들이 모두 훌륭하게 성장해 주었고 온 가족들은 헌신과 사랑으로 한마음 한 몸이 된 것입니다. 저 역시 아내가 혼수 상태에서 깨어난 순간, 아내의 영혼이 다시 돌아왔음에 하나님께 감사하며, 바로 영혼 그 자체가 참 아내이지 영혼을 감싸 담고 있는 우리 인간의 육체와 마음은 영혼만큼 중요한 것이 아님을 마음속 깊이 깨닫게 되었습니다. 인간의 영혼은 한없이 순수하고 고결하여 아름답기만 합니다. 아내도 나도 하나님께서 축복하여 내려 주신 똑같이 빛나고 아름다운 영혼의 소유자이며, 비록 육체적인 형상은 남자와 여자로 다르게 태어났지만 우리는 그리스도의 사랑 안에서 한 몸인 것을 깨닫게 되었고, 바로 내가 아내이고 아내는 나라는 진리를 새삼스럽게 깨달았을 때, 내 마음속에서 벅차 오르는 환희와 기쁨은 저절로 하나님께 무릎 꿇고 기도하게 하였습니다. 그 순간 과거 32년이라는 아내와의 긴 결혼생활을 하는 동안 있었던 대소사들이 마치 주마등처럼 기억되어졌습니다. 오직 나 자신만을 고집하였으므로 발생하였던 부끄럽고 유치하였던 수많은 부부 갈등과 싸움, 마치 아내를 내가 아닌 남으로 착각하여 내 마음에 들지 않으면 무엇이든지 못마땅하고 부족하다고 생각하였던 어리석음, 나 자신의 수많은 단점과 약점을 보지 못하고 무조건 아내의 실수와 약간의 부족함에 신경을 곤두세우고 너그럽게 관용을 베풀지 못하였던 우매함 등등, 이루 헤아릴 수 없는 많은 후회와 회한이 끊임없이 넘치고 있었습니다."

그는 이러한 깨달음 후에는 아내의 신체적 부자유스러움에서 오는 불편함, 가정과 사회생활에 따르는 여러 가지 답답하고 복잡하게 생각되었던 문제들이 하나도 부담스럽거나 어렵게 느껴지지 않기 시작했다고 말했다. 또 아내를 위하여 하고 있는 모든 수고가 곧 나 자신을 위한 수고라는 것, 부모 형제나 친척 혹은 남을 위한 수고 역시 나 자신을 위하는 것이라는 것, 우리 모두가 똑같이 하나님께서 성령으로 축복하여 내려 주신 아름다운 영혼의 소유자라는 것을 알게 되었다.

"사고가 발생한 후 오늘까지도 아내는 끊임없이 재활치료와 운동을 계속하고 있으며 더구나 6년 전에는 유방암까지 발견되어 수술을 받는 등 비록 신체적으로는 여러 가지 부자유스러움과 일상생활에서 오는 크고 작은 고통과 시련이 아직도 있으나 아내는 교통사고 이전부터 지녔던 맑고 적극적인 성격과 아름다운 마음을 그대로 간직하고 있어, 간혹 내가 간병과 세상 일로 지치고 피곤한 모습을 보일 때는 오히려 나를 위로해 주어 그때마다 우리 부부는 다시 한 번 마음을 가다듬고 용기를 내어 매일매일 하나님께 감사하는 생활을 하고 있습니다."

8년에 걸쳐 투병하는 아내를 간호하면서 최국주 장로는 이렇게 오늘도 하나님께 감사하고 있다.

〈새 하늘 새 땅〉 2002년 11월호

린다 김

타코마

힘든 백혈병 투병 중에서도 하나님께 감사
사랑과 봉사, 희생 실천한 아름다운 천사

주님과 동행하다 하나님 품에 안겨

린다 김 아버지 김창성 씨가 딸을 생각하며 찬송가를 연주하고 있다.

2002년 10월 26일 타코마 데이즈인에서 열린 서북미 문학의 밤에서는 한 여성의 28회 생일 축하파티가 열렸다. 고양이를 안은 채 천사 같은 미소를 짓고 있는 여성의 사진 앞에는 아름다운 꽃과 촛불이 켜진 생일 케이크가 놓여 있었다. 그러나 이날 축하를 받아야 할 주인공 린다 김 씨가 슬프게도 생일을 불과 한 달여 남겨 놓고 세상을 떠났기 때문에 아버지 김창성 씨가 촛불을 꺼야 했고, 딸에게 보내는 "아빠의 기도"를 낭송했다.

"사랑하는 나의 딸 너는 대체 어디로 가버렸니? 네가 없는 세상은 낙엽이 떨어져 스산한데 밝고 포근한 웃음만 남겨 두고 가을 하늘처럼 푸르고 청아한 너의 목소리, 너의 모습은 보이지 않으니 아빠의 가슴에 깊이 박힌 슬픔은 그 무엇으로도 대신할 수 없단다. (중략) 그렇게 빨리 천사가 되고 싶었니? 이젠 너에게 안녕이라는 말밖에, 이별이라는 것 너를 보낼 수밖에 없었던 아빠의 최선을 기억해다오. 사랑하는 딸아 우리 한인들 가슴에, 아빠의 마음에 영원히 살아서 용기와 힘을 주며 서로 사랑하며 살라고 사랑의 메아리가 되어다오."

그 해 9월 3일 백혈병으로 꽃다운 나이에 세상을 떠난 그녀는 이 지역 한인사회와 미 주류사회에도 큰 슬픔을 안겨 주었다. 타코마 한인회 이사장을 역임한 김창성(데이즈 인 대표) 씨와 김순자 씨의 1남 1녀 중 장녀인 린다 씨는 1974년 10월 26일 시애틀에서 태어났고, 시애틀 퍼시픽 대학에서 교육학 학사와 석사를 마쳤다. 어릴 적부터 똑똑하고 말을 잘했으며 학생회장으로 뽑힐 만큼 리더십이 있었고, 어느 누구도 차별하지 않고 잘 베풀고 나눠 주고 양보심도 많아 주위에서 많은 사랑을 받았다. 특히 수화 등 장애자 특수교육도 전공했을 정도로 가난하고 외롭고 소외된 이들에게 많은 애정을 쏟았고, 거리의 노숙자들을 자주 집으로 데려와 먹이고 재워 줄 정도로 사랑과 봉사와 희생을 실천한 아름다운 천사였다.

어릴 적 꿈대로 초등학교 교사가 되어 노스 시애틀 페어뷰 크리

162 하나님의 사랑을 증거하는 사람들(상)

| 린다 김 가족 |

스천 스쿨에서 5년 동안 교사로 재직했으며, 1998년 켄 라이언스 (Ken Lyons) 씨와 결혼하여 행복한 가정도 이루었다. 그러던 중 2001년 1월에 몸에 반점이 생겨 병원을 찾았는데 청천 벽력같이 급성 림프선 백혈병으로 진단되어 시한부 삶 속에서 어려운 투병 생활을 해야만 했다. 항암치료로 심각한 탈모 증세에 시달리면서도 아직 남아 있는 머리카락을 보여 주며 주님께 감사했다. 머리가 많이 빠지자 그녀는 아예 삭발을 했는데 제자들과 동료들도 그녀에게 용기를 주고 쾌유를 빌면서 삭발하는 데 동참했다. 그녀는 평소에도 자신의 의지보다 하나님께서 원하시는 일을 한다는 믿음으로 생활했다. "너는 마음을 다하여 여호와를 의뢰하고 네 명철을 의지하지 말라 너는 범사에 그를 인정하라 그리하면 네 길을 지도하시리라"는 잠언 3장 5~6절은 린다 김이 생활신조로 삼고 있는 말씀이었다. 린다를 살리기 위해 골수를 찾기 위한 채혈운동이 시작되었으며, 한국에서도 린다 살리기 운동에 적극 나섰다. 3만 명이 골수 등록 운동에 참가했으나 이식자를 찾지 못해 그녀는 투

병 20개월 후인 지난 9월 3일 끝내 스웨디시 병원에서 하늘나라로 떠났다. 그녀는 9월 9일 시애틀 에버그린 워셀리 묘지에 잠들었다. 이날 저녁 모교인 시애틀 퍼시픽 대학 교내 교회에서는 그녀가 재직했던 학교 제자들을 비롯 동료 교사, 친구, 교인 등 600여 명이 넘는 장례객들이 모인 가운데 추도 예배를 드렸다. 김창성 씨는 딸을 먼저 보내는 엄청난 슬픔에 눈물을 흘렸지만 "린다는 우리 부부에게 어느 한 군데도 나무랄 것 없고 부족함 없는 좋은 딸이었습니다. 그녀는 눈을 뜨면서 하루를 주님과 동행하고 눈을 감으면서도 주님만을 바라보았습니다"라고 증언했다.

린다의 마지막 편지가 우리의 심금을 울린다.

아빠 엄마에게

먼저 아빠 엄마 사랑해요. 그리고 미안해요. 단풍이 곱게 물들어 가는 이 시점에서 낙엽 되어 떠나가는 저를 용서해 주세요. 인간의 힘으로는 안 되는 것도 있잖아요. 부모님의 사랑 고이 안고 갑니다. 사람은 태어날 때 순서가 있다고 하는데 떠날 때는 어린아이든 어른이든 아기든 순서가 없이 주님이 부르시면 가야 된대요. 저에게 한 번의 기적이 있어 다시 새 생명을 되찾는다면 더 많이 효도하고 선교도 더 많이 하고 소외되고 병들고 가난한 이웃들도 많이 사랑하고 싶은데 자꾸만 눈이 감겨요. 저 하늘나라에서도 선교할 사람들이 많아서 저더러 오라고 하나 봐요. 저 때문에 울지 마세요. 이 세상보다 더 좋은 데로 가니까요. 저도 이렇게 웃으며 밝은 모습으로 가잖아요. 저 때문에 슬퍼하지도 마세요. 샛별이 되어 아침보다 더 일찍 일어나 늘 지켜보고 있을게요. 건강하세요.

이처럼 기쁘게 하나님에게로 떠난 딸이기에 김창성 씨는 슬퍼하지 않는다. 린다가 지금 고통도 사망도 슬픔도 아픔도 없는 하늘나라에서 예수님과 함께하고 있을 것을 믿기 때문이다. "린다는 어릴 적부터 하나님을 사랑했습니다. 여섯 살 때에도 아버지에게 감사 편지를 썼는데 십자가를 여섯 개나 그렸습니다. 성장해서 멕시코를 비롯 하이디, 캐나다 등 여러 곳에 선교를 다녀올 때면 그곳에서 만든 십자가 등을 아버지에게 선물했습니다." 김창성 씨의 사무실에는 지금도 딸이 선교여행 후 선물한 십자가가 걸려 있다. 또 사무실 벽에는 린다의 사진과 투병 당시 길 케리코스키 시애틀 경찰서장이 보낸 편지를 비롯 많은 사람들의 격려 편지, 기도문, 신문 기사 등이 붙어 있고 "네가 큰 일을 행하겠고 반드시 승리를 얻으리라" (삼상 26:25)는 말씀 액자도 있다.
　또 린다는 성녀 같다며 고교 졸업식 때도 기도를 맡았고, 대학 졸업식 때도 기도를 했으며, 구세군 성가대원인 남편도 교회에서 만났다고 한다. 특히 죽기 전 하나님에게 더 가까이 가니 슬퍼하지 말고 기뻐해 달라고 가족과 제자들에게 당부했으며, 이메일을 통해 장례식도 슬픔이 아니라 하나님과 함께 있으니 축제로 해줄 것을 유언, 장례식 후 교회 2층에서는 학생들과 친구들이 '린다는 지금 하나님과 탭 댄싱하고 있다(tap dancing with our Lord)' 며 찬양하며 즐거운 시간을 보냈다. 딸이 일찍 떠난 슬픔보다 27년이나 같이 살아온 것에 더 감사하는 아버지 김창성 씨는 "아버지가 단돈 500달러로 사업에 성공한 노력가이고, 예수님이 너를 도와 주시기 때문에 예수님과 아버지가 같이하면 너를 살려 줄 수 있을 것"이라고 약속했는데 그 약속을 지켜 주지 못해 실망이 되나 하나님이 원하셔서 빨리 데려가신 것으로 믿고 있다.

란다는 살 수 있다는 희망을 가지고 하나님을 붙들었는데, 사망하기 며칠 전에야 이제 약 쓸 게 없다는 의사의 통보로 마지막임을 알았다. 마지막 순간엔 눈동자가 흐릿해지고 헛소리가 나왔지만 아버지를 보고는 "Hi, Daddy!"라고 희미하게 말했고, 아버지가 눈물을 흘리자 눈물 흘리지 말라고 당부하며 숨을 거두었다.

딸이 떠난 후 아버지 김창성 씨는 하나님의 뜻을 실천할 계획이다. 그녀의 유산은 다니던 교회, 학교, 부모가 다니는 성당 등에 모두 기증했는데 앞으로 장학회를 만들어 실력은 있으나 형편이 어려운 학생들을 돕겠다고 밝혔다. 딸의 고통과 믿음을 통해 많은 것을 느꼈다는 그는 얼마 전에는 호텔 사업을 하던 친동생마저 심장병으로 일찍 세상을 떠나는 아픔을 당하자 그동안 중요시해 온 사업이 전부가 아니라는 것을 깨닫고 딸이 걸렸던 백혈병이나 암 환자를 돕는 것도 하나님의 뜻으로 알고 최선을 다하겠다고 말했다.

〈새 하늘 새 땅〉 2002년 12월호

166 하나님의 사랑을 증거하는 사람들(상)

정 재 훈
CA

우주 탐사선의 핵심 부품 개발한 세계적 우주과학자
신학 공부하고 복음 전파에도 뜨거운 하나님의 사람

우주과학자로서 하나님 증거

우주비행사 존 올리바스 박사로부터 공로패를
받는 정재훈 박사

지난 1월 화성 표면에 성공적으로 착륙한 탐사선 스피릿(Spirit)호와 오퍼튜니티(Opportunity)호의 핵심 부품인 극저온 신경 조직 및 1,562종류의 열 장치를 개발해 세계적인 우주과학자로 주목받고 있는 자랑스런 한인 과학자가 있다. 그가 캘리포니아 '테이코 엔지니어링(Tayco Engineering, Inc.)' 대표인 정재훈(Jay H.

Chung) 박사이다.

그는 1986년 1월 28일 미국 우주산업의 대명사격인 챌린저호 우주왕복선이 공중 폭발하여 우주 비행사 일곱 명의 목숨을 앗아간 참사사건이 발생함으로써 미 우주 개발계획이 치명타를 당했을 때, 사건의 재발 방지를 위한 열 장치 개발에 성공하여 1988년 9월 디스커버리호의 발사를 성공시킴으로써 미 항공우주국(NASA)뿐만 아니라 전 미국인의 자존심을 되찾게 한 장본인이기도 하다. 그 이후로 연 9회 우주로 쏘아 올리는 우주왕복선은 정 박사가 생산하여 공급하는 특수 열 장치를 장착하여야만 발사할 수 있었고, 그 외에도 금성탐사선, 화성탐사선 등 수많은 인공위성에 특수 적외선 장치 혹은 열 장치를 개발, 생산하여 우주산업에 일익을 담당하고 있다.

이처럼 우주 항공 분야의 최첨단 연구를 하는 세계적인 과학자이고 성공한 기업의 사장이지만 그는 자신을 자랑하지 않고 먼저 하나님께 영광을 돌리며 하나님이 주신 능력과 은혜에 감사하고 있다. 오렌지 카운티 한인교회(신용규 목사) 장로로서 1978년부터 지금까지 오직 한 교회를 섬기고 있는 그는 아내와 함께 신학 공부도 하여 신학대학원 교수로서, 우주 과학자로서 하나님을 전세계에 증거하고 있는 자랑스런 하나님의 사람이다.

그는 서울사대부고를 나와 서울대 금속공학과를 졸업했다. 1977년에 아내와 어린 두 딸과 함께 일가족이 미국으로 이민했으며, 첫 직장으로 테이코사에 입사했다. 근무하면서도 학업에 열중, 캘리포니아 주립대학교(California State University)에서 기계재료공학 석사를, UC 얼바인 대학에서 우주열 공학 박사 학위를 받았다. 이대 신문방송학과 출신으로 가든 그로브 도서관에서 사서로

정재훈 박사 가족

15년을 근속한 부인 정정숙 씨와 함께 고려신학대학원(현 복음대학교)에 들어가 3년 동안 목회학 석사과정을 마쳤으며, 1999년부터 복음대학교에서 "종교와 과학" 교수로도 활동하고 있을 정도로 뜨거운 신앙을 실천하고 있다. 자녀들도 믿음으로 성장, 세계 속에서 두각을 나타내고 있는데 큰딸 줄리(Julie) 씨(32)는 미국무성 외교관으로, 작은딸 코니(Connie) 씨(28)는 미 주류 방송국 KCBS, AM740 San Francisco, 뉴스 프로듀서로 활동하고 있다.

그동안 여러 인터뷰 때마다 "이처럼 큰 업적을 올린 것은 전적으로 주님의 도우심 덕분이었다"라고 고백했으나 언론들은 이를 애써 무시했다며 인간적 언론 보도를 안타까워하는 정 박사는 자신의 연구와 신앙의 연관성에 관해 진술하게 고백하고 있다.

"동양의 작은 나라에서 온 내게 이처럼 막중한 사명이 주어진 것은 전적으로 하나님의 섭리와 은혜임을 다시 한 번 고백합니다. 나는 매일 새벽 4시 15분쯤 일어납니다. 하나님과의 만남을 위해, 정확히는 하나님이 들려주실 말씀을 사모해서입니다. 놀라운 기적들이 매일 매일 생활을 통하여 연속되기 때문에 새벽을 그리워하는 마음으로 잠자리에 듭니다. 일어나면 곧바로 정장하고 서재에 앉아 나만의 시간을 갖습니다. 말씀을 읽는 가운데 은혜에 감격하여 눈물을 흘릴 때도 있고, 그날에 적용할 말씀이 주어질 때는 깜짝 놀라기도 합니다. 지금 생각해 보면 내 미국행은 그 자체가 하나님의 섭리였습니다. 1977년 한국의 안정된 자리를 뒤로하고 일가족이 미국에 이민, 첫 직장이 바로 테이코 엔지니어링이었습니다. 이 회사에 근무하며 우주공학 전문가로 성장할 수 있었고, 가족 경영 중심인 회사에서 유일한 동양인 직원으로 10여 년 동안 개발담당 부사장을 지낸 후 2000년에는 경영까지 맡게 됐습니다. 지난 1999년 새해 아침, 하나님께서는 시편 115편에 세 차례나 나오는 '여호와를 의지하라'를 말씀으로 주셨습니다. 내 분신처럼 아꼈던 회사가 최악의 상황에 처해 있었지만 하나님께서 분명히 약속하셨기 때문에 겸손히 여호와를 의지하며 따르기로 했었습니다. 그랬더니 기적이 일어났습니다. 업계의 전반적인 불황에도 불구하고 풍성한 수확을 거둔 것이었습니다. 그 해 우리 가정에서도 기적이 일어났습니다. 미공군기의 베오그라드 주재 중국대사관 오폭으로 중국에서 대규모 반미 시위가 벌어졌을 때 큰딸 줄리는 중국 광저우 미국 총영사관의 영사로 근무 중이었습니다. 총영사관이 시위대에 의해 유린될지도 모르는 급박한 상황에서 딸이 집으로 연락했고 가족은 전화 기도를 통해 '엘리사를 지키는 불말과 불병거'(왕하 6:16~17)의 말씀으로 합심 기도한 결과 성난 군중을 물리칠 수 있었습니다. 대망의 2000년, 회사의 소유주는 내게 회사를 맡아 달라고 사정했습니다. '당신 마음껏 경영해 보라.' 기도 끝에 소유주에게 말했습니다. '맡아서 해보겠다. 단 하나님의 방법으로 경영하겠다.' 사장이 된 후 감사하게도 회사는 일취월장, 나날이 번창했습니다. 나는 평소 다니엘서를 즐겨 읽습니다. 특히 '지혜와 권능이 그에게 있음이로다……지혜자에게 지혜를 주시고 지식자에게 총명을 주시는도다 그는 깊고 은밀한 일을 나타내시고'(단 2:20~22)란 말씀에 의지하여 기도로 지혜를 구합니다. 똑똑함과 우둔함, 잘남과 못남, 부유함과 가난함 등 세상의 가치는 기실 종잇장 한 장 차이도 안 됩니다. 우주 개발이라는 어려운 작업 속에서 그것을 절실히 체험합니다. 그 모든 가치가 토기장이 하나님의 계획에 따라 정해진다는 진리를 믿습니다. 제가 추구하는 작업이 성공하든 실패하든 그것은 하나님의 섭리입니다. 우린 단지 주관자의 명령에 따라 최선을 다할 뿐입니다."

이처럼 철저한 하나님 중심의 세계관을 역설하는 정 박사는 북한 땅에서 태어나 피난길에 남한에 와서 살다가 미국까지 온 것부터가 하나님의 은혜와 섭리라고 말한다. 그는 외할머니가 1890년대에 미국 선교사로부터 전도받아 예수님을 영접하여 초대 크리스천 가정이 된 것을 감사하게 여긴다.

"나는 고교시절 일기장에 '앞으로 원자력공학을 위해 공과대학에 진학하겠다. 미국 초청으로 유학 가서 유명 과학자가 되어 세계 평화를 위해 봉사하겠다'고 꿈을 적었습니다. 그런데 오늘날의 젊은이들은 꿈이 없는 것 같습니다. 비전을 마음에 담는 것이 중요합니다. 나는 내 자신이 이룩한 성과에 대해 항상 놀랍니다. 특히 이민자로서 이 회사에서는 유일한 한국인입니다. 이 회사에는

MIT 등 유수한 대학의 인재들이 많습니다."

정 박사는 또 가정을 중요시한다. "가정이 사랑의 띠로 단단히 묶어져 있을 때 기업도 탄탄해진다"는 그는 아내를 "하나님 다음으로 존경한다"고 말한다. 대학시절 미팅에서 만난 '오드리 햅번' (그는 아내를 그렇게 부른다)을 아내로 맞아 평생 신앙의 동지로 같은 길을 걷고 있다는 그는 "아내가 뒤에서 항상 나를 위해 기도하고 있다고 생각하면 힘이 솟아난다"고 말한다. 정 박사 부부는 잦은 사업상의 출장도 꼭 부부 동반으로 갈 정도로 사이가 좋다. 두 딸이 다섯 살과 두 살이 될 때 미국에 왔는데 미국에서 아무리 바빠도 아이들과 시간을 많이 보내는 것이 중요한 것임을 일찍 알았다고 말했다.

정 박사는 2006년 발사 예정인 우주정거장 로봇 팔의 신경조직이라 할 수 있는 미세 케이블 등의 부품 개발에도 성공하였다. 이처럼 중요한 제품 개발을 할 때마다 항상 주님께 기도한다.

"우주선 핵심 부품의 설계와 관련한 문제에 봉착했을 때, 오직 주님께 기도로 나아갔습니다. 우주과학자이지만 사람이 가진 지식에는 한계가 있기 때문에 하나님을 누구보다 더 열심히 믿을 수밖에 없었습니다. 따라서 지금까지 맞닥뜨렸던 모든 삶의 문제를 조물주의 섭리 속에서 찾고자 했습니다."

우주 개발 연구뿐만 아니라 삶 속에서 사소한 부분까지 하나님의 뜻과 섭리와 은혜를 발견하고 감사하고 있다.

"고용주의 통보 한 마디로 해고가 이뤄지는 미국에서 30년 가까이 한 직장에서 근속할 수 있다는 것도 축복인데, 그 직장을 통하여 주님께서 큰 영광과 축복을 안겨 주신 기적을 어떻게 설명할 수 있을까요? 저는 삶의 모든 영역에 하나님의 간섭하심이 있었음을 고백합니다. 과학이란 무엇입니까? 피조물이 만들어낸 학문적 이론에 불과한 것이죠. 저는 다만 그 과학을 통하여 기업을 경영하며 인간의 삶의 질을 높이는 데 일조를 담당할 수 있는 기회를 내게 주신 하나님께 감사하면서 더욱 엎드릴 뿐입니다. 살아 계신 하나님의 약속의 말씀이 반드시 매일 매일 나에게 실현되는 것을 믿습니다."

〈새 하늘 새 땅〉 2004년 10월호

신윤식

포틀랜드

고통의 시간 통해 신비한 하나님 임재 느껴
슬픔 극복 새롭게 거듭난 믿음생활

1년 동안 가족 네 명 세상 떠나

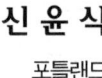

신윤식 씨 부부

오리건 주 한인 최초로 1973년에 부동산을 시작해 현재까지 '신신부동산'을 운영하고 있는 신윤식 씨는 지난 1년 동안에 가족이 무려 네 명이나 갑자기 세상을 떠나는 슬픔을 당했다. 그러나 이 같은 슬픔과 고통 속에서도 하나님의 은혜를 체험하고 부부가 새롭게 변화되고 거듭난 믿음생활을 하고 있어 귀감이 되고 있다.

174 하나님의 사랑을 증거하는 사람들(상)

    외아들인 그는 부모님을 비롯 누나 둘, 여동생 한 가정이 모두 포틀랜드에 함께 살고 있어 매우 행복한 삶을 누려 왔으나 1998년 2월에 첫 슬픔이 시작되었다. 한인사회 최고 골퍼로 잘 알려진 여동생의 남편 배양원 씨가 65세의 나이에 폐렴으로 세상을 떠난 것이었다. 이어 83세의 어머니가 담석암이 발견되어 몇 개월밖에 못 사신다는 청천 벽력 같은 진단을 받았다. 그때부터 은퇴한 큰누이가 어머니의 병간호를 맡아 정성스럽게 간호해 드렸다. 그런데 생각지도 않게 어머니를 간호하던 큰누이가 그 해 12월 11일 갑작스레 뇌일혈로 사망했다. 갑자기 코피를 쏟으며 머리가 아프다고 해서 911로 긴급 후송하여 병원에 입원시켰으나 그만 돌아가셨다. 가족들은 너무 놀라고 허망스러워 병상의 어머니에게 알리지도 못했는데, 모친은 잠깐 다녀오겠다는 큰딸이 오지 않고 집안 분위기가 이상함을 감지해 무슨 일이 있느냐고 자꾸 물으셨다. 할 수 없이 말씀을 드리자 어머니는 큰 충격을 받고 큰딸이 세상을 떠난 지 불과 11일 후인 12월 22일 별세하셨다.
    비극은 여기서 그치지 않았다. 63세인 작은누나마저 한 달 후인 1월 21일 갑자기 뇌일혈로 세상을 떠났다. 이처럼 만 1년 사이에 가족 네 명이 연쇄적으로 세상을 떠나는 비극 속에서도 같은 기간에 딸 다섯 명 중 네 명이 결혼, 하루는 웃고 하루는 우는 결혼과 장례의 큰 일이 무려 여덟 번이나 있어 신윤식 씨 가정은 매우 어려운 시기를 거쳤다. 특히 자신도 911로 두 번이나 병원에 긴급 후송되는 위기를 겪었다. 일을 하던 중 머리가 아파서 세 블럭 떨어진 곳에 갔다가 운전도 못하고 기어 들어오다시피하여 긴급히 병원에 입원했으며, 또 둘째 누나가 병원에 입원해 수술해야 한다는 소리에 기절해 입원하기도 했다. 그 후 4년의 세월이 지난 지금 신윤식, 신영희 씨 부부는 "당시는 교회를 건성으로 다녔었기 때문에 믿음으로 이 비극을 이기기보다는 인간적으로 좌절하여 슬픔 밖에 보이지 않았다"고 회상했다. 그러나 지금은 뒤돌아보니 모든 것이 다 하나님의 은혜였고 사랑이었다고 감사하고 있다.

죄 많은 인간인데도 하나님이 지금까지 살려 주시고 인도해 주신 것에 너무 감사하다는 그는 어릴 적 한국전쟁 때에도 집이 폭격으로 무너져 큰누나는 목만 남은 채 파묻히고 자신도 얼굴과 몸에 많은 파편이 박혔으며 아버지 신언익 씨도 대들보에 깔려 다리 부상을 입기도 했으나 기적적으로 살아난 것도 다 하나님 은혜였다고 회상했다.

특히 2002년 5월 25일 섬기는 빌리지 침례교회의 수양회를 하루 앞두고 또다시 세인 빈센트 병원에 긴급히 입원한 사건에서 부부가 하나님의 사랑을 크게 체험했다고 간증했다. 처음에는 수양회에 참석하기 위해 캐나다 여행도, 골프 모임도 취소했는데 뜻밖에 병원에서 아내와 단둘이 죽음과 싸우는 고통을 겪어야 했기에 하나님의 뜻이 무엇인지 이해할 수 없었다. 정밀검사 결과 목 오른쪽에 있는 동맥이 95% 이상 막혀 동맥 내막 절제 수술을 해야 했는데 97%는 생존 가능성이 있지만 3%는 생명이 위험할 수 있다는 진단이었다.

수술 동의서에 사인한 후 하나님이 자신을 3%에 속하는 사람으로 분류해 버리시면 어떻게 하나, 만약 죽는다면 아내의 운명은 어떻게 될 것인가 불길한 생각이 앞섰다. 37년 전 오직 자신 하나만을 믿고 태평양 건너 결혼하러 온 아내에게 이런 비참한 꼴을 보여야 한다니 눈물이 앞을 가렸다. 또 다섯 딸 중에 아직도 학생인 막내딸이 있고 연로하신 아버님이 계시며 특히 남편과 어머니,

176 하나님의 사랑을 증거하는 사람들(상)

두 언니를 잃고 이젠 오빠마저 잃지 않을까 하는 염려로 병실에서 초조하게 기다리는 여동생 배정자 자매의 모습 등 모두가 번개처럼 머리를 스쳐갔다. 그러나 수술 전에 이사야 41장 10절의 "두려워 말라"는 말씀을 계속 입 속으로 반복하고 주님의 사랑은 자신을 무조건 3%에 분류하지 않으실 것이라는 신념으로 수술을 받았다. 수술 2시간 후 눈을 떠 살아난 것을 알고 새 생명을 주신 하나님께 감사드리고 제일 먼저 아내에게 "다시 살았어"라고 외쳤다. 죽었다 다시 살아난 것처럼 기뻐하며 아내도 손을 꼭 잡고 새 생명을 주신 하나님의 특별한 은혜에 눈물의 감사기도를 드렸다.

"퇴원하고 집에 돌아온 후 교회 성도들이 손을 잡고 한 분 한 분의 온전한 사랑으로 드린 뜨거운 기도는 주님 안에서 하나임을 느끼게 했으며, 주님의 사랑이 가득 찬 부드러운 그 크신 손이 나를 꽉 누르는 것 같았습니다. 이것이 바로 하나님 안에서 누리는 천국 잔치요, 하나님께 드리는 영광의 시간임을 깨달았습니다. 수양회 대신 병원에서 아내와 단둘이서 고통과 괴로움으로 수술에 임했을 때 하나님의 뜻이 과연 어디에 있는지 이해를 못했지만 이것은 하나님과의 조용하고 심각한 교제의 기간이었고 고통과 두려움의 그 시간을 통해 신비한 하나님의 임재를 느꼈으며 성령님의 인도로 그의 희미했던 음성을 더 가까이, 더 맑게 들을 수 있었습니다. 수술 후 목에 크고 긴 상처가 남았는데 옛날 같았으면 흉하게 여겼겠지만 지금의 눈으로는 하나님께서 새 생명을 주신 표적으로, 하나님을 경험한 영원한 삶의 표적으로 기쁘게 받아들이고 있습니다. 이 세상을 살아가는 동안, 나의 믿음이 해이해지고 방황하는 일이 있을 경우 그 표적을 보고 주님이 명하신 올바른 길을 찾아갈 수 있는 등대가 되고 나침반이 될 수 있다고 확신합니

신윤식 씨 가족

다. 육적인 불순물을 내 몸에서 제거하고 영적인 불순물까지 제거할 수 있도록 병원 수양회를 통해 아내와 함께 새 생명을 체험할 수 있도록 인도하여 주신 것이 진정한 하나님의 뜻이라고 생각합니다."

부인 신영희 씨는 "빌리지 교회를 섬기기 전에는 황혼을 맞는 나이에도 주님의 뜻을 새기려 들지 않았고, 이미 주신 크고 작은 축복들을 받은 줄만 알았지 감사할지도 몰랐다"며 "세상에 속한 교만한 삶으로 너무나 바쁘게 많은 시간을 보냈고 그동안 교회는 열심히 나갔지만 형식적인 신앙이어서 매우 부끄러웠다"고 말했다. 또 "전 교회에서는 남편이 어머니, 누이들이 앉았던 자리를 볼 때마다 눈물을 흘려 다닐 수 없어 6개월 동안 집에서 기도만 하고 있다가 고모의 권유로 4년 전부터 현재의 교회에 출석하기 시작했으나 처음에 우리 부부는 방자하고 교만해서 누가 볼까봐 예배 후 싹 빠지기만 했습니다. 그러나 수양회에 갔다가 이재완 선교사의 말씀에 은혜를 받고 차에서 울었을 정도로 평생 교회를 다녔지만 처음 말씀의 기쁨을 경험했습니다."

"특히 1주일마다 모이는 셀 모임을 통해 많은 변화가 일어났습니다. 처음 셀 모임에선 연세가 제일 많은 안석봉 성도조차 크게 변화된 것에 놀랐지만 절대 변화하지 않을 것 같았던 우리도 변화된 것에 하나님이 역사하심을 느끼고 있습니다. 매주의 셀 모임에서 말씀 읽고 배우고 기도함으로써 풍요로운 삶을 이루며 하루하루 아름답고 복된 삶을 살아가고 있음에 기뻐하며 감사하고 있습니다. 이젠 세상 친구들조차 우리 부부가 금요, 화요 예배 등 교회 행사에는 빠지지 않고 참석하는 것을 알고 이날은 피해 주고 있습니다. 하나님은 벗어나기 어려운 세상 즐거움조차 이렇게 자연스럽게 정리해 주셨습니다."

신윤식 씨는 교회의 많은 젊은이들이 믿음 강한 것에 기특하고 도전받고 있다며, 나이 들어 하나님을 알게 된 것이 때론 후회되지만 구원의 배에 늦게나마 탔으니 안 탄 것보다는 낫고 또 일찍 탄 것이나 늦게 탄 것이나 이미 같은 배에 탔으니 하나님의 은혜에 감사했다. 또 예전에는 '교회만 왔다갔다하는 교인(churchgoer)' 이었으나 이제 '신자(believer)' 가 되니 자녀들에게도 좋은 영향을 주고 있다고 감사했다. 예전에는 타 주에 있던 자녀들이 오면 주일에도 불구하고 교회에 가지 않고 놀러 갔으나 이젠 아이들과 함께 교회에 같이 가는 것을 최우선으로 하고 있다. 자녀들도 예전에는 어려운 문제가 있을 때면 어머니에게 전화해 좋은 충고를 달라고 했으나 지금은 먼저 기도해 달라고 요청, 기도 제목이 많아질 정도로 자녀들도 변했다.

많은 가족을 하늘나라에 보내고 자신마저 죽음 직전의 고통을 여러 번 겪은 그는 "내게 가장 중요한 것이 주님을 아는 삶이라는 것을 늦게나마 깨우친 것에 감사한다"며, "예수님을 나의 구주로 삼고 내 삶의 주인으로 모시며 하나님께 찬양과 경배드리고 하나님 사랑을 실천하며 하나님과 나와의 올바른 관계로 의로운 삶을 살도록 더욱 노력하겠다"고 다짐했다.

〈새 하늘 새 땅〉 2003년 4월호

염 미 성

포틀랜드

임종 통해 하나님의 구원의 역사 이뤄
투병 기간 남편이 천국을 확신시켜 줘

죽음 직면 남편을 복음의 전사로 사용

염미성 씨 부부

오리건 포틀랜드 한인사회에 잘 알려진 염봉진 씨가 49세의 젊은 나이로 지난 3월 세상을 떠나 큰 슬픔을 주었다.

고인은 성실한 이민생활로 우체국에 근무하기도 했으며 사업에도 성공해 세탁소 두 곳과 쇼핑몰을 운영하기도 했고, 특히 태권도 7단으로 태권도장을 통해 미 주류사회에 태권도를 적극 심어 왔었다. 그러나 2001년 8월 위암이 발견되어 9월부터 12월까지 어려운 키모 치료를 받은 후 2002년 2월에는 위의 80%를 제거하는 수술을 받았으나 6월에 다시 재발되어 하나님의 부르심을 받았다. 고인에게는 부인 염미성 씨와 14세 된 외아들 지운 군이 있는데, 인간적인 이 같은 큰 슬픔 속에서도 미성 씨는 오히려 남편이 크리스천의 소망인 천국을 확신시켜 준 것에 하나님께 감사하고 간증하는 강건한 믿음을 보여 큰 은혜와 감동을 주고 있다.

이수창, 이점수 집사의 1남 4녀 중 장녀인 그녀는 중학교 1학년 때 서울 새문안교회에서 예수님을 영접한 크리스천으로 성실한 믿음생활을 하다가 1982년 미국으로 유학, 1984년 염봉진 씨와 결혼했다. 중매로 세 번 만난 후 결혼했는데 결혼 1개월 때부터 남편이 주말에는 저녁 8시면 나가서 친구들과 술 마시고 노는 등 세상 즐거움에 빠지다 새벽 2~3시에 들어오는 것을 보고 결혼을 잘못했다고 생각했다. 이럴 때마다 많이 울기도 했으나 자신이 택한 남편이기 때문에 자신이 변화시켜야 한다는 하나님의 뜻을 깨닫고 남편이 외출해 있는 저녁 동안 남편이 하나님을 온전히 믿을 수 있도록 거실에서 혼자 기도했다. 또 직장에 나갈 때면 점심 도시락에 "내가 체험한 하나님의 사랑과 은혜를 당신도 경험하고 믿기 바란다"는 편지를 써 보내기도 했다.

술 마시고 집에 새벽에 들어올 때마다 아내가 혼자 기도하는 모습을 여러 번 본 그는 처음에는 남존여비 사상으로 오히려 아내를 무시하고 말을 듣지 않았으나 그녀의 기도의 응답으로 몇 달 후 180도로 생활이 변화되었고, 지난 19년 동안 아내를 인격적으로 대해 주고 항상 존중해 줬다고 미성 씨는 감사했다. 이처럼 사이가 너무 좋고 서로 사랑한 부부여서 비록 남편이 위암에 걸렸으나 세상을 떠난다는 것은 상상도 하지 않은 채 남편에게 희망을 주며

19개월 간 극진히 간호했다. 남편도 이 같은 아내의 사랑으로 하늘나라 가기 얼마 전까지도 치유된다는 확신과 용기를 가지고 "하나님, 날 일어나게 해주세요"라고 기도해 왔다. 또 자신이 위암을 이길 것으로 믿고 강건한 투병생활을 해왔는데, 키모를 받는 어려움 가운데에서도 태권도장에서 의자에 앉아 구령을 부르며 학생들을 가르쳐 미국 학생들이 큰 감동을 받기도 했다.

그러나 하늘나라로 가기 1주일 전부터 정신이 때론 혼미해지자 처음으로 하늘나라로 갈 수도 있다는 생각이 들어 남편에게 조심스럽게 "당신이 나을 것으로 믿지만 혹시 모르니 하늘나라에 갈 준비를 하자"라고 말하며 많이 울었다. 그랬는데 다음날 아침 남편이 방언을 하며 "꿈에 하나님이 보였는데 내 속에 있던 모든 욕망과 아집을 다 토해내라고 해서 다 토했다"고 말했다. 특히 꿈에서 리어카로 세 대 정도나 토해냈더니 속이 시원하다고 말하는 것이었다. 이 같은 남편의 꿈 이야기에 이제 하나님이 남편을 하늘나라에 데려가실 준비가 되었다는 확신이 들어 그날부터 장의사, 관 준비 등 장례 절차를 준비했다. 그 후 하나님에게 비록 남편이 그동안 훌륭한 믿음생활을 하지는 않았지만 천국에 대한 확신을 갖게 하고 그 영혼을 받아달라고 기도했다. 그런데 남편은 정신이 오락가락하는 가운데 하루는 천국을 보았다고 말했다. 남편은 "세상에서는 올림픽 때 금, 은, 동메달 시상식 단상의 높이가 다르지만 천국에는 높이가 다르지 않고 모두 평평하다"라고 말했고, 아내가 "천국에는 누가 제일 앞에 서 있어?" 하고 묻자 "당신"이라고 대답했다. 또 "천국에는 누가 꼴찌로 서 있지?"라는 질문에는 "꼴찌는 없다"라는 등 천국의 모습을 그대로 들려주었다.

남편은 임종 전날 저녁에는 의식이 혼미한 가운데도 목사님을

182 하나님의 사랑을 증거하는 사람들(상)

염미성 씨 가족

간절히 찾아 저녁 11시 30분쯤 섬기는 포틀랜드 벧엘장로교회 김성민 목사가 오셨다. 그러나 천국에 가려는 남편에 대한 사단 마귀들의 방해도 심한 듯 염씨는 고통을 느끼는 가운데 김 목사에게 느닷없이 "너, 목사지?"라고 반말을 해서 간호하던 사람들이 "사단 마귀야 예수 이름으로 물러가라"고 소리치며 기도하니 다시 평온해지기도 했다. 그의 의식이 더 혼미해지자 아내를 비롯 가족, 친지들의 찬송가 소리도 더욱 커졌는데 한순간 남편이 "우신다"고 말하는 것이었다. 아내가 "누가 우시느냐?" 묻자 "예수님이 우신다"며 "예수님이 내 손을 일곱 번이나 잡으려고 했는데 내 손을 놓치니 돌아서서 너무 슬프게 우신다"고 말해 그녀는 깜짝 놀랐다. "왜, 예수님 손을 놓치느냐?" 묻자 그는 "아내와 아들 때문에 못 잡는다"고 말해 미성 씨는 "내 걱정하지 마. 나 충분히 살아갈 수 있어. 다음에 예수님이 손 내밀면 꼭 잡아"라고 울며 말했다. 그러자 남편은 혼미한 가운데 눈을 뜨고 얼굴에 미소를 짓더니 "예수님 손을 잡아도 돼?"라고 물어 "잡아도 돼. I will be OK, I will be fine"이라고 위로했다.

그 같은 아내의 말에 안심을 한 듯 식구들을 다 불러 아이들에게는 돈을 주는가 하면, 찬송가를 부르는 친지들에게는 한 명 한 명씩 예수님을 잘 믿으라고 유언했다. 또 그동안 소원했던 사람들에게는 먼저 미안하다며 용서를 구했다. 찬송을 부르는 가운데 이처럼 죽어가는 사람이 먼저 용서를 구하고 사랑을 베풀자 그동안 믿지 않았던 식구와 친지들이 다 은혜를 받고 예수님을 영접했다. 그야말로 한 알의 밀알이 썩음으로써 함께 있던 20여 가족, 친지들이 믿음의 식구가 되고 사랑하게 되는 놀라운 역사가 일어난 것이다. 임종 직전 그는 아내에게 사랑한다는 말을 수차례 했는데, 그때의 눈빛은 사람의 눈빛이 아닌 신의 눈빛이었다고 미성 씨는 회상했다. 그리고 주일 새벽 2시 반 남편은 고통스런 모습이 아닌 오히려 아름답게 웃는 모습으로 하늘나라에 갔다.

"여보"를 소리쳐도 다시 깨어나지 않는 남편의 임종 앞에서 그녀는 눈물을 흘리지 않았다. 오히려 "하나님 감사합니다. 남편을 끝까지 사랑해 주신 하나님, 고통 없는 하늘나라로 데려가 주셔서 감사합니다"라고 감사기도를 했다. 그런데 장의사측이 고인의 시신을 옮겨 간 후 남편이 이젠 없다는 허전함으로 여동생을 껴안으며 서로 위로하고 있었는데 이 세상에서 가장 아름답게 은빛으로 반짝반짝 찬란하게 빛나는 투명한 커다란 물체가 방 끝으로 올라갔다 사라지는 것을 보고 바로 남편의 영혼이라는 것을 확인할 수 있었다. 다음날에도 집 3층 계단을 올라가는데 똑같은 아름다운 영혼이 아래에서 3층까지 따라 올라오더니 그녀 머리 위에서 빙빙 돌다가 사라졌다. 이 같은 남편의 영혼을 보고 남편의 영혼이 하루 더 사랑하는 가족과 함께 머물다 갔다고 믿고 있다. 그야말로 남편의 임종을 통해 천국의 아름다움과 영혼의 실체를 확인하게 된 것이다.

그녀는 남편의 임종을 앞두고 매일 매일 가족, 친지들이 부흥회나 전도 폭발 때처럼 뜨겁게 찬송을 부르며 기도하고 남편이 본 생생한 천국을 증거, 친지들이 모두 하나님을 영접하는 놀라운 결과를 맺는 것을 보고 하나님은 남편을 마지막 순간에 복음의 전사로 사용하셨다고 감사하고 있다. 특히 남편처럼 평소에는 다소 부족한 신자였더라도 하나님은 한 영혼을 소중히 여기시고 쓰시려면 임종 직전에서도 쓰신다는 것을 깨닫게 되었다. 남편이 떠난 4개월 후인 지난 7월 이 같은 놀라운 하나님의 은혜와 천국의 실체를 "영원한 우리"라는 제목으로 지난번 교회에서 간증하여 많은 성도들이 눈물 속에 큰 은혜를 받았다.

"저의 남편이 하나님의 곁으로 간 지도 4개월이 되었습니다. 오늘 아침도 구름 사이로 언뜻 비추이는 햇살 속에서 하나님과 함께한 남편의 모습을 느끼며 손들어 '안녕' 하였습니다. 육신의 죽음이 주는 그 두려움과 절망을 뛰어넘어서 천국에서의 재회를 소망으로 갖고 사는 저의 이 설렘은 마지막 가는 길 하나님께서 보여주신 놀라운 사랑의 역사, 구원의 역사의 은총만이 줄 수 있는 기쁜 떨림입니다. 단 하나의 영혼까지도 한없는 사랑과 뜨거운 눈물로 거두시는 주님, 마지막 며칠 저의 기도는 하나님을 부정하지 말고 영생의 길로 인도해 주시길 간구만 하는 단편적 신앙의 나날이었습니다. 그러나 하나님께선 평생 온몸을 지배하던 인간의 죄와 욕망과 아집, 이기심을 토하게 하셨습니다. 모르핀이 쉴새없이 투여되는 고통 속에서도 하나님께선 그 영혼을 굳게 지키셨습니다. 고통의 신음 대신 찬송의 소리로, 원망과 분노 대신 한 사람 한 사람 사랑하는 이들에게 그만큼의 몇십 곱절로 사랑을 주셨습니다. 아내인 저에겐 세상적 눈빛 속에선 찾아볼 수 없는 무한한 사랑의 힘을 남겨 주었습니다. 그렇게 온몸으로 사랑하는 이들에게 자신을 불태우고 있었습니다. 운명하기 3시간 전 늦은 밤 11시 30분경 어린아이가 엄마 젖을 찾듯 목사님을 애타게 부르면서 마지막을 정리하였습니다. 단숨에 달려오신 목사님께선 마지막 꺼져가는 생명에 영원한 생명의 확신을 한없이 부어 주셨습니다. 확신에 찬 "천국 간다"라는 말을 되뇌이며 그 순간에도 어김없이 찾아오는 악마와 대적하는 모습은 다시 살아나는 복음의 전사였습니다. 제 팔로 감싸 안으며 마지막 불러보는 남편……그 위로 잔잔히 퍼지는 참된 평화의 미소를 남긴 채 하나님께선 어린아이를 받으시듯이 조심히, 그리고 포근하게 데려가셨습니다. 더 이상의 고통도, 더 이상의 굶주림도 없이 평안한 모습으로 본향으로 돌아간 그의 모습을 보니 하나님께 사무치게 감사드릴 뿐입니다. 어떠한 울부짖음도, 분노도 없었습니다. 모든 성도님께 감사드립니다. 오랜 시간 끊임없는 중보기도 없이 이 놀라운 은혜가 나타날 수 없음을 우리는 너무도 잘 압니다. 하나님께선 우리의 노력을 남김없이 받으셨습니다. 저는 지금도 우리가 하나임을 느낍니다. 하나님의 은혜와 말씀 아래 진정한 하나임을 잠시도 잊은 일이 없습니다. 아! 보고 싶은 사람. 해후의 그날을 위해……하루를 내 곁에서 더 머물다간 그 찬란한 영혼을 가슴에 고이 간직한 채 오늘도 기도합니다. 책 속의 글귀가 제 가슴에 더욱더 다가옵니다. Amavimus, Amamus, Amabimus(우리는 사랑하였고, 지금도 사랑하며, 앞으로도 영원히 사랑할 것이다)."

〈새 하늘 새 땅〉 2003년 9월호

박 한 봉

LA

자녀들 훌륭히 키워 장한 아버지상 받아
꿈 통해 천국으로 간 아내 확인

교통사고로 아내 잃은 슬픔 극복

사랑하는 아내를 교통사고로 잃은 비극을 극복하고 자녀를 훌륭히 성장시켜 장한 아버지상을 받은 LA 박한봉 집사는 그 같은 고통과 시련 속에서도 하나님의 사랑을 증거하고 찬양하고 있어 더 큰 감동을 주고 있다.

박 집사와 고인이 된 부인 박은숙 집사는 1945년 모두 경상남도 남해의 독실한 기독교 가정에서 태어났다. 1971년에 결혼을 하여 2남 1녀를 둔 박 집사 가정은 희망찬 미래의 꿈을 가지고 1985년 2

월 미국으로 이민왔다. 그때 아이들은 열한 살, 아홉 살, 일곱 살이었다. 그러나 LA에서 그들을 기다리고 있는 것은 참으로 힘든 이민생활이었다. 초창기에는 밤에는 청소, 낮에는 바느질 공장에서 힘겨운 일을 했다. 그 같은 어려움 속에서도 부부가 노력해 드디어 사업을 시작했고, 이민 7년 만에 보금자리도 마련했다. 그러나 갑작스런 LA 폭동으로 가게가 불타고 물건이 파손되는 등 애써 이뤄 놓은 것들을 하루아침에 날려 보내는 등 온갖 고난과 역경이 계속되어 성경의 욥의 심정으로 돌아가게 했다. 그럴 때마다 좌절하지 않고 믿음으로 이기고 하나님께 충성을 다한 결과 이민생활은 안정을 되찾았고 자녀들도 잘 성장할 수 있었다.

"저 산 너머에는 행복만이 아니라 슬픔도 있고 수고와 고통도 있기 때문에 하나님 섭리의 밧줄을 잡고 가정을 꾸리며 살았습니다. 그 결과 세 자녀 모두 초·중·고등학교 시절에 대통령상을 받았고 좋은 대학에 입학할 정도로 공부를 잘했기 때문에 즐거운 마음에 열심히 밤 12시까지 두 개의 직장을 다니며 살아왔습니다."

이민생활 12년이 되던 1997년, 박 집사 가정은 넉넉한 생활에 주택 장만과 자녀들의 우수한 학업 등으로 그 어느 때보다 즐겁고 행복한 이민생활을 즐길 수 있었다. 그러나 큰 비극이 일어났다. 그해 3월 15일 아침 박 집사 가정 등 두 가정이 LA를 떠나 데스 밸리(Death Valley) 소금장 성지를 가던 중 차가 전복되는 교통사고가 발생했다. 이 사고로 차에 타고 있던 남자 세 명, 여자 두 명 중 박 집사 아내와 친구 아내 두 명이 사망하는 참변을 당했다.

"뒹굴어 버린 차량에서 피 흘리던 지옥과 같은 순간들과 참혹했던 그 현장은 꿈과 환상 같아 지금까지도 잊을 수가 없습니다. 안전벨트를 풀고 가보니 아내는 피범벅이 되어 있었습니다. 고통을

188 하나님의 사랑을 증거하는 사람들(상)

못 견디는 아내의 가슴을 붙잡고 살아야 한다는 일념으로 부르짖고 소리를 쳐보아도 맥박만 뛸 뿐 그 영혼은 작별의 순간이었습니다. 기다리는 앰뷸런스 구조 비행기도 어디를 헤매는지 1시간 40분이 지나도 나타나지 않으니 죽어가는 생명 앞에 잘 가시요 하는 한 마디 할 수 없었던 순간은 수많은 세월을 보내면서도 현실이 아니기를 바라고 있습니다. 주여! 이것이 웬일입니까? 피범벅이 된 내 얼굴을 소방관들이 닦아 주며 옆에 앉아 있으라고 할 때, 헬리콥터가 도착할 때, 우리보다 죽어가는 아내 먼저 태우라고 소리쳤지만 경상자부터 태운다는 구조대 방침은 거역할 수 없었습니다. 그 후 우리 모두 밸리 시티 병원에 입원했는데, 3일 후 친구인 조 집사는 병상에서 자기 아내의 사망 소식을 듣고 큰 소리로 울기 시작했습니다. 나도 그를 달래려고 목놓아 울고 기도는 했지만 밀어닥친 슬픔의 뭉치가 가슴을 치고 하늘이 곤두박질하는 것 같아 눈물을 쏟고 말았습니다. 그러나 내 아내의 생사는 미정이어서 실낱같은 기적으로 살아 있으려니 생각을 했지만 4일째 되는 날, 의사가 종이에 사인을 해달라고 가져왔는데 아내가 영안실에 안치되어야 한다는 청천 벽력과 같은 소리였습니다. 떨리는 손길에 눈물방울이 흐르고 발끝부터 정수리까지 피맺힌 슬픔이 굴러다니는 것만 같아서 천길 만길 뛰고 싶고 어디론가 날아가 버리고 싶은 심정은 나만이 알고 하나님만 아셨습니다."

"5일 째 되는 날 장례식이 있었습니다. 부축을 받으며 장례식장으로 갔습니다. 많은 교회의 조객들을 헤아려 볼 수도 없이 마지막 떠나는 사별의 정거장에서 밤새워 울고, 아들 조사에 나도 울고 땅도 산천초목도 울었습니다. 이사야 40장 6~8절의 '모든 육체는 풀이요 그 모든 아름다움은 들의 꽃 같으니……풀은 마르고 꽃은 시드나 우리 하나님의 말씀은 영영히 서리라' 는 말씀을 늘 잊지 않습니다. 풍파 많은 인생이 어찌 나 하나뿐일까만은 이 무서운 회오리바람에 욥에게 보여 준 시련도 아니면서, 이런 모습으로 반생을 반려자로 그림자처럼 동행하던 아내를 빼앗아 간 것에 원망을 하면서도 하나님이 기적을 베풀어 주실 거야, 하나님은 능치 못함이 없고 3일 만에 부활하셨으니 마음을 안정하고 기다려야지 하면서도 흘러나오는 눈물은 막을 수가 없었습니다."

아내와의 사별 후 그는 참으로 많은 날들을 외로움과 고통 속에서 아내를 그리워했다.

"아침마다 자녀들 머리에 손을 얹고 기도하던 아내가 이제는 가고 없으니 어디에서 그녀의 기도 소리를 들을 수가 있을까? 시간 나는 대로 당신이 틈틈이 신약성경 말씀을 냉장고에도, 지갑에도, 핸드백에도 적어 둔 것을 보면 지금도 내 곁에 있는 것 같고 고향을 잠시 떠나 있는 것 같기도 한 생각을 하며 상념에 잠긴다. 이 순간을 감사하고 과거를 잊어야 하나, 잊혀질 수가 없는 멍든 마음속에서 울컥 서러움 같은 것을 토해내고 말았다. 한 덩이 눈물과 함께 쏟아지는 이것이 꿈이었으면 얼마나 좋으랴. 그러나 현실이었다. 20년 동안 성가대원으로 봉사했고 주일학교 교사였으며 가사일을 도맡아 하면서도 미용사 실력을 가진 그녀였다. 26년의 결혼생활을 마감하고 천국으로 먼저 가버리다니 잠언서의 아름다운 암사슴, 암 노루 같은 그녀에 대한 연모의 정을 잊을 수가 없다."

그러나 이런 고통 속에서도 아내가 천국으로 간 것을 확인하고 위로를 받았다.

"어느 날 밤 꿈도 아니고 환상도 아니었는데 앞에 안개가 자욱했습니다. 갑자기 무서운 생각이 들었고 가스로 인해 죽는 것이 아

190 하나님의 사랑을 증거하는 사람들(상)

박한봉 집사가 장한 아버지상을 받고 있다.

닌가 하는 생각이 들었는데 한쪽 구석진 곳, 안개가 자욱한 속에서 생시처럼 아내와 조 집사 두 여집사가 다정히 손을 잡고 얇은 소복을 입고 맨발로 천사같이 하늘을 향해 훨훨 올라가고 있는 것을 보았습니다. '여보! 나도 갑시다' 하고 외쳐 보았지만 아무런 대답도 없이 기쁜 모습으로 떠나가는 것을 보았습니다. 병원에서 여러 번 아내의 꿈을 꾸었는데, 세 번째에는 연분홍 치마를 입은 듯 곱고 아름다운 모습으로 문을 열고 살며시 들어와서 '여보 왔어요' 하는 것이었습니다. 황급히 손을 내밀어 발을 잡으려 하였으나 아무것도 손에 잡히지 않았습니다. 아내는 '여기에서 오래 있다 가는 것이 좋아요' 하면서 '저 천국은 노인들이 많고 나 같은 젊은 사람은 얼마 되지 않아 너무 바쁘다' 고 하면서 '생명수 강가를 거닐며 휴식하는 동안 천사들의 도움으로 잠깐 여기에 왔다' 고 하면서 사라졌습니다. 다음번 꿈에서는 천사와 같은 모습으로 다가와 하는 말이 '이층에 가서 서랍장을 열면 기물(반지)이 있는데 그것은 딸 혜정이에게 주고 그 옆에 헌금과 용돈이 있으니 그 돈은 하나님께 드리라' 고 했습니다. 그럼 그것을 가져다 준다고 했으나 천국에는 할 일이 너무 많아 이대로 그냥 가겠노라고 하면서 떠났습니다. 잠에서 깬 후 그곳에 가봤더니 헌금 370달러와 용돈 40달러가 있었습니다."

그 자신도 6개월에 걸친 수술과 치료 끝에 살아나 한때는 휠체어에 의지하는 몸이 되는 등 말로 표현할 수 없는 고통 속에 살아야 했지만 꿈과 환상을 통해 아내가 천국에 있고 자신도 갈 수 있다는 천국의 소망을 갖게 된 후 하나님의 사랑과 위로로 이를 극복하고 자녀들을 잘 교육시켰다. 2남 1녀 중 첫째아들은 UC버클리를 졸업하고 결혼하였고, 둘째아들은 하버드 대학원 석사과정에 입학하였으며, 딸도 UC 어바인 대학을 졸업하였다. 또 신앙생활도 더 열심히 해 섬기는 교회에서 구역장과 전도부를 맡아서 봉사하고 있다. 특히 2001년에는 장한 아버지상인 제18회 밀알상도 수상했고 「나 홀로 돌아갈 멀고 먼 본향」이란 신앙 간증집도 발간, 더 많은 어려운 사람들에게 소망과 용기를 주고 있다.

현재 문인협회 회원으로 활동하면서 가방 사업을 경영하고 있는 박 집사는 이 모든 것이 저 하늘나라에 먼저 간 아내의 기도의 은총으로 생각하고 있다며 "영원히 기쁨을 누리고 살 것 같은 인생이 순식간에 사라져가는 것을 모르고 사는 것이 인생의 현실"이라고 말했다. 그러나 죽음을 뛰어넘어 부활한 독생자를 기억하고 소망을 가지고 살아야 한다고 강조하며, 특히 자신처럼 한때 사고나 고질병 등으로 어려움을 당하고 있는 형제 자매들이 있으면 괴롭거나 외로운 시간에는 시편과 잠언을 통하여 새 힘을 얻고 밝고 명랑하게 살아갈 것을 당부했다.

또 내 아내, 내 남편도 돌아갈 본향의 주인이신 하나님의 것이니, 내 것이라 착각한 우리들은 이를 깨닫고 항상 홀로 서는 훈련이 필요하다며 자신처럼 사별로 홀로 된 많은 사람들이 굳건한 믿음으로 승리하길 기원했다.

〈새 하늘 새 땅〉 2003년 7월호

192 하나님의 사랑을 증거하는 사람들(상)

김 홍 열

페더럴웨이

미 육군 사관학교 생도인 큰아들 잃어
하나님 원망하지 않는 담대한 믿음

보배 같은 아들을 하나님이 데려가셨습니다

김홍열 씨 부부

페더럴웨이 한인타운 내 다나 플라자(Dana Plaza Suite #5, 31260 Pacific Hyw. So. Federal Way)에 위치한 대한여행사를 운영하고 있는 김홍열, 김재정 씨 부부는 여행사뿐만 아니라 아들을 잃은 비극을 극복한 신앙인으로도 한인사회에 잘 알려져 있다.

지난 1993년 이들 부부의 큰아들인 김호준 군이 졸업을 불과 6

육사 생도 시절의 생전의 아들과 함께

개월 앞둔 육사 4학년 생도 때 의문 속에 사관학교에서 사망, 한인 사회에 큰 충격과 슬픔을 주었다. 그러나 당시 어머니 김재정 씨는 "나의 아들이 누구보다도 자랑스러운 아이였지만 그 보배 같은 사랑스런 아들을 이제 하나님이 데려가셨기 때문에 이제 나는 욥처럼 하나님의 참뜻을 깨닫고 하나님을 위해 살겠습니다"라고 장례식 때 하나님을 원망하지 않는 담대한 믿음을 보여 감동을 주었다.

김재정 씨는 인간적으로는 자식을 잃은 슬픔이 너무 커 1, 2년 동안은 삶의 목적을 잃어버리고 죽고 싶을 정도로 감당하기 어려웠으나 하나님의 말씀으로 이를 극복했기 때문에 이젠 죽었다가 다시 살아난 덤으로 사는 인생으로 항상 하나님께 감사하며 살고 있다고 간증했다. 또 사랑하는 아들을 잃은 것은 사람의 입장에서는 큰 비극이었으나, 이를 통해 누구나 하나님이 부르시면 가야 한다는 것을 깨닫게 되었다. 그리고 남은 인생을 하나님을 찬양하고 영광 돌리는 삶을 살려고 노력하고 있다고 말했다. 또 시편을 비롯 하나님의 말씀을 통해 항상 위로받았고 상처를 치유받았으며 무엇보다도 말씀의 은혜를 사모해 안수집사인 남편과 함께 왕복 2시간 거리의 온누리교회에 지난 8여 년 동안 빠지지 않고 출석하고 있다. 이전에는 단지 하나님이 돌봐 주시기를 바라는 소극적 믿음을 가졌으나 시련을 극복하고 난 후에는 하나님을 먼저 찬양하고 영광 돌리는 능동적이고 적극적인 믿음으로 변화되어 감사한다는 그녀는, 교회에서 일대일 제자 양육 훈련을 여러 명에게 하는 동안 시련은 자신뿐만 아니라 누구에게나 있다는 것을 발견하였고 서로 서로의 위로와 격려를 통해 이젠 홀로 설 수 있는 믿음을 주셔서 감사한다고 말했다. 이들 부부의 이 같은 은혜로운 믿음 속에 둘째아들 제이슨 김 씨는 훌륭하게 성장, UW대학원에서 미술을 전공하고 현재 컴퓨터 그래픽 회사에서 만화를 그리는 독창적인 일을 하고 있다.

대한여행사의 사무실 벽에는 여행사가 1981년부터 영업을 해오고 있다는 뜻으로 "Since 1981" 이라고 쓰여져 있다. 대표 김홍열 씨는 정식 허가를 받은 여행사로는 한인사회 최초이며, 한 장소에서만 줄곧 영업을 해오고 있다고 말했으나 사실 그의 여행사업 경력은 30년이나 된다.

부산 수산대학을 졸업한 그는 1968년부터 1971년까지 월남에서 미국 용역회사의 인사 보좌관으로 일하다 1972년부터 1977년까지는 한국여행사의 외국부장으로 근무했다. 이어 1977년 하와이로 이민, 국제 관광공사 하와이 지사와 대한여행사 부사장을 역임했으며, 1981년 국제 관광공사가 시애틀 지사를 설립하게 되자 입찰을 하기 위해 시애틀에 왔으나 미국 회사에게 놓치자 시애틀에 현재의 대한여행사를 개업하였다. 하와이에서는 주정부가 위촉한 법정통역관으로 2년 동안 활동하기도 했던 그는 그동안 수많은 여행사가 설립했다가 문을 닫기도 했으나 지금까지 영업할 수 있었던 것은 공신력으로 한인사회가 성원해 준 덕분이라고 감사하고, 항상 맡은 일에 흥미를 가지고 현재도 1주일에 60시간을 근무할 정도로 근면, 성실하게 일하고 있으며 한인사회에도 적극 봉사하고 있다고 말했다.

국제 항공운송협회 공인대리점을 비롯 국내 항공운송협회 공인대리점, 아시아나 항공 대리점, 미주 항공 운송협회 회원이기도 한 대한여행사에서는 미 국내를 비롯해 전세계의 티켓을 판매할 뿐만 아니라 캐나다 록키 산맥과 미 서부 지역의 관광 안내, 모국 관광 안내 업무를 하고 있는데 고객의 90%가 한인일 정도로 한인사회의 많은 애용을 받고 있다. 특히 1988년 서울올림픽 때는 외국인 188명을 인솔해 서울을 비롯 홍콩과 중국의 북경 등을 관광하고 돌아왔는데, 이들이 현직 판검사를 비롯 중소기업 사장 등 주요 인물들이어서 한국을 홍보하는 차원에서 큰 역할을 한 것은 보람 있는 일이었다고 밝혔다.

김홍열 씨는 한인사회에도 적극 봉사하여 본국 대통령 표창을 받기도 했는데, 1983년 워싱턴 주 한인상공회의소 발기 멤버를 비롯해 1986년에는 상공회의소 회장, 미주 한인 상공인 총연 사무총장, 1988년과 2001년에는 상공회의소 이사장으로 봉사했으며 한인회에서도 자문이사, 총무이사, 선거관리위원장 등으로 봉사했다. 2002년에는 워싱턴 주 한인여행사협회 회장으로도 수고했던 그는 부인 김재정 씨와 직원들과 함께 일하고 있다.

〈새 하늘 새 땅〉 2002년 10월호

196 하나님의 사랑을 증거하는 사람들(상)

박 선 화
LA

방황하며 술로 방탕한 생활하다 하나님 만나
고통 속에 있는 사람들에게 희망 주는 역할 담당

사랑하는 딸 강도에게 빼앗긴 슬픔 극복

인간이 세상을 살아가면서 제일 힘든 일이 무엇인가 생각해 볼 때, 각자가 처해 있는 환경에 따라서 각기 다른 대답이 나오겠지만 자신이 제일 아끼고 사랑하던 자식을 잃었을 때가 아닌가 한다.

나에게는 지극히 사랑하던 두 딸이 있었는데 그 둘 중에서도 막내라 더욱 아끼고 사랑했던 딸 린다를 사단의 사주를 받은 강도들에게 빼앗기고 영원히 이별하게 되었다. 당시 린다의 나이 18살, 대학교 1학년생이었던 린다를 잃고 한참을 방황하며 지냈지만 지난날의 나의 과거를 돌이켜보며 생각할 수 있는 계기가 되었다.

모태 신앙으로 태어나서 어렸을 적에는 부모님의 손에 이끌리어 주일학교에도 잘 나가고 부모님 말씀 잘 듣고 자란 평범한 소년이었지만 나이를 먹고 성장해 가면서 세상 재미에 빠져 들어가게 된 것은 대학에 진학하면서부터였다. 비싼 등록금을 내면서 공부는 하지 않고 그 당시에 이름 있는 건달들과 어울리며 세상에서 무서울 것 없이 막 놀아나던 나의 지난날. 한 여인을 만나 결혼을 하고 좀더 나은 삶을 위해 30년 전 취업 이민으로 미국에 들어와 무척 고생도 많이 했지만 그래도 착실히 살아온 덕분에 조그마한 보금자리도 마련하고, 넘치게 행복하게 살지는 못했지만 나름대로 보람을 가지고 살아왔다. 긴장이 풀린 탓일까, 또다시 옛 모습이 나타나기 시작하여 친구들을 좋아하고 술을 좋아하고 놀기 좋아하여 매일 매일을 술로 지냈고, 주말이면 친구들 불러모아 밤늦도록 노래하며 춤추며 음담패설에 시간 가는 줄 몰랐다.

그래도 그 모태 신앙이 무엇인지, 그리고 그 신앙의 양심은 조금이나마 있어서 주일 아침이면 교회를 가려고 노력했고 못 가는 날은 TV를 틀어 놓고 침대에 누워 술이 덜 깬 모습으로 목사님 설교 말씀을 듣기도 하였다. 직장 친구가 훌륭하신 목사님의 좋은 설교 테이프가 있으니 들어보라고 아내에게 주면 아내는 그 테이프는 한 번도 들어보지 않고 다 지워 버린 채 새로 나온 대중가요를 그 테이프에 담아서 듣곤 하였다. 그때 당시만 해도 테이프 값이 싸지 않은 편이었는데 아내는 그렇게 해서 절약(?)을 하였다. 나 자신은 술을 얼마나 좋아했던지 1년 365일을 매일 술을 먹어야 하는 알코올 중독증세가 있었다. 내가 제일 좋아하는 술은 조니워커 레드. 얼음도 안 섞고, 식사 전에 한 컵, 식사 후에 TV 보면서 한 컵,

198 하나님의 사랑을 증거하는 사람들(상)

그리고 자기 전에 잠 잘 자기 위해 또 한 컵 그리고 아침에는 식사도 안 한 채 냉수 한 컵 마시고 그냥 출근하였다. 내가 생각해도 특수 체질이었다.

이렇게 지내던 나에게 엄청난 사건이 일어났다. 1995년 11월 9일. 나는 4시 30분경에 린다에게 전화를 걸어 6시경에 들어가겠다고 해놓고는 조금 시간이 흐른 후에 좀 늦을 것 같다고 전화를 한 시간은 5시 30분에서 6시경이었다. 대답 없는 린다에게 메시지를 남기기를 아빠가 좀 늦어져서 7시나 8시경에 들어가겠다고 말하였는데, 7시 30분경에 집에 와 보니 린다가 거실에서 손발을 뒤로 묶인 채 목은 가는 줄에 매어져 있었고 찢어져서 피가 흘렀으며 긴 머리카락은 얼굴을 덮고 엎어져 있었다(이 대목을 쓰면서 지금도 나는 이 순간은 빨리 쓰고 빨리 지나가려고 마음이 바빠진다). 내 눈에 보이는 것은 아무것도 없었고 이리 뛰고 저리 뛰다 안방에 들어가 보니 현찰과 아내의 보석함이 송두리째 사라지고 없었다. 911에 전화를 걸어야 했으나 정신이 하나도 없어 옆집으로 뛰어가 소리를 지르며 도움을 청했다. 본래 옆집 백인들과는 친척과도 같이 친하게 지내던 사이였기 때문에 내 일같이 도와 주었다.

그때 그 당시 사건이 일어난 시간을 생각해 보니 린다에게 전화를 걸었을 당시 범인들은 이미 우리 집에 들어와서 범행을 저지르고 있었고, 내가 녹음 테이프에 메시지를 남기는 모든 말들을 듣고 있었던 것이다. 린다가 내 목소리를 들으면서 '아빠 빨리 와. 빨리 와서 나를 구해 줘'라며 얼마나 속으로 외쳤을까 하는 생각을 하니 미칠 것만 같았다. 정말 미칠 지경이었다. 지금 내가 살아서 숨쉬고 있다는 것이 기적이라 생각한다. 이렇게 정신없는 와중에 여러 곳에서 밀려드는 미디어들. 미국 TV, 신문기자들, 한국

TV, 한국 신문기자들 그리고 사방에서 꽃을 들고 찾아오는 사람들로 정신이 없었다. 그러던 중 얼바인 베델한인교회 손인식 목사님이 방문하시려고 하는데 괜찮겠느냐고 물어 보시길래 처음에는 정중히 거절을 했지만 그래도 한 교회의 목사님이 방문하시겠다는데 구태여 마다할 필요가 없어서 허락을 하였다. 약 1시간쯤 시간이 흐른 후 부목사님들과 손 목사님이 방문하셨는데, 그 당시에 린다가 흘린 핏자국이 아직도 그대로 남아 있어 그곳에 타월을 덮어 놓고 있는 상태였다.

그 자리에서 우리들을 위하여 눈물로 기도를 해주시는데 너무나도 감사했다. 당신 교회의 교인도 아닌 한 사람의 집에 찾아와서 위로의 말씀을 전해 주시며 눈물을 흘려 주실 때 많은 위로를 받게 되었지만 그것도 잠깐의 순간으로 지나쳐 버렸다.

주위 사람들의 도움으로 린다의 장례를 잘 치르고 다시 나의 생활로 돌아갔지만 죽어 버리고 싶은 심정뿐이었다. 술 마시는 것은 예전보다 더 심해졌고, 술이 취해서 밤늦게 뛰쳐나가 소리지르면 동네 주민들이 모두들 내다보았고, 그 이튿날 이웃들에게 미안하다고 사과하면 우리는 충분히 이해할 수 있으니 네가 하고 싶은 대로 다하라고 했다. 나의 생활은 더욱 나빠졌으며 아내의 모습도 더욱 처절해 보였다. 아내는 매일 실성한 사람처럼 헛소리하고 울다가 웃다가 소리지르다 잠들기를 반복했다. 나는 참다못해 아내를 죽이고 나도 죽으려고 칼을 들고 아내 곁으로 갔다가 동생들에게 제지를 당하기도 하고, 차고에 있던 가솔린 통을 들고 들어와 거실에 뿌리고 불을 붙이려다 큰딸이 뛰쳐나가 이웃을 불러오는 바람에 미수에 그치기도 하는 등, 우리 집은 매일 매일이 고통의 연속이었다.

200 하나님의 사랑을 증거하는 사람들(상)

박 집사 부부가 찬양하고 있다.

그리고 조금씩 정신을 차리고 그동안 여러모로 도움을 주었던 분들께 인사도 드리며 장례식에 참여하였던 여러 교회들을 매주일 찾아다니며 감사의 인사말씀을 드리던 중, 제일 마지막으로 얼바인 베델한인교회를 방문하게 되었다. 예배를 드리는 도중 계속 눈물은 앞을 가리었고, 손 목사님의 설교 말씀이 나의 귓전을 두드리는데 처음 느껴보는 심정이었다. 그래서 베델교회에 등록하고 매주일 나가게 되었는데 여전히 내 생활에는 조금도 변화가 없었고, 술 담배는 예전보다 더욱 심해져서 이제는 대낮부터도 술을 마시게 되었고 마시는 양은 예전의 두 배 이상이 되었다. 서서히 알코올 중독 현상이 나타나기 시작하여 담배를 피워 문 손의 떨림이 오기 시작하였고 기억력이 급격히 떨어지는 현상이 나타났다.

그러던 중 부목사님의 사모님(유영옥 사모)으로부터 베델동산이 있는데 그곳에 한번 참석하라는 권유를 받게 되었다. 그곳이 무엇 하는 곳인가 알아봤더니 영성 사역을 하는 곳 중의 하나인 것을 알았다. 즉 말하자면 기도원에 올라가 찬양하고 말씀 듣고 기도하는 그런 곳이었다. 내가 생각해도 나는 거기에 도저히 맞지 않는 사람이었다. 그래서 계속 거절하던 중 내가 마시는 술의 양이 상상을 초월할 정도가 되자 아내가 무척 걱정이 되는 모양이었다. 나에게 베델동산에 한번 가보는 것이 어떻겠느냐고 물었다. 그곳에 올라가면 2, 3일 동안은 술을 마실 수 없으니 그동안만이라도 간에 휴식을 주기 위해서 계속 가라고 권했다. 마지못하여 등 떠밀려 참가하게 되었는데, 정말 적성에 안 맞는 모임이었다. 예수에 미친 사람들이 떠들며 기도하고 찬양하는 등 시끄러워서 견딜 수가 없었다. 그러나 린다를 위해서 기도를 하며 하나님께 간구의 기도도 해보았다. "하나님! 하나님께서 살아 계신다면 우리 린다의 모습을 한 번만이라도 보여 주십시오. 그러면 하나님을 내가 믿겠습니다" 하며 간절히 기도했지만 아무것도 보이지 않고 지루해지기만 했다.

 돌아와서 주일 아침 예배를 드리고 린다가 묻혀 있는 곳에 가서 꽃을 새 꽃으로 갈아 주고(우리는 아직도 거의 매주일 린다가 있는 곳에 가서 지내다 온다), 비석도 닦아 주고, 잔디도 깎아 주고 집으로 돌아왔다. 집으로 들어선 순간 그동안 마시지 못하였던 술 생각이 간절했다. 저녁 밥상을 받아 놓고 식사하기 전 술을 한 컵 따라서 마시는데 이게 웬일인가, 갑자기 멀쩡하던 이빨에 통증이 오는데 "악" 소리를 지를 정도로 큰 통증이었다. 억지로 참고 술을 마시려고 몇 번씩이나 시도를 했으나 마찬가지였다. 할 수 없이 진통제와 안정제를 먹고(본래 나는 약을 먹을 때 술과 같이 먹는다) 식사도 제대로 못한 채 담배를 한 대 피워 무는 순간 구역질이 나서 피울 수가 없었다. '내가 너무 피곤했던 모양이야. 내일 아침이면 괜찮겠지' 하며 잠을 자고 이튿날 가게에 나갔는데 어제와 똑같은 현상이 일어났다. 그래서 안절부절못하다가 손 목사님에게 전화를 하여 상태를 그대로 말씀드렸더니 전화로 기도를 해주시는데 눈물이 한없이 쏟아지며 평안이 찾아오기 시작했다.

 지금 생각하니 하나님께서 나에게 찾아오셔서 역사하시기 시작한 것이다. 불쌍한 한 영혼이 자식을 잃고 방황하며 삶을 포기하고 술로 방탕한 생활을 하는 것을 보고 그냥 내버려두지 않으시고 그 고통을 통해서 주님을 만나게 하여 주시고 하나님의 하시는 일에 나를 동참케 하셔서 믿지 않는 영혼들에게 간증하며 다닐 수 있는 계기를 마련해 주신 것 같다. 특히 우리 어머니(권사님)의 간곡한 기도가 하늘나라에 상달된 것이라 믿는다. 하나님의 말씀이 그리워져 성경책을 구입하여 화장실, 침실, 거실, 가게 등 내 손길이 닿는 곳마다 성경책을 갖다 놓고 읽기 시작하였다. 이렇게 하지 않으면 마음이 불안하고 안정되지 않았다. 주일날이 기다려지고, 주일날 교회를 가면 제일 앞자리에 앉아야 은혜가 되었고, 말씀 중에는 항상 눈물이 나와 손수건을 모르던 나에게 손수건은 필수품이 되었다. 또 헌금이 아까워 헌금을 안 하려고 가끔 빠지던 교회 생활에서 십일조 생활을 하게 되었고, 믿지 않는 사람들에게는 내가 주님을 만난 것을 간증하며 다니게 되었다.

  지금 생각하면 그 고통을 통해서 하나님께서는 나를 주님 곁으로 불러 주셨고, 그리고 그 미약하고 보잘것없는 나를 교회에 다니며 내가 받은 은혜를 간증하게 하셨다. 기독교 방송국 전파를 통하여 나와 같은 고통 속에 있는 분들에게 위안이 되게 하시고 그들에게 희망을 주는 역할을 담당케 해주신 하나님께 감사를 드리는 기도를 하루에도 몇 번씩 한다. LA 지역에는 자식을 잃은 부모들의 모임인 반달회가 있는데, 이분들은 너무나도 큰 고통을 안고 사는 분들이다. 나 자신도 그 모임에 가입하여 참석하게 되었는데 워낙 고통이 심하신 분들이라 술, 담배를 많이 하게 된다. 그 중에서도 내가 제일 술을 많이 먹고 제일 괴로워하던 사람이었는데 하루아침에 나의 변화된 모습에 그 모임도 차츰 변화가 일어나기 시작하여, 대부분의 회원들이 교회에 출석하며 기도하는 모임이 되었다.

  우리의 가정은 이렇게 변화하게 되었고 주일 아침이면 아내와 둘이 주일 아침 가정예배를 드리며 은혜를 받는데, 항상 눈물의 예배가 된다. 하나님을 만난 후부터 우리 가정은 예전의 평온한 모습을 되찾게 되었고, 여러 가지 경제적으로 어렵다는 지금도 우리가 하는 사업은 주님께서 축복하셔서 번성하여 물질적으로도 풍부한 삶을 살게 하여 주신 하나님께 항상 감사기도를 하며 산다. 영적으로도 주님께서 축복하셔서 교회에서 봉사도 많이 하게 해 주시고 안수집사로서, 셀 목자로서, 베델동산 부장으로서, 그 외에 맡기지 않은 부서에서도 열심히 주님의 일에 봉사하는 것이 얼마나 즐거운지 이루 말할 수가 없다. 내가 주님을 만나지 못했다면 알코올 중독으로 폐인이 되어 이 세상에 존재하지도 못했을 것이고 우리 가정은 풍비박산이 났을 텐데, 주님께서 우리의 가정을 다시 회복시켜 주셨음을 정말 감사드린다.

  린다 사건의 범인들은 체포되어서 감옥에 가 있는데 하나는 월남인, 또 하나는 히스패닉으로 둘 다 갱 멤버이다. 젊은 아이들이 돈이 필요해서 모의를 하던 중 린다의 친구가 그들에게 정보를 주었다고 한다.

  이러한 모든 일들을 겪으면서 우리를 더욱 성숙하게 하시고, 하나님과 더욱 가까워질 수 있게 하여 주시고, 하나님의 인도하심을 따라 살게 하여 주심을 다시 한 번 감사드린다. 항상 주님의 말씀을 묵상하면서 지내지만 그 중에서도 제일 와 닿는 말씀 고린도전서 10장 13절 말씀과 고린도후서 5장 17절을 항상 마음에 품고 생활한다.

"사람이 감당할 시험밖에는 너희에게 당한 것이 없나니 오직 하나님은 미쁘사 너희가 감당치 못할 시험당함을 허락지 아니하시고 시험당할 즈음에 또한 피할 길을 내사 너희로 능히 감당하게 하시느니라"(고전 10:13), "그런즉 누구든지 그리스도 안에 있으면 새로운 피조물이라 이전 것은 지나갔으니 보라 새것이 되었도다"(고후 5:17).

이 말씀이 얼마나 마음에 와 닿는 말씀인지 읽고 또 읽고 그리고 외우고 시간 날 때마다 중얼거린다. 내가 정말 새사람이 되었다고 당당하게 외칠 수 있는 성경구절이 되었다. 이제는 어떠한 고난과 어려움도 주님 말씀 안에서 이겨낼 수 있으며 승리하는 삶을 살 수 있으리라 다시 한 번 마음을 다져본다.

〈새 하늘 새 땅〉 2004년 4월호

임용근

오리건 주 하원의원

모든 것 하나님의 뜻으로 감사
미군 부대 하우스보이에서 3선 상원의원으로

사상, 신체, 정신적 역경 신앙으로 극복

미주 한인 이민 사상 최초의 주상원으로 선출되었던 공화당 임용근 오리건 주 상원의원이 2선의 임기를 마치고 지난 2001년 은퇴했는가 했더니 갑자기 간이선거를 통해 지난 1월 20일 다시 3선 주상원이 되어 한인사회를 놀라게 했다. 임 의원은 1992년 상원의원에 당선된 후 재선에서도 압도적으로 당선되었는데, 당시 임기를 두 번밖에 할 수 없는 주법에 의해 8년 동안의 임기를 마치고 아쉽

게도 은퇴했었다. 그러나 지난해 말 임기 제한법이 개정되어 3선 이상에도 출마할 수 있게 된 가운데 마침 임 의원 선거구의 후임 상원의원이 안전관리국장에 임명되어 공석이 되자 그 자리에 임 의원이 임명된 것이었다.

임 의원은 이 모든 것을 우연이 아닌 하나님의 뜻이요 은혜로 생각한다며 하나님께 감사했다. 이미 정계를 은퇴했는데 뜻밖에 임기 제한법이 개정되었고 갑자기 자신의 선거구 공화당의원이 사임한 것, 주지사가 임명하지 않고 카운티 의회에게 맡긴 점 등, 모든 것은 우연이 아니고 하나님이 자신에게 미국 정계에 더 봉사하라는 뜻과 계획이 있어 인도해 주신 것으로 감사했다. 따라서 하나님이 허락하시는 날까지 최선을 다할 예정이라며 앞으로 상원 9년 경력과 하원에서도 활동한 후 주 고위직이나 연방의원직에도 출마할 꿈과 비전을 가지고 있다고 밝혔다. 특히 38년 전 이민 온 후 온갖 역경을 극복하고 한인 최초 3선 상원이라는 꿈을 실현시킨 그는 자신의 성공보다 그동안 많았던 자신의 실패들을 교훈 삼아 지금도 어려운 처지의 많은 한인들이 용기와 희망을 갖고 특히 1.5세, 2세들에게 도전이 되길 바라고 있다.

1935년 경기도 여주 시골에서 태어난 그는 일찍 부친을 여읜 후 둘째아들로서 어려운 가정을 이끌며 공부해야 하는 어려움뿐만 아니라 17세부터 폐결핵에 걸려 7년여 간의 투병생활로 제때 공부도 하지 못했다. 가정이 어려워 고교시절에 미군 부대 하우스보이로 미군들의 구두를 닦는 등 온갖 고생을 하며 여주 농업고교를 1년 늦게 졸업했다. 특히 이 같은 어려움보다 더 큰 아픔이 있었는데, 그것은 아버지가 한국전쟁 당시 공산당으로 몰려 남한 정부에 총살당했기 때문에 빨갱이 가족이란 빨간딱지가 붙어 있는 것이었다. 그래서 일반 대학을 나와도 사회생활이 제한되기 때문에 차라리 자신처럼 어려운 사람들을 도울 수 있는 목회자가 되겠다는 생각으로 서울신학대학에서 종교문학을 전공했다. 다섯 형제 중 유일하게 아홉 살 때부터 교회에 나갔기 때문에 그런 어려움 속에서도 예수님의 사랑은 큰 도움이 되어 왔다. 낭시 어른이라면 술 담배를 해야 하는 풍조였기 때문에 그 후에도 선배들이 술 담배 못하게 하는 교회에 나가서 무엇 하느냐고 반대했지만 술 담배 안 해도 어른 되는 것과 상관없고 믿음을 지켜야겠다는 생각으로 계속 교회에 다녔다. 또 빨갱이 가족이란 낙인으로 한국에서는 맘껏 일을 할 수 없다고 판단하여 미국에 가야겠다는 생각을 굳혔다.

이민 와서도 초기에는 청소, 정원일, 페인팅, 세일즈맨, 너싱 홈 등 온갖 궂은 일을 다한 끝에 부인 그레이스 임 씨와 함께 부동산과 건강식품(ARJ) 등의 사업으로 성공도 했으며 조지 팍스 대학 전신인 포틀랜드 웨스턴 에반젤리컬 신학교(Evangelical Seminary)에서 신학 석사, 1998년에는 명예 문학 박사를 취득했다. 특히 "오리건의 돈키호테"라는 그의 별명처럼 "흐르는 물은 썩지 않는다", "하늘이 끝이다" 등의 인생철학으로 항상 쉬지 않고 달려왔으며, 비록 넘어져도 오뚝이처럼 일어나 일반인의 예상을 깨는 새로운 도전을 해왔으며 성공을 이룩해 왔다. 1986년 한인회장을 비롯 미주 한인회 총연회장, 미주 한인상공회의소 총연회장을 거쳤으나 미 주류사회 정계에서는 무명이었던 그가 오리건 주지사 선거에 출마하여 실패하자 당시 돈키호테 같은 무모한 짓으로 비난을 받기도 했다. 그러나 "처음에는 자신을 알리기 위해 출마하고 두 번째는 승리하기 위해 출마한다"라는 그의 전략이 성공하여 1992년에는 주하원도 아닌 주상원에 당선되는 돌풍을 일으켰다. 민주당

원이 7%나 더 많은 민주당 우세 지구에서 59%로 첫 당선되었던 그는 1996년 재선에서는 압도적인 86%의 표를 획득하는 등 미 주류사회 정계와 주민들로부터 크게 인정받았다. 1998년에는 미 한인 최초로 연방 상원에 도전, 공화당 후보로 지명되는 신기원을 이룩했으나 아쉽게 본선에서 패배했다. 그러나 패배와는 관계없이 주상원직은 끝까지 마칠 수 있었다.

8년 상원 기간에 임 의원이 이룩한 업적은 너무 많아 이것이 이번 3선 상원의원 임명에도 큰 역할을 했다. 그는 초선 때부터 경제, 무역분과 위원회 부위원장을 맡았고, 1995년부터 6년 동안은 무역경제분과 위원장을 맡아 오리건 주 경제 발전에 힘써 왔다. 특히 오리건 주에 외국, 타 주의 하이테크 기업들을 적극 유치하기 위해 각종 세금 혜택을 주는 경제 특별구 36개 지정 법안으로 기업들의 투자 발판을 마련했다. 이로 인해 7년 전 현대 반도체가 유진에 입주했으며 후지수, LSI, 인텔 회사 유치 등 많은 고용을 창출했다. 또 법사위원회 부위원장, 복지위원회, 정부관리기구위원회, 의회 입법의원회 네 개 분과에서 활동했다. 이 같은 자신의 경험을 통해서 실패도 앞으로의 과정에서 귀한 경험과 교훈이라고 강조하고 있다.

특히 신앙을 통해 이 같은 역경을 극복할 수 있었다는 것을 체험으로 믿고 있다며, 자신은 공산당 가족이라는 사상적 어려움과 폐결핵으로 아홉 번이나 각혈을 하고 사경을 헤매는 신체적 역경, 그리고 젊은 시절 사경을 헤매는 가운데 인생이 답답하고 갈 길이 보이지 않자 하나님에 대한 항의로 한때 여주 시내를 팬티만 입고 돌아다니다 정신 이상자로 몰리는 정신적인 고통까지 겪었지만 이 모든 것을 극복할 수 있었던 것은 기독교 사상과 신앙 덕분이었다

임용근 의원 가족

고 간증했다. 돌이켜보면 이 같은 시련을 통해 하나님이 단련시키신 후 크게 쓰신다는 것을 깨닫게 되었다며, 모든 것이 다 하나님의 섭리와 뜻이라고 감사했다. 특히 어려운 가정을 돌봐 준 큰아버지의 사랑과 학생 시절 여주에서 목회를 하시던 임동선 목사(LA 동양선교교회 원로목사)의 신앙 인도를 평생 잊을 수 없다고 말했다.

정치를 하려면 두렵지만 용기를 가지고 나아가야 한다는 임 의원은 정치는 어려운 것이 아니라 상식적인 것이라며, 첫 상원에 당선되었을 때 법 공부한 적도 없고 의회 경험도 없고 영어도 잘 못해 걱정을 했더니 당시 아티에 주지사가 "상식(common sence)으로 열심히 일하면 된다"라고 격려해 좋은 교훈을 얻었다고 뒤돌아봤다. 반면 한국에서 빨갱이 가족으로 낙인이 찍혔던 것처럼 낙인이나 편견은 제일 위험한 것이라며, 나쁜 사람으로 낙인을 찍으면 그 사람은 결국 진짜 나쁜 사람이 되기 쉽다고 우려했다.

그동안 여러 차례 한인들이 선거 자금지원 등 정신, 물질적으로 큰 도움을 준 것에 감사하고 있다며 그 빚을 갚기 위해 미 주류사회에 한인들의 목소리를 대변하고 권익 옹호를 위해 한인 정치인으로서 긍지를 가지고 적극 의정활동을 펴왔다고 말했다. 군림하

210 하나님의 사랑을 증거하는 사람들(상)

는 상전이 아니라 시민들이 자신을 고용했다는, 공익을 위한 봉사자라는 정신으로 시민들을 섬기고 봉사하는 정치인이 되기 위해 항상 노력하고 있다며 자신에게 전화, 편지하는 경우 항상 당일에 빨리 연락하고 조치를 취해 왔다고 설명했다.

이제 일흔에 가까워지니 자신의 능력보다 모든 것이 하나님의 크신 복과 은혜라는 것을 더 실감하고 감사한다며 이 나이에도 일을 한다는 것 자체가 정말 하나님의 복이며 사회, 교회에서 봉사할 수 있다는 것도 하나님이 주신 복이라고 감사했다. 소나 돼지와 달리 사람은 깨달음이 있어야 하는데 나이가 더 들수록 하나님의 은혜를 깨닫고 있다며, 자신이 건강하게 일할 수 있는 것은 마음에 평화가 있기 때문인데 그 평화는 예수님이 주신 평강으로 믿음이 우리에게 건강과 에너지를 준다고 강조했다. 노인이라도 뒷전에 앉을 필요 없다는 신념으로 지금도 30년째 돕고 있는 구세군을 비롯 MADD 등에서 자원 봉사를 많이 하고 있는 임 의원은 마운 후드 칼리지에 13년 이상 장학금을 지급했고, 한인사회에 조그만 일이라도 적극 참여하는 등 한인사회와 미 주류사회에 적극 봉사 하고 있다. 부인 그레이스(Grace)와 임 의원 사이에 아들 피터(Peter), 빌리(Billy), 딸 글로리아(Gloria), 사위 홍 리차드, 손자 손녀 등 가정에도 하나님의 복을 받았다고 감사하는 임 의원은 결혼 41년, 한 집 20년, 한 교회 30년 등 가정과 교회에서도 한 우물을 파고 있어 본이 되고 있다.

(임용근 의원은 이 기사 이후 주하원 선거에도 당선되어 현재 오리건 주 하원으로 봉사하고 있습니다.)

〈새 하늘 새 땅〉 2004년 4월호

리사 곽

아시안 크리스천 상담소장

하나님이 주신 비전으로 일본에서 선교사역
자신의 갈등 경험으로 상담에 좋은 효과

일본인 남편을 목회자로 변화시켜

워싱턴 주 최대 교회 중 하나인 시더 파크(Cedar Park) 교회의 아시안 크리스천 상담소장인 리사 곽(곽명옥) 소장은 상담소장일 뿐만 아니라 남편이 일본인 목사인 사모이기도 하다.

그녀는 서울 예술대 영화학과를 1977년에 졸업하고 유명한 영화감독이 되려는 꿈을 가지고 1년 동안 유현목 감독 밑에서 조감독으로 일하기도 했다. 그 후 가족과 함께 미국으로 이민왔으나 영화감독의 꿈을 기필코 이루기 위해 일본 동경의 일본대학 예술학부 사진학과에 입학했다. 유학시절 현 남편인 테라다 유이찌 씨를 만났는데 당시 그는 건축 설계사였다. 그녀는 데이트를 극장에서만 할 정도로 거의 매일 저녁이면 예술 영화에 심취되어 좋은 영화를 만드는 공부만 해왔다. 그러던 어느 날 영화관에서 인간의 타락성을 그린 심리 영화를 보다가 인간의 한계성을 느끼고 갑자기 삶의 의미를 잃었다. 동경의 화려한 빌딩 숲과 전철의 수많은 사람들 속에 끼어 홀로 집에 돌아오는데 극심한 허무감을 느끼고 존재 의미조차 상실했다.

그 이후 학교에도 가기 싫어 삶을 포기하려는 생각으로 혼자 제주도로 떠났고, 1주일 내내 바다에서만 있다가 역시 해답을 얻지 못해 죽기를 결심하고 마지막 날 바다에 들어가서 나오지 않으려 했다. 마침 모래사장에 미국 노인이 누워서 까만 성경책을 보고 있었는데 그는 십자가 목걸이를 걸고 있었다. 초록색 바다, 파란 하늘, 검정 책, 햇빛에 반짝거리는 목걸이, 금빛의 모래사장……사진학도가 보기에 한 폭의 작품이었다. 알고 보니 그는 신부였는데, 노안임에도 불구하고 얼굴이 너무나 아름답고 평안해 보였다. 당시 그 평안한 모습에 우울한 자신의 모습과는 뭔가 다른 것을 느꼈고, 미국 시민권자에다 유학생이며 집안도 부유하여 가질 것 다 가진 자신이 지금까지 잘못 살아오지 않았나 하는 생각이 들었다. 죽고 싶은 생각을 잠시 뒤로 미룬 뒤 비행기를 타고 일본으로 돌아오는데, 마침 옆에 앉아 있던 한국인 아주머니가 적극적으로 전도를 하는 것이었다. 미국에 산다는 그 아주머니는 남편이 바람을 피워 죽고 싶은 생각까지 들었는데 한국 기도원에서 금식기도 끝에 은혜를 받고 뉴욕으로 돌아가는 길이라고 했다. 그녀가 학생이라고 하자 예수님을 믿으면 앞날이 훤하겠다고 말했다. 일본으로 돌아온 후에도 제주도 바닷가에서 만난 신부의 십자가와 전도하던 그 아주머니의 이야기가 잊혀지지 않아 남자 친구인 유이찌 씨에게 교회에 데려다 달라고 요청했다. 마침 그 지역에 개척 4년째 되던 순복음교회가 있어서 갔는데 최의순 여자 목사님께서 요한복음 14장 6절을 설교하셨다. "내가 곧 길이요 진리요 생명이니 나로 말미암지 않고는 아버지께로 올 자가 없느니라."

그동안 자신이 진리를 위해 영화 공부를 해왔으나 삶의 허무로 자살까지 생각했었는데 예수님의 이 말씀에 해답을 얻게 되었고, 참 진리를 발견한 기쁨으로 변화되기 시작했다. 그 후 주일은 물론 주 3일을 교회에서 생활하였다. 그리고 나니 그토록 사랑했던 영화조차 보기 싫어졌다. 참 진리이신 예수님을 두고 왜 내가 엉뚱한 공부를 했는가 하는 후회도 들었다. 그 후 한국의 기도원에서 응답받았다던 아주머니가 생각이 나 기도원에 가기 위해 한국으로 갔다. 3일 금식기도하는 첫날 전도사님이 기도 굴에 들어가 회개하라고 해서 기도를 했는데, 초등학교 시절부터 그 해 25살까지의 잘못들이 모두 회개되었다. 간절한 마음으로 주님께 자신을 구원해 주시든지 아니면 죽여 주시든지 둘 중 하나를 택해 달라고 눈물로 기도했다. 그런데 3시간 만에 입이 돌아가 자신이 미쳤고 벌을 받고 있다는 생각이 들었다. 그러나 오히려 마음은 편했다. 그때 "네 죄가 사함을 받았다"는 하나님 음성이 들리는 것 같았다. 그리고 방언이 터지자 주님으로부터 죄를 용서받고 새사람으로 거듭났다고 기뻐했다.

하나님을 만난 기쁨에 더 신앙생활을 열심히 하게 되었다. 그러

214 하나님의 사랑을 증거하는 사람들(상)

리사 곽 사모 가족

자 너무나 변화된 모습에 심지어 남자 친구는 그녀가 돌았다고 말했다. 믿음을 갖게 되자 우상 숭배가 많은 일본이 싫어 시애틀 노스 웨스트 칼리지로 다시 공부하러 떠났다. 그녀를 붙잡기 위해 유이찌 씨는 결혼하자고 구혼했으나 거절했다. 그런데 학교 기숙사 생활 중 어느 날 꿈에 큰 목소리가 들렸다. "너는 어디서 구원을 받았느냐?" 그 질문에 그녀는 일본 도쿄라고 종이에 적었다. 그런데 잠시 후 붉은 일장기가 하늘 전체를 덮는 명백한 사진이 보였다. 즉 일본에 가서 선교하라는 비전을 하나님이 꿈으로 보여 주신 것이었다. 그러나 다시 가고 싶지 않아 안 가겠다고 소리쳤다. 일본은 너무나 많은 우상을 섬기는가 하면 문화 차이가 심해 차라리 아프리카에 갔으면 갔지 일본은 안 간다고 우겼다. 그랬더니 다시 꿈에 남자 친구가 목사 옷을 입고 천국에 앉아 있는 모습을 보여 주시는 것이었다. 그녀는 깜짝 놀랐다. 남자 친구는 장발에 청바지 차림의 히피 스타일이었기 때문에 목사 옷 차림은 상상도 못한 것이었다. 남자 친구에게 어떻게 그런 옷을 입었느냐고 물었더니 그는 바로 그녀가 원해서 입었다고 대답했다. 남자 친구를 목사로 만들었다는 꿈에 자신이 주의 종이 되려 했던 그녀는 오히려 질투가 나기도 했다.

　꿈 이후 남자 친구에게 오랜만에 편지를 보냈는데 생각지 않게 그가 크리스마스 때 일본에서 시애틀로 찾아와 결혼하자고 다시 구혼하면서 간증을 했다. 그는 헤어진 후 리사 생각에 혼자서 교회에 계속 다니며 연락이 오도록 100일 기도를 했는데 끝나니 그녀로부터 편지가 온 것을 보고 교회 성도들이 하나님 응답으로 믿고 미국으로 떠나라고 권유했다는 것이었다. 그러나 아직 믿음이 있다고 말할 수 없는 남자 친구가 창피할 정도여서 다시 거절했는데, 어느 날 그가 기도하는 모습을 보고 지난번 꾸었던 꿈이 되살아났다. 즉 하나님 뜻은 자기가 아닌 남자 친구를 목사로 만드는 것임을 깨닫고 순종하기 위해 결혼을 약속했으며, 두 달 후 일본에서 결혼했다. 결혼 조건은 꿈의 계시처럼 남편이 목사가 되는 것이었는데 남편도 약속을 했다.

　그러나 결혼 후 당초 약속과 달리 3년 동안 남편은 교회는 다니지만 구원의 확신조차 없어 그녀는 매번 금식하며 기도했으나 소용이 없어 부부 싸움이 잦았다. 이러한 변화 없는 남편에게 사기 결혼을 했다는 생각이 들고, 정신병원에 입원할 정도로 우울증이 극심했다. 이혼하기 위해 혼자 일본을 떠나 동생 집이 있는 버지니아로 갔다. 공항에서 남편에게 전화로 마지막 인사를 나누며 나는 내 갈 길을 간다고 말했다. 그리고 비행기 안에서 기도하면서 두 번 다시 일본으로 돌아가지 않겠으며 남편의 믿음을 위한 노력도 지쳤으니 이젠 예수님이 직접 남편 앞에 나타나 말씀하시라고 투정을 부렸다. 그런데 나중에 동생 집으로 남편에게서 간증 테이프가 왔다. 그녀는 그것을 듣고 눈물로 기도하며, 응답해 주신 하나님께 감사했다.

남편은 그녀가 갑자기 떠나자 그녀를 붙잡으려고 공항으로 급히 운전해 갔다. 비 오는 밤에 고속도로를 과속으로 달려 위험했지만 죽으면 죽으리라는 자포자기 심정으로 마구 달렸다. 그런데 갑자기 차 옆자리에 누가 앉아 있는 것 같았다. 눈사람처럼 하얀 형체에 수정처럼 광채가 나는 모습을 보고 직감적으로 예수님인 것을 깨닫고 살아 계신 주님을 만난 기쁨에 샘물이 터진 것처럼 눈물이 쏟아져 나왔다. 그 순간 "리사와 함께 내 뒤를 따르라"는 주님의 음성이 들렸다. 예수님이 그에게 나타나신 때가 바로 리사가 비행기 안에서 예수님에게 남편에게 직접 말씀하시라고 기도했을 때였다. 당시 교회에 다니면서도 구원의 확신이 없었던 그는 이처럼 예수님을 직접 만난 후 놀라움과 기쁨으로 그날 밤에 목사님을 깨워 내일 교회에서 간증하겠다고 말하고 다음날 예수님 만난 이야기를 간증하고 내년 3월에 신학교에 가겠다고 약속했다. 이 같은 놀라운 예수님의 응답과 남편의 약속으로 그녀는 다시 일본으로 돌아갔다. 그 후 부부가 같이 일본 동경 기독신학대학원을 졸업하고, 남편은 꿈에서 보여 주신 하나님의 소명처럼 목사가 되어 사이다마 현 요시카와 시에 요시카와 복음교회를 개척했으며 현재 19년째 목회하고 있다. 리사 곽 사모는 슈퍼마켓, 역, 수영장, 테니스장 등을 다니며 일본 여성들을 친구로 사귀어 30명을 교회로 전도했으며, 다시 이들이 남편을 전도해 5년 만에 성도가 100여 명이 되었다.

    10년 간의 일본 선교사역 도중 곽 사모는 상담학을 공부하고자 9년 전 미국 유학 길에 올랐다. 미국 유학 9년이라는 시간 속에서 또 다른 미국이라는 문화와 학문과 신앙의 다양함을 접하게 되었으며, 심리학과 상담학이라는 학문을 통하여 지쳐 버렸던 마음과 몸이 완전한 치유를 경험할 수 있었으며 또다른 해방감과 자유함을 얻게 되었다. 그녀는 시애틀에 있는 안디옥(Antioch) 대학교에서 심리학과 대학원 과정에서 임상 심리학정신치료 및 가족치료 상담을 전공했는데 이 배움을 통하여 그동안 별로 특별하게 다루지 않았던 결혼과 부부생활 그리고 자녀 문제, 즉 가족이란 어떠한 존재이며 어떻게 다루어가야 하는지 다시 한 번 생각해 보게 되었다. 또 이러한 배움의 과정을 통하여 주님께서 허락하신 결혼과 일본 선교 사명이 진정 무엇을 의미하는 것인지도 새삼 깨닫게 되었다고 했다.

한국인들은 전통적으로 상담을 부끄러워하지만 상담이란 배우는 과정이라는 그녀는 결혼 문제나 자녀 문제도 상대방을 이해하거나 배우지 않고 오직 자기 생각, 자기 방식, 습관대로 하다 보니 문제가 발생한다고 말하며, 상대방을 비난하고 상대방의 문제로 보기 전에 내 자신 속에 남아 있는 해결되지 않은 문제를 먼저 해결해야 한다고 강조한다. 즉 내 자신부터 변화되어야 좋은 가정, 좋은 부부, 좋은 자녀와의 관계를 가질 수 있다고 했다.

〈새 하늘 새 땅〉 2004년 5월호

임 영
레드몬드

살려 주신 하나님 찬양하는 삶 살고파
한국에선 화려한 연예 활동 17년

백혈병에서 기적적으로 생명 건져

"버러지만도 못한 저를 살려 주신 하나님의 그 크신 은혜에 감사드리고 하나님께 영광 돌리는 삶을 살겠습니다."

임영 씨에게는 요즘 매일 매일이 기적적인 축복의 날이고 하나님께 감사하는 날이다. 왜냐하면 3년 전 백혈병으로 진단된 후 다섯 번이나 죽을 고비를 넘기고 기적적으로 생명을 건졌기 때문이다.

그녀는 하나님을 만나기 전에는 세상 즐거움에 빠져 있었고, 하나님을 영접하고도 사업이 잘되자 하나님을 멀리하였었다. 진명여고 출신인 그녀는 불교 집안에서 자라 교회에는 한 번 가본 적이 없었다. 그녀의 아버지는 명동에서 양화점 사업을 했는데 실패하여 가세가 기우는 어려움을 겪기도 했다. 1972년부터 연예 활동을 시작, 미 8군 보컬 그룹 '스타라이트'에서 기타를 연주하고 노래를 했으며 다섯 번의 일본 공연과 미국 순회공연 등 화려한 연예 활동을 17년이나 했다. 미국에서는 1980년 워싱턴 DC를 비롯 샌프란시스코, 하와이 등에서 공연했으며 시애틀에서도 1981, 1982년에 공연하는 등 미국과 한국을 수차례 왔다갔다했다.

그러던 중 시애틀 차이나타운 나이트 클럽 공연 때 제임스 그로 (James Groh) 씨가 친구와 함께 공연장에 놀러 왔다가 한눈에 반해 프로포즈를 했고 둘은 결혼했다. 당시 보잉사에 근무했던 남편은 지금도 30년째 보잉사에 근무하고 있다. 결혼 후 연예인 생활을 청산하고 쇼어라인 커뮤니티 칼리지를 다녔다. 하나님을 영접한 것은 샌프란시스코에 있었을 때였는데, 그곳 순복음교회에서 최자실 목사님으로부터 안수를 받았다. 그녀는 칼리지에 다니면서 불쌍한 사람들에게 성경책을 나눠 줄 정도로 열심이었고, 성가대원으로 봉사하면서 교회생활에 충실했다. 또 기도생활도 열심히 했었다. 그런 그녀가 칼리지를 졸업하고 사업을 시작했다. 식당이 잘되어 다시 쇼핑센터에 옷가게를 개업했다. 그것도 번창해 다른 곳에 옷가게를 개업하는 등 세 곳이나 가게를 오픈하여 운영해나갔다. 그러다 보니 이 같은 사업의 성공이 하나님의 은혜인 줄 모르고 오히려 바쁘다는 핑계로 교회와 멀어지기 시작했다.

그러다 1990년 걸프전쟁이 터지자 불황을 맞게 되었고 감당할 수 없을 정도로 많은 빚을 졌다. 하나님이 주신 복을 도로 가져 가

220 하나님의 사랑을 증거하는 사람들(상)

| 암 투병 시절의 임영 씨 |

셨다는 것을 깨달았지만 때늦은 후회였다. 그 후 집을 팔아 빚을 청산하고 1998년부터는 다운타운에 델리점을 운영했는데, 돈을 아끼기 위해 직접 일해야 했기 때문에 더욱 힘든 생활을 해야 했다. 그러던 2000년 8월 어느 날 가게 문을 들어서다 갑자기 쓰러졌다. 앰뷸런스에 실려 병원에 갔으나 아무런 이상이 없었다. 그러나 4일 후 다시 쓰러져 이번엔 종합진단을 받았는데 백혈병이란 진단을 받았다. 그것도 이미 1년이 지났기 때문에 앞으로 골수 이식을 받지 못하면 2년밖에 살 수 없다는 절망적인 진단이 나왔다.

골수 이식의 경우 형제는 95%, 다른 사람은 25% 확률이 있는데 다행히 한국에 있던 큰언니 임영희 씨의 혈액과 일치해 2001년 3월 골수 이식 수술을 받았다. 수술이 성공한 줄 알았으나 35일 만에 거부 반응이 일어나 토해내고 먹지를 못하는 등 다시 죽음 직전에 이르렀다. 다시 독한 프레드니손(prednisone) 스테로이드 약 100ml를 복용한 후 밥을 먹을 수 있게 되었고, 다소 상태가 좋아져 40일 만에 퇴원했다. 그러나 다시 약을 줄이기 시작했더니 상태가 또 악화되어 또 UW 병원에 입원하는 등 그동안 다섯 번을 병원에 입원하면서 죽음의 세계를 넘나들었다.

그때마다 너무 고통이 심해 그녀는 하나님께 차라리 데리고 가 달라고 애원하기도 했다. 더구나 자녀와 친지도 없어 외롭게 남편만 병상에서 간호해야 했으며, 남편이 일을 나간 후 집에 혼자 있을 때는 엉금엉금 기어 다니면서 전자렌지에 밥을 데워 먹는 등 살기 위해 몸부림을 치기도 했다. 그때마다 "하나님, 살려 주실 것으로 믿습니다. 붙들어 주십시오"라고 간구했다. 너무 괴로울 때는 예수님께서 못박힌 십자가를 바라보며 예수님이 당하신 고통에 비하면 자신의 고통은 아무것도 아니라고 용기를 가졌다.

지금 그녀는 건강이 많이 나아졌다. 독한 약으로 인해 다 빠졌던 머리도 다시 나고, 보이지 않던 시력도 안경을 쓰면 보여 운전도 할 수 있게 되었다. 건강을 되찾자 부동산 업무를 시작한 그녀는 돈 버는 것이 목적이 아니라 사람을 만나는 것 자체가 그렇게 즐겁고 기쁠 수 없다고 말했다. 1주일에 두 번은 남편과 함께 미국교회, 그리고 주일은 4년 전부터 빌립보장로교회를 섬기고 있는데, 말씀을 듣고 찬송을 부를 때면 눈물이 쏟아진다고 한다. 임영씨는 하나님이 기적처럼 자신을 살려 주신 것은 분명히 하나님의 뜻이 있기 때문이라고 믿고 있다. 또한 앞으로는 그 뜻을 따라 하나님께 영광 돌리는 많은 일들을 하고 하나님 중심으로 살기 위해 기도하고 있다.

그녀는 지금 당장 하나님이 부르셔서 "이 세상에서 나를 위해 무엇 하다가 왔느냐?"고 물으신다면 아무 할 말이 없다고 안타까워했다. 따라서 앞으로는 하나님의 은혜에 보답하기 위해 예전엔 세상 노래를 불렀지만 이젠 찬양으로 하나님께 영광 돌리고 싶다고 강조했다. 이를 위해 찬송가를 열심히 연습하고 있는데 커뮤니티 칼리지에서 성악공부와 오페라 공부를 한 것이 도움이 될 것으로 알고 감사하고 있다. 특히 병원마다 다니면서 노래로 환자들을 위로하고 자신 같은 백혈병에 걸린 환자들이나 암환자들에게 용기를 줄 수 있는 간증도 하길 희망하고 있다. 이미 그녀는 교회에서 은혜로운 간증을 하기도 했다.

  이미 죽을 고비를 다섯 번이나 넘겼기 때문에 앞으로 하나님 품 안에 안겨도 더욱더 평안할 것으로 믿고 있다는 그녀는 그동안 고통 속에 많은 빚도 마다 않고 갚아 주고 어렵고 힘든 병 간호도 한결같이 해준 남편의 사랑에 감사하고 있다. 특히 아내의 전도를 받고 같이 교회에 다니고 있는 것에 더욱더 하나님께 감사하고 있다.

<새 하늘 새 땅> 2003년 5월호

임 애 자

시애틀

위암 수술 후 후유증으로 다섯 번 대수술
시련 극복 후 부부 더 사랑하고 자녀 큰 축복

위암으로 하나님 사랑 확인

임애자 씨 부부

시애틀의 임영학, 임애자 씨 부부는 부인의 위암으로 큰 시련을 겪었으나 오히려 하나님의 사랑과 은혜를 체험하고 부부가 더 사랑하고 자녀들도 모두 잘되는 큰 축복을 받았다. 이들은 1976년 결혼 후 시애틀로 이민 왔는데 현대건설에서 근무했던 남편은 라키드 조선소에 곧 취업이 되어 수입도 좋았고, 딸 넷이었던 집안에서 아들도 낳는 등 행복이 이어졌다.

그러나 1992년 겨울 갑자기 시련이 닥쳐왔다. 아내가 너무 피곤해 해서 건강진단을 받아보니 위암 말기로 진단된 것이었다. 그동안 부인은 너무 피곤했으나 나이 먹어서 그런가보다 했는데, 마침 의대 진학을 위해 공부하던 큰딸이 어머니의 얼굴에 반점이 생긴 것을 보고 검진을 권유해 병원에 간 것이었다. 그녀는 꿈에 간암으로 53세에 일찍 돌아가신 어머니를 보았고, 하루는 대청소를 하려다 피곤해 그만 쓰러질 정도가 되자 어린 세 살 된 아들을 키우기 위해서라도 "주여, 당신이 주신 아들을 키우도록 저에게 건강을 주십시오"라고 간절히 기도하고 병원에 갔다.

당시 섬기던 초대교회 담임 김영면 목사의 사모인 김순희 내과에 갔는데 암으로 판명되었다. 의사로부터 아내의 병명을 먼저 들은 남편은 아내를 살려 달라고 하나님께 기도한 후 아내를 큰 식당에 데려가 맛있는 음식을 실컷 즐기게 했다. 앞으로 위를 떼어내면 잘 먹지도 못할 뿐만 아니라 최악의 경우에는 마지막이 될 수도 있기 때문이었다. 위암 소식을 들은 아내는 '이젠 죽었다'는 충격으로 1주일 동안 고통 속에 통곡하다, 웃다 하며 좌절하였다.

그러나 암은 급성 3기로 말기였기 때문에 시간을 낭비하면 죽을 수밖에 없어 아내도 1주일 만에 마음을 정하고 하나님께 매달리며 수술을 받을 수밖에 없었다. 전문의인 UW 병원 씨나난 박사에게 수술을 받으려면 6개월을 기다려야 했는데 의사인 김순희 사모가 씨나난 박사에게 "어린 자녀가 다섯 명이나 있는 어머니를 살려달라"고 간청해 일찍 수술을 받게 되었다. 드디어 2월 17일 UW에서 1차 수술을 받았는데 보통 4시간 걸리는 수술이 6시간이나 걸렸고, 상태가 급성이어서 위를 100% 제거하고도 개복한 상태에서 방사능 치료까지 받아야 했다. 그러나 수술 후에도 후유증이 계속

임애자 씨 가족

되어 고통스런 나날을 보내야 했다. 아내는 독한 키모와 방사능 치료로 머리가 빠지고 살이 빠져 해골 같을 정도로 참담한 모습이 되었는데, 6개월 후에는 장이 꼬이는 후유증으로 다시 수술을 받아야 했다. 3개월 후에도 장이 꼬이자 이번에는 아예 잘라내었으며, 몇 개월 후에는 혈관이 막혀 몸에 불이 붙은 것처럼 고통을 겪는 등의 후유증으로 다섯 번이나 대수술을 했다.

아내가 고통을 호소할 때면 남편은 "하나님의 도움으로 죽지 않고 숨쉴 수 있는 것으로 감사하자"며 위로했다. 이 같은 남편의 말에 아내도 함께 기도하고 자고 나면 몸이 오히려 거뜬해졌을 정도로 부부가 서로 의지하고 더 사랑하였다. 하나님의 놀라운 치유의 은혜와 기적으로 1차 수술 후 생존율이 25%밖에 안 될 정도로 절망적이었던 아내는 1년을 넘기면 살 희망이 있다는 가장 큰 고비의 첫 1년을 무사히 넘겼다. 이어 생존율이 30%라는 2년을 넘기고, 암이 완전히 없어진다는 5년도 넘겨 이제 11년째 건강하게 살고 있다.

광주 방송국 성우 출신으로 목소리가 좋아 가수를 꿈꾸기도 했던 아내는 "벙어리가 되어도 나는 찬양하며 살리라"라는 찬양을 교회에서 불러 울지 않은 성도들이 없었을 정도로 은혜를 끼치고, 전도에도 열심을 내어 손성열 집사 등 친아버지를 비롯 4남 2녀인 가족 모두를 전도하여 믿음생활을 잘하는 축복을 받았다.

1984년부터 미국 건설회사 FCC에서 제너럴 매니저로 근무하고 있는 임영학 집사는 "하나님이 우리들을 무척 사랑하셨기 때문에 아내를 위암에서 건져 주시고 시련의 연단을 거치니 많은 축복을 주셨다"며 감사했다. 또 아내 발병 후 "살아 숨쉬는 것만 해도 얼마나 하나님께 감사한지 모른다"며 "그동안 좋은 집, 좋은 차, 돈 등 재물욕도 아내가 죽는다고 생각하니 아무 소용이 없다는 것을 깨닫고 인생관이 달라졌다"고 말했다. 또 옛날에는 물질 걱정 등 현실에 대한 많은 걱정이 있었으나 모든 것을 포기하고 하나님께 맡기고 나니 마음에 평강이 찾아왔다며, 기도하고 기다리면 응답을 주시고 하나님이 자신들을 버리지 않고 선택하셨다는 확신이 들었다고 말했다. 아내의 발병 후 병든 아내에게 못다 한 사랑을 다할 수 있도록 하나님께 아내를 살려 주시라고 자녀들과 함께 밤낮으로 기도했으며 병원에서 운 적이 한두 번이 아니었다고 회상했다.

하나님은 자녀들을 크게 축복하셔서 딸들 네 명 모두 우등생으로 UW에 장학생으로 입학했고, 둘째, 셋째 딸은 모두 고등학교 총학생회장이었고, 특히 둘째는 시애틀 8개 고교 총회장 중 총학생회장으로 선정되기도 했다. 큰딸은 공부를 잘해 일류 대학에 갈 수 있었으나 어머니를 간호하기 위해 UW에 장학생으로 진학했다고 한다. 아버지 수입만으로 일곱 식구 살기가 빠듯했는데 딸들이 일을 해 도와 주고 네 명 모두 장학금을 받아 경제적으로도 큰 도움이 되었단다. 장녀 임수아, 차녀 지아 양은 시애틀 유니버시티 법대, 샌디에이고 법대를 졸업했으며 삼녀 연아 양도 UW를 우등생으로 졸업했다. 또 사녀 현아 양은 대학 3학년이고 막내아들 주현 군은 고등학생이다.

  임영학 집사는 이제 은퇴하면 남은 인생은 하나님의 일을 하다가 가도록 하겠다며, 아내를 통해 이젠 이웃의 아픔들도 돌볼 수 있는 마음을 갖게 된 것을 감사했다. 이들 부부는 하나님이 위암에서 건져 주신 2월 17일을 아내의 두 번째 생일로 지내고 있을 정도로 하나님께 감사하고 있다.

〈새 하늘 새 땅〉 2003년 3월호

이 종 숙

린우드

약도 소용없던 고혈압이 기도로 내려가
하나님은 기도하는 사람 버리지 않아

가족의 기도로 고혈압 치유 기적

이종숙 씨 부부

이종숙 씨는 37세 때 자궁 근종암으로 수술을 하려 했는데 뜻밖에 고혈압이 발견되어 수술을 연기해야 하는 위험에 처했다. 급히 수술하지 않으면 암이 터질 위험한 상황인데 혈압이 190으로 수술도 하지 못하는 위기에 빠진 것이었다. 당시 교회 여름성경학교 교사였을 정도로 믿음이 좋았던 그녀는 죽어도 기도원에 가서 기도하다가 죽어야겠다는 담대함으로 2박 3일 동안 약도 먹지 않고 금식기도를 했다. 그 결과 혈압이 정상으로 내려가 병원측도 놀라는 가운데 수술을 성공리에 마쳤다.

이처럼 기도를 통해 고혈압이 내려가는 놀라운 체험을 한 이후에도 고혈압의 원인을 몰라 그녀는 계속 고혈압 약을 먹었고, 가족은 1998년 12월 시애틀로 이민 왔다. 그러나 이민 오자마자 여러 문제로 신경을 쓰기 시작하자 다시 혈압이 높아져 세 번이나 병원 응급실로 후송되는 일이 반복되었다. 병원에서는 신장 하나가 기능을 제대로 발휘하지 못해서 혈압이 높아지는 것으로 추정하기도 했으나 확실한 원인은 밝히질 못했다.

고혈압으로 쓰러지면 의식불명이 되기 때문에 뇌일혈이 되거나 심지어 죽을 수도 있는데, 그동안은 다행히 약을 먹으면 다시 회복되었으나 지난 2002년 1월 중순에는 병원에서 응급 약을 먹여도 혈압이 떨어지지 않았다. 병원에서는 의사들도 약을 투입하면 위험하다며 손을 못쓰고 최악의 상태를 대비하고 있었다. 남편 이재진 집사와 아들 용훈(24), 딸 혜영(22) 씨 등 가족들은 안타까움으로 어쩔 줄을 몰랐다. 남편은 이제 다 끝났다는 절망적인 생각과 함께 사경을 헤매는 아내 앞에 자신이 아무것도 해줄 수 없다는 것에 얼마나 무능력한지를 깨닫고 눈물밖에 나오지 않았다. 이때 "아빠, 기도해요"라는 딸 혜영의 말에 번뜩 깨닫는 것이 있었다. 그것은 하나님이 치료해 주신다는 것을 믿어 왔지만 병원에서는 막상 의사를 더 믿는 나약한 자신의 믿음을 돌아보게 된 것이었다. '그렇다. 하나님께 아내를 살려 달라고 기도하자.' 이어 가족들이 인사불성인 어머니의 머리에 손을 얹고 통성기도를 시작했다.

그때 놀라운 일이 일어났다. 계기를 보니 혈압이 떨어지기 시작하는 것이었다. 110~120이 정상인 혈압이 이날 최고 238까지 올라 갔었는데 220으로 떨어지더니 다시 215로 5단계씩 뚝뚝 떨어지기 시작했다. 그러나 기도를 멈추면 또 올라갔다. 마치 아말렉과의 전투에서 모세가 손을 올리면 승리하고 손을 내리면 지는 것과 똑같았다. 이전 같으면 병원 응급실에 입원한 후 3, 4시간이 지나면 퇴원했으나 이날은 그야말로 하나님의 기도하라는 뜻인지 밤을 꼬박 새워 기도한 끝에 180으로 떨어져 다음날 퇴원했으나 혈압은 180 이하로 내려가지는 않았다. 그런 중에도 이들 부부는 교회에 빠지지 않고, 특히 찬양예배에도 나와 손을 올리고 뜨겁게 찬양하고 기도했다.

남편 이재진 집사는 부인이 너무 뜨겁게 찬양하면 혈압이 오르기 때문에 이를 염려해 중간에 자제시키기도 했는데 그럴 때마다 아내는 눈물을 흘렸다. 이런 상태가 한 달 반 가량 지속되었지만 혈압은 떨어지지 않았다. 마침 이 집사의 성경공부반에는 의사들도 있어 이들에게 아내의 상황을 이야기하며 조언을 구했으나 모두 원인을 모르겠다는 안타까운 대답뿐이었다. 그러던 중 고난주간 2주 전 40일 새벽기도 후 의사인 백기완 장로가 의술적인 이야기 대신 "하나님이 기도받기를 원하시는 모양이니 기도하라"고 말한 것에 그는 도전을 받았다. 그 후에도 만날 때마다 약 이야기 대신 기도하라는 말을 들었는데, 이를 그야말로 하나님이 기도하라 하시는 뜻으로 받아들였다. 자신은 지금까지 기도를 하고 있다고 생각했지만 그것은 하나님이 바라시는 온전한 기도가 아니었다. 입으로는 기도를 하지만 마음속으로는 하나님을 진정으로 믿기보다는 근심, 염려, 의심이 가득했고 하나님보다는 의사에게 더 매달려 왔다.

이종숙 씨 부부가 뜨겁게 기도하고 있다.

"너 지금 뭐 하고 있느냐?"라는 하나님의 음성을 듣고 그는 하나님이 자신들과 합당한 교제를 원하신다는 것을 깨닫고 가족과 함께 집에서 가정예배 단을 쌓기 시작했다. 가족 모두가 서로 붙잡고 눈물로 기도하기는 처음이었다. 아내도 뜨겁게 눈물을 흘리며 통성으로 기도했다. 예전 같았으면 기도를 강하게 할 때 혈압이 높아지기 때문에 만류했으나 이번엔 하나님께 모두 맡기기로 하고 말리지도 않았다. 기도를 하니 마치 쇠사슬을 끊고 자유를 얻은 기분을 느꼈다. 그런데 놀라운 일이 일어난 것이다. 평소에는 이 경우 혈압이 올라 얼굴이 빨갛게 부어오르던 아내의 얼굴이 오히려 더 환해지는 것이었다. 가족들이 혈압을 재보니 놀랍게도 120정상으로 나타났다. 딸은 기계가 고장난 줄 알고 다시 재보니 이젠 115, 110으로까지 떨어졌다. 그도 처음엔 딸의 말을 믿을 수 없었다. 평소에도 딸은 어머니의 혈압을 잰 후 혈압이 올랐을 경우 어머니가 더 스트레스를 받을까봐 혈압이 내려갔다고 거짓말을 하고는 밖에 나가 울면서 아버지에게 혈압이 200을 넘었다고 말하곤 했기 때문이었다.

그러나 정말 혈압이 크게 110으로 떨어진 기적에 가족들은 하나님께 감사하고, 그야말로 하나님은 온전한 기도와 찬양을 받기 원하시며 사랑의 하나님은 절대 기도하는 사람을 버리지 않으신다는 것을 체험할 수 있었다. 그 후에도 기적은 계속되었다. 예전에는 혈압이 떨어졌다가도 며칠 후면 다시 올라갔는데 이번에는 3개월 동안이나 혈압이 130 이상으로 오르지 않았다. 성가대에서 찬양을 부르고, 더구나 찬양예배 때 뜨겁게 찬양하고 기도를 해도 혈압이 오르지 않았다. 참으로 놀라운 하나님의 치유의 능력을 체험한 것이다.

〈새 하늘 새 땅〉 2002년 9월호

신 상 원

린우드

교통사고로 식물인간 된 여동생 세상 떠나
슬픔 극복하고 하나님 영광 위해 연주

여동생의 슬픔에서도 평화 찾아

첼리스트 신상원, 그녀의 학력과 화려한 경력, 그리고 영혼을 사로잡는 첼로 연주를 들으면 자랑스러운 또 하나의 세계적인 음악가임을 확인한다. 그러나 그것보다도 그녀의 하나님 사랑하는 마음과 하나님께 영광 돌리려는 찬양의 열정에 더욱 놀라게 된다. 더구나 그 같은 하나님 사랑이 여동생이 비극적으로 세상을 떠난 슬픔을 통해 이루어졌다는 데에 더 큰 감동과 은혜를 받는다.

원로 첼리스트인 아버지 신주연(전 서원대 교수) 씨를 따라 일곱 살 때 미국으로 이민 온 그녀는 그때부터 첼로를 배웠고 인디애나 대학교에서 학사, 카네기 멜론 대학원에서 석사, 뉴저지 럿거스 주립대학원에서 박사 학위를 취득했다. 천부적인 연주 솜씨는 어릴 적부터 인정을 받아 오래 전부터 피츠버그의 브루클린 챔버 오케스트라의 단원이었으며, 베이욘 심포니와 뉴욕 코리안 챔버의 수석 첼리스트를 역임했다. 1986년에는 탱글우드 음악제에서 전액 장학금을 수상했고 요요마, 줄리어드 4중주단의 마스터클래스에서 연주했으며 레너드 번스타인, 세이지 오자와, 쿠르트 마주어, 구스타프 마이어, 마이클-틸슨 토마스, 존 윌리엄스와 같은 거장들의 지휘자와 함께 연주하기도 했다. 미국에서는 베이욘심포니, 알칸사스 필하모닉, 에반스빈 오케스트라, 오웬스브로 오케스트라와 협연했다. 그의 많은 스승 중에는 게리 호프만, 야노스 슈타거, 조지 숍킨, 버나드 그린하우스 등이 있다.

미국과 한국, 아시아 등에서 많은 독주회와 실내악 연주회를 열었는데 이민 온 지 30년 만인 1996년 남편이 한국에 일자리를 얻어 한국으로 일시 귀국해 부산시향, 코리안 심포니 등과 협연했으며 2001년에는 정명훈이 이끄는 아시안 필하모닉 오케스트라의 수석 첼리스트로 발탁되어 서울과 도쿄 투어를 가졌다. 1997년, 1998년에는 금호 콘서트 시리즈에 초청받았으며 2000년 3월에는 "윤이상을 기리며" 멀티 장르 렉처 콘서트를 예술의 전당에서 개최하고 바이올리니스트인 남동생 신상준(서울시향 악장)과 함께 연주했다. 2001년 4월부터는 클라이버홀에서 베토벤 소나타 전곡 시리즈 음악회를 열어 학구적인 면을 다시 과시했고 코리안 심포니 오케스트라의 수석 첼리스트를 역임했으며 경희대, 한국예술종합학교에서 교편을 잡기도 했고 '블루 클라우드(Blue Cloud)' 첼로 4중주단의 리더, 비하우스 첼로앙상블의 단원으로 활동했다.

이처럼 한국에서 세계적인 첼리스트로 명성을 날리기 시작할 때 그녀에게 절망적인 시련이 찾아왔다. 임신 4개월이었던 미국에 있던 여동생 신상미 씨가 교통사고를 당해 뇌사상태의 식물인간이 된 것이었다. 그 이후부터 신상원 씨는 동생과 아이를 살려 달라고 하나님께 울부짖으며 기도했다. 식물인간이 된 엄마의 뱃속에서 자란 아이는 기적적으로 태어나 '기적의 베이비'로 불렸지만 슬프게도 여동생은 3년 동안 피츠버그의 병상에서 끝내 깨어나지 못하고 하늘나라로 떠났다.

신상원 씨는 모토롤라에 근무하는 남편 정영기 씨의 남동생인 정상기 변호사의 권유로 2002년 시애틀로 재 이주했는데 몇 달 만인 그 해 11월에 동생의 사망 소식을 들어야 했다. 1남 2녀 중 장녀인 그녀는 여동생과는 아홉 살 차이이고 부모님이 한국에 계셔서 미국에선 남매 세 명이 함께 살았기 때문에 여동생을 잃은 슬픔은 마치 자녀를 잃은 것처럼 너무 컸다. 그러나 이 같은 비극과 시련 속에서도 하나님을 원망하거나 멀리하지 않고 그 반대로 하나님의 사랑을 더 체험하고 마음의 평강을 얻고 있다고 담대히 간증하고 있다. 비록 여동생은 살아나지 못했지만 아이가 태어난 것만 해도 하나님의 놀라운 기적으로 감사하고 있다. 당시 여동생이 비록 뇌사상태였지만 자신의 아기만은 살려 달라고 하나님께 울부짖었을 것이고, 이를 하나님이 응답해 주신 것으로 믿고 있다. 비록 여동생은 하늘나라로 떠났지만 3년 동안 자신이 매일 울며 기도한 것을 비롯해 수많은 사람들이 여동생을 위해 기도하고 헌

236 하나님의 사랑을 증거하는 사람들(상)

연주회 후 신상원 씨가 인사하고 있다.

신하는 사랑을 보여 준 것에도 하나님의 뜻이 있는 것으로 믿고 있다.

 여동생의 비극과 슬픔을 통해서 하나님을 1대1로 체험하게 된 것도 얼마나 감사한지 모른다. 뒤돌아보면 모태 신앙인으로 자랐지만 진정으로 하나님을 만난 체험이 없었고, 외국에서 살며 이사를 많이 다닌 탓에 자신과 동생도 교회 출석마저 소홀히 한 적도 많았다고 회개했다. 이 같은 적은 믿음으로 인해 그녀는 동생의 영혼이 천국에 갈 수 있을까 염려하며 하나님이 불쌍한 동생을 천국으로 인도해 주시길 간절히 기도했다. 항상 병상에서 찬양과 기도를 해줘도 식물인간이 된 동생은 반응이 없었다. 그러나 어느 날 언니가 "하나님, 우리 여동생이 천국에 갈 수 있는지 알고 싶다"고 울면서 간절히 기도했는데 순간적으로 병실이 환해지는 것을 느꼈으며, 동생 머리가 언니 쪽으로 돌려졌다. 동생 얼굴을 쳐다보니 예전에 볼 수 없었던 너무나 아름다운 평화가 깃들여 있었다. 마치 "언니, 걱정하지 마. 예수님이 나를 천국에 올려 주고 계셔서 너무 평안해"라고 말하는 것 같았다. 동생의 얼굴이 너무 평화롭고 성스럽게까지 보이는 것을 보고 그녀는 하나님이 동생을 천국으로 데려가시는 것으로 확신했다. 그리고 바로 다음날 동생은 세상을 떠났기 때문에 그녀는 하나님이 자신의 기도에 응답해 주신 것으로 확신하고 있다.

 하나밖에 없는 여동생을 잃은 슬픔은 컸지만 그 후 그녀의 마음에는 평화가 찾아왔으며, 언젠가는 천국에서 동생을 만나 영생을 누릴 수 있다는 믿음에 오히려 기뻤다. 또 자신이 인간적으로 인기 있는 음악인이 되었을 때 하나님이 시련을 주신 것은 세상의 부귀영화가 얼마나 허무한 것인가를 깨닫게 하시고, 특히 꽃다운 나이에 세상을 떠난 동생처럼 우리의 생명이 하루 앞을 모르는 만큼 살아 숨쉬는 동안 하나님의 영광을 위해 자신의 재능을 사용해야 한다는 사명감도 깨닫게 하신 것이라고 감사하고 있다.

 "하나님은 책을 쓰시는데 우리는 한 단어밖에 몰라 때로는 원망도 하고 고통과 슬픔도 있지만 하나님은 처음부터 끝까지 모두 응답하시는 위대한 하나님이십니다."

〈새 하늘 새 땅〉 2003년 7월호

이 수 잔

사마미 시

동생, 오빠 등 2년 동안 가족 네 명 잃는 슬픔
동생 김영수 씨 피살사건은 한인사회에 큰 충격

애통함보다 하나님께 감사의 눈물

현재 시애틀 한인장로교회를 섬기고 있는 이수잔 집사는 워싱턴 주 한인사회에서는 최초의 여성 부동산 에이전트로서 여성 부동산인의 대모일 정도로 잘 알려져 있다. 세상적으로는 아무런 어려움이 없을 정도로 이민생활에서 성공한 그녀이지만 지난 2년 동안 모두 네 명의 가족과 친지가 세상을 떠나는 슬픔을 당해 말할 수 없는 큰

고통을 겪어야 했다.

2000년 10월 30일에는 바로 밑의 남동생인 김영수(Rocky 김) 씨가, 2001년 4월에는 시어머니가, 2002년 5월에는 친어머니, 그리고 11월에는 큰오빠가 세상을 떠났다. 이 중에서도 남동생은 강도에 의해 억울하게 피살되었고, 오빠는 심장 동맥에 이상이 있는지 확인하는 검사를 하러 병원에 갔다가 어이없게 세상을 떠나는 비극을 당했다. 특히 동생의 참변은 가장 큰 충격이고 슬픔이었다. 그로서리 협회장을 세 차례나 역임했고 한인사회 경찰국장 자문위원장이며 주지사 임명 워싱턴 주 경제 개발 재정위원 등으로 활약했던 김영수 씨는 한인사회와 미 주류사회에서 많은 봉사를 해왔는데 자신의 주유소 내에서 강도의 총에 피살되는 참변을 당해 한인사회에 큰 충격을 주었다. 김영수 씨의 사건은 시애틀 타임즈가 1면 헤드라인으로 보도했을 정도로 미 주류사회에서도 큰 애석함을 나타냈다. 미 언론들은 고인이 한인사회와 미 주류사회를 연결하는 다리 역할을 한 위대한 인물이었다고 보도했다. 고인은 중앙일보를 비롯 이그재미너, 노스웨스트 아시안위클리, KAPS로부터도 봉사상을 수상했을 정도로 많은 봉사를 했다.

68세 큰오빠의 경우도 단순한 검사였기 때문에 아내에게 1시간 아니면 조금 더 걸릴지 모르니 전화하면 픽업하라는 말을 남기고 그냥 걸어 들어갔는데 말 한 마디 남기지 못하고 가셨기에 마음이 더욱 안타깝고 찢어질 것 같았다고 한다. 이수잔 씨는 모태 신앙의 가정에 왜 이 같은 연쇄적인 슬픔이 일어났는지 하나님을 원망하고 좌절할 수도 있었지만 그래도 하나님의 뜻을 발견하기 위해 기도하고 노력했기 때문에 이 어려움을 극복할 수 있었다. 어머니 이옥엽 권사님은 한국에선 교회 세 곳을 개척하였고, LA 동양 선교교회에서도 많은 봉사를 하신 분으로, 새벽기도를 단 하루도 거르지 않았으며 교회의 모든 일에 헌신하였다. 오빠도 신실한 믿음이 있어 구세군에서도 많은 봉사를 하신 분이었다. 어머니의 이 같은 믿음으로 가족들은 어릴 적부터 어머니에게 야단맞고서라도 교회에 꼭 다녔는데, 이 같은 믿음의 가정인데도 왜 하나님이 시련을 주셨는지 처음에는 하나님의 뜻을 찾기가 어려웠다. 특히 동생의 경우 앞으로도 한인사회와 미 주류사회에서 더 큰 일을 할 수 있었는데 하나님이 일찍 데려가신 것을 이해할 수 없었으나 이러한 시련은 자신의 기도 부족이고, 하나님과의 약속을 온전히 지키지 못한 채찍질로 받아들였다.

"하나님이 동생을 살려 주시려면 살려 주셨을 것입니다. 그런데 살려 주시지 않고 데려가신 것은 우리가 이해하지 못하는 하나님의 뜻이 있는 것으로 알고 하나님을 원망하지 않고 믿음으로 견디고 있습니다."

생사화복을 주장하시는 하나님이시기에 모든 것을 하나님의 섭리로 받아들이고 있다는 그녀는 동생의 죽음이 헛되지 않았다는 것을 장례식을 통해 체험하게 해주셨다고 감사했다. 특히 동생이 썩어지는 한 알의 밀알이 되었지만 이제 한인사회에 젊은 정치인 후보들이 나서서 못다 한 동생의 빈자리를 메워 주고 결실을 맺고 있는 것을 볼 때 하나님의 뜻을 깨닫고 있다.

당시 이수잔 씨가 친구들에게 보낸 편지를 보면 좌절 속에서도 신앙심으로 이를 극복하려는 마음을 너무나 잘 알 수 있다.

"사랑하는 나의 친구들이여 안타까운 사연을 띄운다. 너무나 큰 슬픔을 당해서 어떻게 말을 시작해야 할지……우리 영수가 우리 곁을 떠나서 하나님 곁에 갔어. 영수가 나에게는 큰 의지였건만 단

게리락 워싱턴 주지사(왼쪽 네 번째) 후원회 모임의 고 김영수 씨(왼쪽)

순한 혈육 누나 동생뿐이 아닌 때론 오빠처럼, 가장 믿을 수 있는 친구처럼 그렇게 50년을 항상 같이 지내 왔는데 이렇게 허무할 수가 있을까? 정말 이 순간도 믿을 수가 없고 세상적으로 생각하면 분하고 원통하고 억울하여 이 애통함을 풀 길이 없어 몸부림치지만 믿음의 생활을 하는 우리로서는 하나님의 참 뜻이 어디 있는지 알 수가 없기에 그저 모든 것이 하나님의 섭리 아래 이루어진 것이라 믿고 의지하고 기도하며 견디고 있어. 한 알의 밀알이 땅에 묻혀 많은 열매를 맺는다는 말씀처럼 영수의 죽음이 헛되지 않았음을 영수의 장례식을 통해서 체험하게 해주셨어. 장례식은 정말 엄숙하고 성대해서 많은 분들의 사랑 속에 우리 가족은 위로받고 하나님께서도 영광 받으시는 훌륭한 장례식이었어. (중략) 많은 분들이 영수의 업적을 치하하고 애도함에 애통함의 눈물보다 하나님께 감사의 눈물로 대신했어."

당시 쇼어라인 나사렛(Nazarene) 교회에서 열린 하관예배에는 한인 이민사상 최대의 한미 인사 1,000여 명이 참가했다. 특히 선거 막바지로 가장 바쁜 주말인데도 불구, 게리락 주지사 내외를 비롯 폴셀 시애틀 시장, 길케리코스키 경찰국장 등이 참석했으며 한인사회에서도 문병록 총영사를 비롯 신호범 주상원의원 그리고 모든 한인 정치인, 단체장들이 참가했다.
　한미사회의 모든 중요한 분들이 다 참석하여 동생의 업적을 치하하고 애도함에 애통함의 눈물보다 하나님께 감사의 눈물로 대신하였다는 이수잔 씨는 동생을 땅에 묻으면서도 그렇게 성대하게 장례식을 치를 수 있었던 것은 다 하나님의 사랑임을 느끼고 감사했다. 또 오빠를 보내면서는 하나님이 준비하시는 일은 자신들이 알지 못하나 고통, 근심, 질병이 없는 하늘나라에서 평안히 쉬시리라는 위로를 마음속으로 받아들였다고 한다.
　그런 중에도 약한 인간이기 때문에 시시때때로 동생과 오빠를 생각하면 사단이 역사를 하여 마음을 온통 원망과 절망, 우울로 속상하게 만든다는 그녀는 그러나 그럴 때마다 '내가 진실로 하나님의 사랑을 믿었던가? 내가 진실로 하나님을 경외하고 참 믿음으로 기도생활을 하였나?' 하는 생각으로 자신을 채찍질하여 회개하고 더욱 굳건한 믿음으로 하나님께만 매달리려고 발버둥치며 견디고 있다고 말했다. 아픈 가운에서도 하나님의 사랑을 깨닫게 하심을 감사하면서 세상적으로 생각하지 않으려고 애쓰며 살고 있다는 이수잔 씨는 마음속에 하나님이 들어와야 사단을 이길 수 있기 때문에 오늘도 간절히 기도하고 있다고 한다.
　그녀는 동생과 오빠의 슬픔을 통해 자신도 많은 변화가 되었으며, 하나님께 더 기도하고 하나님의 뜻을 찾게 된 것은 감사한 일이라고 강조했다. 언제 어느 곳에서 우리를 데려가실지 모르는 하나님의 섭리를 생각하고 마음에 준비를 하는 것이며, 언제 데려가셔도 기쁨으로 갈 수 있도록 하루하루에 최선을 다하고 좀더 보람 있고 뜻 있는 삶을 살아야 함을 깨달았다는 그녀는 사랑하는 사람들에게는 사랑의 표현을 하며, 용서해야 하고 또는 용서를 받아야 한다면 매듭을 한시라도 빨리 풀고, 가족과 주위의 모든 사람들에게 마음의 상처가 되는 말과 행동을 삼가해 후회 없는 삶이 되도록 노력하자고 지난해 〈여성부동산인〉 겨울호에서도 이를 담대히 증거하고 당부하였다.

"사랑만 하다 가도 다 못하는 짧은 세월인데 오해가 있으면 서로 풀고, 항상 주위 분들에게 최선을 다하며 특히 가족, 친지들을 더 사랑하는 우리들이 되어야 하겠습니다."

〈새 하늘 새 땅〉 2003년 7월호

최 강 호

바슬

하나님 영접하고 놀라운 삶의 변화
변화된 모습에 온 가족도 하나님 영접

한때 술과 춤과 환각제에 찌든 방탕생활

최강호 씨가 찬양하고 있다.

우리 가정은 정직하고 바르게 살아가면 된다는 생각으로 종교는 무시하고 살았습니다. 제가 처음으로 교회에 출석한 것은 고등학교 때 친구의 강력한 권유에 의해서였는데 교회에 출석하면서도 아무런 느낌이나 변화가 없었습니다.

우리 가족은 1980년 시애틀로 이민을 가기로 했습니다. 그러나 부모님이 이곳에 오신 후 저와 형님을 초청해야 했기 때문에 저는 처음으로 부모님과 떨어져 있었는데, 긴 시간 한국에 있는 동안 방탕한 생활에 빠졌습니다. 오전에는 친구들과 어울려 카페나 당구장에서 잠을 자며 시간을 보내고, 오후에는 술을 즐기며, 늦은 밤에는 나이트 클럽에서 시간을 보냈는데, 하루도 춤을 추지 않으면 이상할 정도로 춤에 빠져 있었습니다. 그리고 더욱더 나쁜 길에 빠져 들어가 대마초나 환각제 등을 쉽게 대할 수 있었으며, 그것들이 죄책감 없이 내 생활에 스며들었습니다.

다행히 그런 방탕생활을 끝내고 1984년 9월에 부모님이 계신 시애틀에 오게 되었습니다. 새로운 마음으로 미국생활에 적응하기 위해 오전에는 학교에 다니고 오후에는 파트타임으로 일하면서 주말도 없이 일을 하며 지냈습니다. 학교에 다니던 중 지금의 아내를 만났으며, 믿는 가정에서 자란 아내를 통해 결혼과 동시에 자연스럽게 교회에 다니게 되었습니다. 하지만 신앙이 없는 저는 등록만 하고 바쁜 생활을 핑계로 교회는 특별한 날만 출석하는 정도였습니다. 남들보다 일찍 결혼한 저는 학교를 그만두고 일하며 돈을 버는 것이 미국에서 성공하는 길이라 생각하여 한동안 하루에 세 곳의 일자리에서 뛸 정도로 열심히 일하기도 했습니다.

그런 환경 속에서 내 자신을 믿으며 사는 것이 가정을 위하는 것이고 하나님을 믿지 않아도 구원받는다고 생각했습니다. 그래서 예수를 믿는 사람과 대화를 할 때면 왠지 예수를 부정하고 싶었으며, 종교는 다 똑같은데 오직 예수 믿는 사람만 별나고 이기적으로 보여 그들을 멸시하고 곤혹스럽게 대한 적도 있었습니다. 주중엔 일에 지쳐 식구들과 별 대화 없이 비디오를 보면서 시간을 보냈으며, 주말에는 폭탄주를 마시고 가라오케에 맞춰 노래 부르며

최강호 씨 가족

피로를 풀었고, 때론 친구들과 술집을 오가며 새벽 비를 맞으며 술에 찌든 모습으로 집에 들어가곤 했습니다. 교회도 결혼하기 위하여 등록은 하였지만 두 달에 한두 번 정도 나가는 것이 전부였고, 그것도 주일날 기분이 좋거나 선약이 없는 날에만 나갔습니다.

  그런 생활을 한 제가 하나님을 영적 아버지로 인정하고 예수님을 구원자로 받아들이고 성령 체험으로 거듭나게 된 것은 교회 프로그램을 통해서였습니다. 프로그램을 마친 후 지나온 저의 삶을 되돌아볼 수 있었으며, 찬양을 하고 하나님의 말씀과 형제들의 간증을 듣는 동안 조금씩 감동이 오기 시작하였습니다. 무릎 꿇고 통성기도를 할 때는 이것은 제 스타일이 아니라는 거부감이 일어나 기도 했으나 전능하신 하나님은 제가 싫어하는 것을 통해 찾아오셨고 마침내 조용히 기도하던 중 사랑의 성령님이 찾아오셔서 저도 모르게 큰 소리로 통곡을 하면서 이렇게 고백을 했습니다. "사랑의 주님, 저의 죄를 깨닫게 해주서서 감사합니다. 저는 죄인입니다. 용서해 주십시오. 이제부터는 주님을 믿고 따르기로 결심했으니 저의 기도와 고백을 믿어 주십시오." 기도 중에 온몸이 뜨거워지는 전율을 느꼈으며 주님의 사랑을 느낄 수 있었습니다. 이런 뜨거운 사랑과 은혜를 체험한 후 약간의 갈등과 시험과 유혹들이 있었지만 주님의 사랑으로 극복, 교회 다니는 것이 즐겁고 기뻤으며 1주일에 한 번 가는 교회는 너무 긴 시간이었습니다.
 그러던 중 제 마음을 아시는 하나님은 교회 찬양팀과 차량 운전, 선교회 임원 등으로 봉사하게 하셨고, 특히 찬양팀에서 찬양을 하면서 주님의 사랑과 감격을 더욱 느낄 수 있었습니다. 저는 지금까지 살면서 누구를 위해 기도한 적이 없었고 그런 생각조차 하질 못했습니다. 아니 기도를 하고 싶어도 어떻게 해야 하는지조차 모르고 있었습니다. 그런 제가 어느 날 가족 모임에서 처음으로 식구들을 위해 기도하였고 주님을 증거하기 시작했습니다. 또 주님이 저를 사랑한 것같이 아내를 사랑하게 되었고, 변화된 나의 모습과 행동을 보면서 믿지 않던 저희 가정도 예수님을 믿기 시작했으며, 마침내 온 가족이 하나님을 영접하여 형님과 형수는 교회는 다르지만 세례를 받는 축복도 누렸습니다. 요즘 저희 가족 모임은 술 대신 음료수로, 가라오케 대신 찬양으로 바뀌었으며 서로의 간증을 통해 새 삶을 살고 있습니다.
 교회의 여러 행사나 프로그램에도 적극 참여하다 보니 육체적으로는 힘들고 피곤하지만 내 자신의 생각과 힘이 아니고 오직 하나님이 주시는 힘으로 하는 것임을 알 수 있습니다.

〈새 하늘 새 땅〉 2002년 10월호

전 명 자
시애틀 늦은비교회 전윤근 목사 사모

환상에서 예수님 보고 세상 것 버려
수많은 한인들에게 무료 암 검사

생명 구하고 영혼 구원에도 앞장

킹카운티 커뮤니티 헬스센터 행정국의 한국인 담당관인 전명자 (Sylvia Jun) 씨는 '시애틀 늦은비교회' 전윤근 목사의 사모이다. 그녀는 특히 한인 여성들에게 유방암, 자궁암 검사를 무료로 받게 하고 조기 발견을 계몽, 많은 생명을 구했을 뿐만 아니라 사모로서 영혼을 구원하는 사명도 적극 감당하고 있다.

그녀의 노력으로 지난 3년 반 동안 연 200여 명씩의 한인 여성들이 무료 유방암 검사를 받았으며, 1,500명이 건강 교육을 받았다. 전 사모는 그동안 검사한 한인 여성 중 유방암 환자가 40대, 50대 층에서 다섯 명이 진단되었는데 이 중 암을 늦게 발견한 한 명이 안타깝게 사망했다며 유방암은 조기 발견이 가장 중요하다고 강조했다. 그녀는 군산 교육대학, 서울 덕성여대 약학대를 졸업했는데 덕성여대 시절에는 화려한 메이 퀸으로 뽑히기도 했다. 남편은 경희대 정치외교학교 졸업 후 조선일보 미대사관 출입기자 등으로 6년을 활동했다. 이들은 1969년 결혼하고 서울에서 약국을 경영하다 1973년에 약사 이민으로 미국에 왔다. 영어를 잘하는 남편은 시카고 타임 라이프 매거진의 기자로 4년 근무했으며, 전 사모도 약사 시험에 합격해 약국에서 일하며 침실이 다섯 개인 집에서 사는 등 세상적으로는 미국 생활도 순탄했다.

그러나 3대 장로 집안의 집사였던 남편이 1978년 하나님의 부르심을 받고 신학교에 가기로 결정했다. 이미 그 전에 부인이 먼저 환상을 통해 남편의 부르심을 알게 되었기 때문에 그녀도 적극 지지했다. 환상에서 하나님은 천국과 지옥을 보여 주신 후 "네 남편은 말세의 종으로 부르겠다"고 말씀하셨다 한다.

부부는 어느 날 어린 두 딸을 차에 태우고 남편이 신학 공부를 할 수 있는 미네소타 주 미네아 폴리스 소재 미국 순복음 교단의 노스 센트럴 바이블 칼리지에 등록하기 위해 시카고에서 8시간이나 걸리는 그곳으로 운전해 떠났다. 그런데 그녀는 신학교에 등록하고 오는 길에 예수님을 환상 가운데 만났다. 그녀는 내심 남편이 좋은 직장을 떠나면 앞으로 어떻게 살 것인가 걱정하지 않을 수 없었다고 한다. 그곳으로 가는 길에 벤치에서 아이들과 함께 음식

250 하나님의 사랑을 증거하는 사람들(상)

전명자 사모 가족

을 시켜 먹었다. 환상에 지팡이를 가지신 예수님이 풀밭으로 걸어 오셨는데 어디를 가시는가 했더니 아까 식사하던 벤치에 가서 지팡이를 놓고 접시에 하얀 쌀밥을 담아 남편과 자신, 두 딸에게 주시는 것이었다. 진짜 성화에서 보던 예수님의 얼굴이었고 매우 인자한 모습이었다. 그런데 예수님이 말씀하셨다. "사랑하는 딸아, 너는 먼저 그의 나라와 그의 의를 구하라 그리하면 내가 모든 것을 더해 주리라."

이처럼 환상 중에 예수님을 만난 후 신학교에 등록하고 약국에 사표를 내고 약사 합격증도 버렸다. 또 덕성여대 약대 메이퀸 트로피, 시카고 미스코리아선발대회 심사위원 등 세상적인 것들을 모두 다 버렸다. 그 후 신학생 남편을 뒷바라지해야 하는 어려움 속에 세 번째 아들 여호수아를 임신했는데, 소득도 없어 금식하고 수제비로 식사하는 날이 많았을 정도였다. 특히 보험도 없어 아이를 낳을 대책도 없는 어려운 형편이었다. 그때 사정을 안 이웃이 소득 없는 학생들에게도 혜택을 주는 WIC 프로그램을 알려 줘 아이 출산에 큰 도움을 받았다. 그녀는 어려웠던 그 당시 받았던 혜택의 고마움을 잊지 못해 지금도 어려움을 겪고 있는 저소득층 한인들을 위해 기쁘게 일하고 있다.

남편은 신학대를 졸업하고 시카고에서 목회를 시작했다. 그동안 조용기 목사의 강단에도 여러 번 서기도 했으며 신유 은사가 강해 시카고 성회에서는 히로시마 원폭으로 시각장애인이 된 사람의 눈을 고쳐 주는 기적이 일어나기도 했다. 그러나 그럴 경우 예수님보다는 개인 이름이 더 유명해질 수 있다는 염려로 1987년부터 하나님은 그에게 병을 고치거나 축복의 메시지보다는 재림 메시지를 강하게 외치도록 하셨다. 현재 전 목사는 인터넷에 종말 메시지, 요한계시록을 설교하는 특수 목회를 하고 있다. 또 스노호미시카운티 노인 복지국의 풀타임 케이스 매니저로 한인 노인회를 위한 업무를 담당하고 있다.

음악에도 은사가 있는 전 사모는 그동안 찬양집 10집을 냈는데 자신이 노래하고 반주할 뿐만 아니라 작사, 작곡도 하는 재능을 보이고 있다. 그녀는 주님의 종으로 부르심을 받았을 때 자신이 천국을 걸어가는 환상을 봤는데 아름다운 구름바다 위에서 하나님을 찬양하는 할렐루야 오케스트라와 같은 아름다운 천국 찬양을 듣고 사모한 나머지 직접 찬양을 하게 되었다고 간증했다.

2녀 1남 중 큰딸 사라 씨 부부는 모두 시카고 무디 바이블 칼리지를 졸업하고 아나폴리스에서 미국 식당을 운영하고 있다. 사라 씨는 언젠가 죽어가는 미국인 할아버지를 정성껏 돌봐 주었는데, 그 사랑에 감동한 노인이 2만 달러를 기증해 그 돈으로 조그만 커피전문점을 시작했다가 지금은 식당을 운영하는 축복을 받았다. 둘째딸 브라니카 씨는 볼티모어의 메릴랜드 의과대학원을 졸업하고 현재 물리치료사로 일하고 있다.

전 사모는 몸과 영 모두 흠이 없어야 한다며 자신은 한인 여성들에게 육적으로 병을 예방하고 치료해 주지만 영적으로도 하나님

252 하나님의 사랑을 증거하는 사람들(상)

을 만날 수 있도록 적극 전도하고 있다며 하나님이 자신을 도구로 사용하고 계시기 때문에 기쁘게 열심히 일하고 있다고 강조했다.
 (전명자 사모는 현재 '암스트롱 Uniserve'(대표 리아 암스트롱)에서 홍보, 교육담당으로 일하고 있습니다.)

〈새 하늘 새 땅〉 2003년 5월호

김 유 영

에드몬즈

사업 어렵고 심신 악화되자 교회 나가기 시작
비즈니스 조기 은퇴하고 하나님 일 시작

사업의 최악 상태에서 하나님 만나

김유영 집사 부부

시애틀 지구촌교회(김성수 목사)를 섬기고 있는 김유영 집사는 10여 년 전까지만 해도 교회를 다니지 않았고, 부인 김혜련 씨도 원불교 모태신앙으로 부부가 하나님을 믿지 않았다. 따라서 이들 부부는 세상 속에서 사업에만 전념, 성공과 실패를 경험했으나 예수님을 만난 후 하나님 일을 하고자 일찍 은퇴하고 평

신도로서 전도를 위해 노력하고 있으며 앞으로 더 큰 선교사역을 감당할 수 있도록 기도하고 있다.

그는 부유한 집안에서 성장해 고려대를 졸업했는데 외교관이 되는 것이 꿈이었다. 이화여대를 졸업한 아내와 중매로 만난 지 두 번 만에 결혼을 결심해 1978년에 결혼했으며, 1979년 캘리포니아로 이민 왔다. LA에서 열심히 일해 사업에 성공했는데 휴가차 레이니어 산에 왔다가 이 지역의 아름다운 자연에 반해 1981년 시애틀로 재이주했다. 부부는 이곳에서도 오직 일에만 몰두해 모텔을 운영하면서도 세탁소도 운영하고, 부인은 1984년부터 부동산 에이전트로 일했다. 주일도 없이 일하면서 매일 모텔과 집만 오갈 뿐, 모텔 바로 앞에 있는 한인 교회에조차 다니지 않았다. 그런 가운데도 모텔 사업이 잘되어 1986년에는 2층으로 증축했으며 1989년에는 부모님, 장인 장모 등 아홉 식구가 함께 살 집도 크게 잘 지었다. 사업이 계속 성장하자 욕심을 부려 1990년에는 켄트에 80 유니트 새 아파트를 지었다.

그러나 걸프전이 터져 렌트가 되지 않아 아파트가 텅 비는 등 적자가 나기 시작했다. 설상가상으로 생각지도 않은 물난리가 나서 집단 소송을 당하는가 하면 화재를 겪는 등 재앙이 겹쳤다. 모시는 부모님마저 건강이 좋지 않아 긴 투병생활을 해야만 했다. 이로 인해 너무 스트레스를 받아 담배는 하루 세 갑, 술은 위스키 반 병을 마실 정도가 되어 건강이 매우 나빠졌고 불면증에 시달렸다. 또 내장이 꼬일 정도로 아팠으나 진통제도 듣지 않았다. 암인가 하는 염려로 검사를 했는데 신경성으로 진단되었을 정도로 심신이 너무 힘들었다. 이때 주위 사람들이 교회에 다닐 것을 권유, 1991년부터 교회에 나가기 시작했다. 그러나 교회에 다녀도 피곤해 졸

김유영 집사 가족

기만 했고 아무런 위안을 받지 못했으며, 열심히 통성기도하고 찬양하는 사람들을 볼 때 신앙이라는 것이 유치원 어린이들을 세뇌시키는 것 같다는 불신이 들었을 정도였다. 그 가운데 지금은 선교사로 나가 있는 친구 부부가 집으로 찾아왔는데, 그들이 신경통에 시달리시던 그의 어머니 발 밑에 엎드려 눈물로 기도하는 모습을 보면서 조금씩 마음이 열리기 시작했다.

그리고 1996년 12월 25일 크리스마스 날 그는 예수님을 만나는 놀라운 체험을 한 후 새롭게 변화되었다. 이날 아침 예배 후 가족과 함께 윗비 아일런드 바닷가로 놀러갔다. 그러나 아무리 아름다운 바다를 보아도 마음은 전혀 아름다움을 느낄 수 없었다. 당시 사업은 적자 상태인데다 돈도 다 떨어지고 은행 융자도 이미 최고한도액으로 다 받아 더 이상 돈조차 빌릴 수 없었다. 거기다 몸은 아프고 부모님의 병환으로 병원비 부담도 늘어나는 등 엎친 데 덮친 격으로 최악의 상태였다. 답답한 마음에 백사장에 나가 밀려드는 파도를 바라보다가 문득 하나님 음성을 듣고 싶어 자신도 모르게 무릎을 꿇고 회개기도를 드렸다. 추운 겨울 날씨 속에서 30분 동안 눈물, 콧물 흘리며 간절히 회개하면서 하나님의 음성을 기다

256. 하나님의 사랑을 증거하는 사람들(상)

리는 기도를 했다. 그런데 기도를 마쳐도 아무런 소리가 들리지 않아 실망하고 돌아섰다. 순간 깜짝 놀라지 않을 수 없었다. 바로 앞에 손바닥만한 까만 돌이 있었는데 돌에 하얀 십자가가 뚜렷이 새겨져 있었다. 그것을 보는 순간 하나님이 응답으로 이것을 주셨구나 확신하고 감사했다. 이 같은 현상이 성경적인 것인지를 알아보기 위해 김기서 담임목사에게 물어보니 하나님은 어떤 방법을 통해서라도 응답을 주신다며 김 집사가 하도 의심이 많으니 돌에다 십자가를 새겨 보여 주셨다고 말하는 것이었다. 그 후 그 돌을 가보 1호로 여기고 매일 아침마다 보면서 기도하고 있다. 놀랍게도 부인도 3년 후 비슷한 장소에서 십자가가 새겨진 돌을 주웠는데, 특히 부인의 경우 친정이 원불교 집안이라 그랬는지 십자가가 원을 깨고 새겨져 있었다.

그 기도 응답 후 놀라운 일이 일어났다. 한 달에 만 달러 적자가 나던 사업이 다음달엔 만 달러 흑자로 돌아서는가 하면, 1997년 막바지부터 경기가 좋아져 평생 이처럼 많은 물질을 받은 것이 처음일 정도로 물질의 축복을 쏟아 부어 주셨다.

"모든 것을 예비하셨던 주님께서는 믿음의 감격을 생활 속에서 확증시켜 주셨습니다. 신명기 말씀처럼 거의 밑바닥으로 떨어지고 있는 나를 독수리처럼 다시 일으켜 세우시며 많은 복과 기적을 경험하게 하시고, 또한 절망을 기쁨으로 변화시키는 힘을 주셨습니다. 그러나 지금 생각해보니 저는 그런 축복을 누릴 줄만 알았지 나눌 줄은 몰랐습니다."

하나님이 주신 물질을 받기만 했던 그의 교만에 하나님이 치신 듯 3년 후 다시 어려움과 시련이 왔다. 그때 물질이란 자신의 것이 아니고 하나님이 주셨다가 하루아침에 가져가실 수도 있는 하나님 것이라는 것을 깨닫고 하나님 앞에 무릎 꿇고 진정으로 회개했다. 그리고 앞으론 물질 추구보다도 평신도로서 전도자의 삶을 살겠다고 서원했다. 그 깨달음은 5년 전 신실한 크리스천으로 하늘나라로 가신 그의 아버지의 유언 속에 담겨 있었다. 아버지는 이제 할아버지들의 50년 기도가 곧 이루어질 것이라고 말씀하셨는데, 할아버지 형제 중 김 집사 할아버지 부부만이 일제시대에 살아남기 위해 성경을 불사르는 등 기독교를 박해했을 뿐, 할아버지 집안은 친지 중에 유명한 김익두 목사가 있는 것을 비롯 집안 전체가 독실한 크리스천 가족이었다. 그 같은 할아버지 형제들의 기도의 힘으로 50년이 지난 지금 자녀들은 목사 두 명을 비롯 할아버지가 믿지 않던 김 집사 집안까지 모두가 크리스천으로 변화된 것이었다.

이 같은 신앙의 가족적 배경을 통해 그에게도 이제 하나님 일을 해야겠다는 비전이 생기기 시작했다. 이에 따라 2000년에 19년 동안이나 운영했던 에드몬즈 K & E 모텔을 비롯한 사업들을 정리하고 세상적인 것에서는 조기 은퇴하고 하나님 사업을 새롭게 시작하기로 결심했다. 특히 2001년부터 쉰이 다 되는 만학의 나이에 퍼시픽 신학대학에 입학했고, 부인과 함께 노스 시애틀 커뮤니티 칼리지에서 다시 공부를 시작했다. 공부 후 부인은 메릴린치 파이낸셜 어드바이저(Financial Advisor)로서 일하고 있다. 김 집사는 현재 1년 반 전 개척한 지구촌교회에서 전도, 선교, 청년 사역 담당을 맡고 있는데 특히 그는 위트와 유머로 코미디언처럼 남을 잘 웃기는 은사를 전도에 사용해 효과를 보고 있다. 대학교에서는 아들 같은 청년들과 어울려 공부하면서 에세이를 교환해 보는 시간에 그의 간증이 들어간 글이 자연히 읽혀지게 되어 그동안 미국 학생

두 명이 예수를 믿는 역사가 일어났다. 또 건강 때문에 하루 1시간 동네를 걷는 것을 습관으로 하고 있는데 가끔 휴지를 주웠더니 동네 사람들이 마음 문을 열어 전도의 기회를 얻었던 경험 등을 통해 그는 전도를 생활화만 하면 다른 교회일보다 쉽고 재미있겠다는 생각을 하고 있다. 특히 전도는 치유사역이라는 것을 깨닫고 현재 기독교 카운셀링학도 공부하고 있다.

이들 부부는 앞으로 비영리 재단을 설립하여 선교와 치유사역에 주력할 비전을 가지고 있는데, 모든 것을 하나님께 맡긴다며 그럴 때 하나님은 항상 제일 좋은 것으로 주시는 것을 믿는다고 강조했다. 김씨 부부 사이에는 수연(24), 한수(20), 인수(17) 2남 1녀가 있는데 수연은 세인 루이스 법대 장학생으로 공부하고 있고, 한수는 벨링햄의 웨스턴 워싱턴 유니버시티에서 캠퍼스 사역팀의 찬양 리더로서 벌써 하나님 일을 하고 있으며, 막내 인수는 워싱턴주 골프대회에서 2등한 실력으로 뉴욕 대학에 골프 특기생으로 입학하는 등 자녀의 축복도 받아 감사하고 있다.

〈새 하늘 새 땅〉 2004년 5월호

황 선 규 목사

선한 목자 선교회 대표

역경 딛고 은퇴 후에도 선교 전념
기적적으로 암 세포 동결시켜 주신 하나님

말기 폐암 극복하고 주님의 사랑 전해

황선규 목사가 설교하고 있다.

1999년 나의 삶에 큰 풍랑 같은 사건이 성큼 다가왔다. 전혀 예상하지 못했던 불청객이었다. 그것은 나의 왼쪽 폐에 골프 공만큼 큰 악성 종양이 있다는 진찰을 받으면서 시작된다.

나는 암을 미워한다. 그리고 싫어한다. 그 이야기는 꺼내기조차 싫다. 왜냐하면 오래 전의 일이었지만 우리 아버지를 서울에서 위암으로 잃었으며, 약 8년 전에 사랑하는 아내가 유방암 수술을 받고 키모 항암치료를 받았으나 약 2년 후에 재발되어 폐암으로 전이되는 바람에 호흡기 장애로 많은 고통을 받다가 먼저 하늘나라에 불려갔다.

그녀를 위하여 전심으로 간병하고 기도했지만, 하나님은 나와 자녀들과 성도님들의 기도대로 응답해 주시질 않았다. 그럼에도 불구하고 그때나 지금이나 감사할 수 있는 것은 목사이기 때문에 위선으로 말하는 것이 아니다. 그 이유는 분명하고 간단하다. 그녀는 좀더 살고자 했지만 언제나 생사화복을 주장하시는 하나님만을 의지하고 바라보았다. 그녀는 항상 의사의 진료에 감사하며 불평 없이 따라 주었고, 주변 사람들을 편안하게 해주었다. 그리고 그녀는 평소 낙천적인 성격에다가 굳건한 신앙으로 의연하게 끝까지 믿음을 지켜 승리했다. 할렐루야! 그녀의 머리털이 다 빠지고 여성의 미모를 잃었던 마지막 순간까지 언제나 문병하는 분들을 정중히 미소로 맞아 주었고, 함께 기쁨으로 예배하며 기도하였다.

버지니아 메이슨 병원(Virginia Mason Hospital)의 패밀리 닥터인 엔도라는 분은 CT Scan 사진을 보면서 "몇 달 전에 보이던 골프 공만한 흔적이 폐렴이었더라면 벌써 없어졌어야 합니다. 그러니 즉시 폐 전문의에게 가보는 게 좋겠습니다"라고 했다. 같은 병원인 폐 전문의에게 그 이튿날 찾아가 보았다. 똑같은 의견이다. 일단 그것은 암 종양으로 추정한다는 것이다. 자녀들의 강권함에 따라 세계적으로 유명한 뉴욕의 '스론-케터링 암센터(Memorial Sloan-Kettering Cancer Center)'에 가서 투병하기로 결정하였다.

그곳에는 사랑하는 셋째딸이 살고 있었기 때문이다. 최소한 3개월 정도의 수술과 요양을 기대하면서 불확실한 가운데 시애틀을 떠나게 되었다. 그때 나는 교인들에게 남모르는 고별설교를 남겼다 (그것은 "여호수아의 고별설교"(수 23:1~11)이었다.) 그리고 평소 가까이 지내던 친구 황기택 목사님에게 만약의 경우 나의 천국 입성예배를 부탁하고 정들었던 시애틀 공항을 7월 5일 아침 떠나게 되었다. 그날은 마침 독립기념일 휴일이라 많은 성도들이 전송해 주었다. 저들도 아파하며 특히 김태원 장로님은 눈물로 기도해 주고 작별하는데, 나의 속 사람은 이렇게 생각하고 있었다. '내가 이 공항에 살아서 돌아올 것인가? 아니면 관에 누워 돌아올 것인가?' 이 해답은 오직 하나님만이 아시는 것이었고, 나는 힘들겠지만 아내처럼 끝까지 투병하리라는 결의를 다졌다.

어쨌든 하나님께서는 나로 하여금 뉴욕에서 병상목회를 하면서 투병할 수 있는 환경을 주셨고, 여러 동역자들과 함께 기도하는 가운데 참으로 놀라운 기적을 체험하게 되었다. 그 기적이 일어난 경유와 결과는 대체적으로 이러하다. 뉴욕에서 심장내과 전문의들을 만날 수가 있었는데, 이구동성으로 골프 공만한 암 덩어리가 왼쪽 폐 속에 있다고 확실한 진단을 내렸다. 그것은 CT Scan이라는 정밀사진 검사라든지 기타 여러 가지 검사결과 내려진 권위자들의 결론이었다. 저들은 솔직하게 그리고 자신 있게 99% 폐암이 틀림없다는 결론을 내렸다. 그럼에도 불구하고 이상하리만큼 나에겐 평안이 있었는데 그것은 성령께서 주시는 평안이었다. 세상을 이기신 주님의 평안이었다. "너희는 마음에 근심도 말고 두려워하지도 말라"(요 14:27)고 하신 그 평안이었다.

그래서 날마다 진행되는 일을 감사하며 평안한 마음으로 바라보며 따라가고 있었다. 어디에서 치료를 받을 것인가? 어느 의사를 하나님께서 붙여 주실 것인가? 어떤 과정의 치료를 받을 것인가? 모든 것을 주께 다 맡기고 여러 사람의 의견을 들으면서 주의 세미한 음성을 들으려고 마음을 썼다. 그때 마침 뉴욕에 도착하자마다 소위 병상목회를 해야겠다는 소원을 주님이 주셨다. 다시 말해서 날마다 시애틀의 교회와 연락도 하고, 전화심방도 하고, 설교만 빼놓고는 할 수 있는 모든 목회를 하려고 마음먹으니 바로 시작할 수 있었다. 그러자니 바빠질 수밖에 없었고, 투병보다 목회에 더 많은 신경과 시간을 투자하게 되었다.

그 당시에 참으로 놀라운 일이 하나님의 역사하심으로 우연처럼 준비되고 진행 중에 있었다. 새로 시작한 가정교회와 영어교회의 부흥을 위하여 기도의 필요성이 절실하던 차 40일 특별 새벽기도의 기간을 설정했었다. 그 다음에 안 일이지만 내가 뉴욕으로 투병하러 떠나는 그날부터 40일 기도회가 시작되었으니 어찌 우연이라 할 수 있겠는가! 그러니 자발적으로 수십 명의 성도가 새벽 기도회에서 교회와 목회자인 나를 위하여 기도하게 되었던 것이다.

그 후 여러 번의 조직검사와 폐암 부위 절제 수술 등을 했지만, 2000년 3월에는 더 이상 현대의학으로서는 진료를 할 수 없다는 한계에까지 이르게 되었다. 그래서 말기 폐암환자라는 단계에 접어들었다. 그러나 그 시점에 오직 주님만 의지하고 온 교인이 하루 한 끼 금식하며 30분씩 일곱 번 기도해 주었을 때 기적이 일어났다. 곧 그때부터 암 세포를 동결시켜 주심으로 더 이상 악화되지 못하도록 해주셨다. 다시 말하면 실제로 완전하게 치료해 주셔서 지금까지 5년 이상 호흡하며 복음을 전하게 해주고 계신 것을

선교지에서의 황선규 목사

확신한다. 할렐루야!

왜 나를 이처럼 치료해 주셨을까 하고 나는 생각해 본다. 첫째로 이성과 경험을 초월하여 역사하시는 하나님의 능력이나 이적을 믿지 않으려는 시대에 우리는 신앙생활을 하고 있다. 그러나 하나님께서 당신의 영광을 위해 뜻을 세우시면 지금 이 세대에도 얼마든지 신적인 이적과 기사가 일어난다는 사실이다. 이 엄연한 역사하심을 나로 하여금 자신 있게 간증하며 설교하게 하시려고 하신다. 둘째로 나로 하여금 더욱 성결하고 순종하면서, 더욱 사랑할 줄 아는 목자가 되게 하시고, 더욱 충성하여 하나님의 선한 사업을, 특히 복음 전하는 아름다운 일을 영광스럽게 마무리하려고 하신다. 셋째로 사도 바울에게 주신 사단의 가시처럼, 나의 연약함에서 더욱 겸손함으로 주님을 의지하게 하시고, 주님의 사랑과 능력으로 일하게 하심을 깨닫게 하신다.

나는 사랑하는 아내(황정자 사모)를 잃고, 고독 중에 4년 동안 폐암으로 투병하면서 중앙교회를 개척하여 목회한 지 15년 만에, 나이 70에 은퇴하게 되니 이 얼마나 놀라운 은혜이며 영광인가! 감격하지 않을 수 없었다. 그 후에 남은 일이 있다면 무엇일까? 그것을 객관적으로나 주관적으로 생각해 보더라도 오직 건강관리를 위해 평소에 하지 못했던 골프를 배운다든가 여가를 선용하면서 소책자를 쓰거나 여행을 한다든가 하는 한가로운 생각을 해보기도 했다.

그런데 이외의 일이 앞에 다가오는 것을 보게 된다. 그것은 다름 아니라, 또 다른 사명이 나를 기다리고 있었다. 우리 교회에서 선교사로 후원했던 분, 구소련 몰도바에서 10년 동안 생명을 걸고 선교활동을 하였고 귀한 열매를 많이 얻은 이태형, 줄리 선교사 부부의 방문을 받으면서 윤곽이 드러나기 시작했다. 저들의 간절한 부탁으로 은퇴 직후 13세 된 외손자 하나를 데리고 그곳을 방문하게 되었다. 그곳은 빈곤의 땅이었다. 저들은 무척 가난하여 여성들의 인신매매가 성행하는가 하면, 다른 한편으로는 의료혜택을 받지 못해 고통 중에 죽어가는 사람들이 무척 많다는 사실을 알게 되었다. 저들의 영혼과 육신을 구원하려는 이 선교사의 간절한 소원은 마침내 교회부설 무료 의무실을 세우게 되었는데, 그 다음 운영이 문제였다. 특히 의료 요원들의 인건비 월 500달러가 문제가 되었던 것이다. 그때 이 일을 도우라고 성령께서 나를 강권하시니 무조건 순종하는 마음으로 결심하게 되었고, 이것이 곧 나그네 선교사로서의 부름이요, 선교활동의 시작이었다. 그러나 은퇴하였기 때문에 개인으로나 교회적으로 지원을 받기에 한계가 있지 않은가! 그래서 '선한 목자 선교회'를 창립하기에 이르렀다.

그 후에 몰도바, 우크라이나, 미 대륙 횡단선교를 비롯하여, 한국의 지리산 지역의 미 자립 교회들을 돌아보면서 그곳에서 오랜 세월 힘써 일하시는 주의 종들을 돕고자 하는 마음이 생겼다. 천하보다 더 귀한 잃어버린 한 영혼을 구원하는 길만이 산간벽지나 낯선 타국 땅에 세워 가는 그리스도 교회의 목적이라고 믿기에, 이 길만이 사역자들에게 큰 보람과 상급과 영광이 된다고 믿기에, 나는 성령께 이끌리어 선뜻 나그네의 길을 나서게 되었다(살전 2:19~20). 그리하여 지금은 많은 열매를 소망 가운데 바라보게 되었다. 벌써 1년 반이 조금 지난 이 시점에 42명의 정규 후원자를 얻어 55명의 선교사를 섬기게 되었다. 또한 장차 큰 '선교나무' 로 자라게 하실 것을 확신한다.

〈새 하늘 새 땅〉 2004년 6월호

266 하나님의 사랑을 증거하는 사람들(상)

이 평 래 장로

포틀랜드

아내는 유방암, 남편은 신장 종양 수술
살아 역사하시는 하나님 담대히 증거

부부의 시련 통해 하나님 사랑 체험

이평래 장로 부부

포틀랜드의 오리건 동양선교교회(담임 반관열 목사)를 시무장로로 섬기고 있으며 오리건 조이 합창단 단장으로서도 많은 헌신을 하고 있는 이평래 장로는 3년 전 아내가 유방암으로 수술을 받았을 뿐만 아니라 자신도 신장을 제거하는 수술을 받는 등 큰 고통과 시련을 겪었다. 그러나 이들 부부는 이를 통해 하나님의 놀라운 사랑과 은혜를 체험하고 지금도 살아 역사하시는 하나님을 담대히 증거하고 있다.

이평래 장로는 전북 남원에서 3남 4녀 중 막내로 태어났다. 아버지가 관직에서 물러나신 지가 오래 되어 경제적으로는 어려움이 있었지만 완고하신 아버지의 가르침에 따라 부모에게 효도하고 형제간에 우애하며 열심히 바르게 살았다. 종교적으로는 철저하게 유교를 신봉했던 집안이었지만 미국에서 온 선교사들의 영향으로 큰형님이 기독교로 개종하면서 온 가족들이 주위 친척들의 비난을 받으며, 때로는 안목을 피하면서 10리 밖에 있는 황벌장로교회를 다니게 되었다. 그도 어린 아기 때부터 어머니 등에 업혀서 교회를 다니기 시작했고 형, 누나들도 경제적으로 어려운 가운데서도 학교 공부와 신앙생활을 열심히 했다. 그 후 미국으로 유학 온 형과 누나의 도움으로 집안은 빈곤에서 해방되었고, 그도 25살에 도미했다. 이민생활 첫 10년 동안 낮에는 학교생활, 저녁에는 직장생활 때문에 항상 수면 부족으로 고생하기도 했지만 29세에 부인 이수남 씨와 결혼했고 사업도 매년 성장하는 복을 받았다.

이로 인해 조그만 아파트에서 큰 집으로, 값싼 소형차에서 고급 독일제 차로, 교회에 드리는 십일조도 몇 배로 늘어나는 등 모든 것이 상승세로 발전되었다. 또 1남 1녀인 에스터와 데이비드는 신앙생활을 잘하는 등 자녀의 복까지 받아 행복한 삶을 살아왔다. 원래 학교, 직장, 사업, 가정생활 등 모든 면에서 열심이었던 그는 신앙생활도 열심히 했다. 가족들과 여행을 갔다가도 3~4시간 걸리는 곳이라면 꼭 교회에 돌아와 예배를 드렸고, 맨 먼저 교회에 나와 맨 나중에 문을 잠그고 교회를 떠나는 열심 있는 성도 중 한 사람이었다. 그러나 항상 마음속에 자격지심이 있었다. 그것은 어떤 사람들은 신앙생활을 시작한 지 얼마 되지도 않아서 방언을 하거나 병 고치는 은사를 받고 정말 뜨겁게 신앙생활을 하는데 그렇지 못한 자신은 항상 목마른 사슴처럼 다른 사람들이 경험한 뜨거운 신앙생활을 체험하면 좋겠다는 바람으로 가득 차 있었다.

그런데 그 바랐던 은사나 뜨거운 신앙 체험 대신 환난과 시련이 그를 찾아왔다. 존경하던 목사님이 갑자기 위암으로 돌아가셨는가 하면, 교회의 청소년들이 교통사고로 사망하고, 특히 LA의 손위 동서가 49세에 간암으로 세상을 떠난 것이었다.

"내 자신과 주변에 있는 믿음의 성도들의 삶 속에서 일어나는 고난과 죽음을 바라보면서 거의 평생을 신앙생활해 오던 마음속에 정말 하나님이 계신가 하는 의구심이 생겨 하나님을 믿는 신앙심이 약해져가며 점점 신앙에 대한 회의와 부정적인 생각이 싹트고 방황하게 되었습니다. 바로 그때 사랑의 하나님은 나를 그대로 버려두시지 않으시고 우리 부부에게 큰 시련을 주심으로 하나님으로부터 멀어져 가는 나를 붙드셨습니다."

뜻하지 않게 1998년 9월에 아내가 유방암으로 진단되어 오른쪽 유방 전체를 제거하는 시련을 당해야 했다. 그렇게도 승승장구하던 삶 속에 청천 벽력과 같은 일이 벌어지면서 그동안의 신앙의 회의와 의심을 지나 하나님을 원망하기 시작했다.

"아내는 본래 심성이 착하고 나보다 더 교회를 사랑하며 약한 자를 찾아 돕고 섬기는 일이 몸에 배어 있고, 남편과 아이들을 정성으로 보살피고 시어머니뿐만 아니라 우리 형제들에게도 늘 우애를 앞세우고 매사에 실수 없이 열심히 살아왔는데 어찌 이런 일이 있나, 나의 신앙 상식으로는 도저히 이해 되지 않아 하나님을 원망하며 따지는 삶을 살게 되었습니다."

그러나 자비로우시고 은혜로우신 하나님은 주권적인 사랑으로 붙드셨고, 아내의 수술과 치유도 잘되어 완전히 회복되게 하심으로써 오히려 유방암을 통해 하나님의 사랑을 깨닫게 하셨다. 아내는 평소에 자신의 건강관리를 잘해왔기 때문에 정기적인 검진을 받아왔는데 어느 날 오른쪽 유방에 좁쌀만한 것이 잡히고 가끔 미미한 통증이 있었다. 그 후 부인과 의사를 통하여 초음파 검진까지 했으나 의사의 말로는 별로 걱정할 일이 아니라고 했다. 그러나 아내가 기도할 때마다 더 정확한 진단을 빨리 받으라는 성령의 인도하심이 있어 며칠 후에 조직 검사를 받았는데 아주 초기 단계의 유방암으로 결과가 나온 것이었다.

"그야말로 의사의 말만 믿고 그냥 있었더라면 아내는 지금쯤 어찌 되었을까 생각해 보니 살아 계신 하나님이 아내의 마음을 움직여 검사를 받게 하고 또 수술을 받게 하심으로 오늘의 건강을 주신 것에 감사하지 않을 수 없었습니다."

그러나 아내의 유방암 수술 2년 후 또 다른 어려움이 찾아왔다. 유방암을 통해 어떤 고통과 시련에도 흔들리지 않고 모든 것을 하나님의 주권하에 맡기겠다고 다짐하며 그동안 잃었던 하나님을 다시 발견하여 매일 기쁘고 즐겁게 확신에 찬 신앙생활을 해왔는데 이젠 직접 그 자신의 왼쪽 신장을 제거하는 수술을 받아야 했다.

"의사의 진단을 받는 순간 내 자신의 처량한 모습을 보게 되었고 잠시나마 우리 가정이 모든 사람들로부터 손가락질 받는 수치와 아픔도 느꼈으나 조용히 하나님 앞에 머리 숙이며 '하나님 여기에도 하나님의 뜻이 계시겠지요' 하며 기도할 때 나에게는 강함과 용기와 담대함이 생겼고 오히려 하나님에게 감사하는 마음이 생겼습니다."

이평래 장로 가족

특히 그의 병 진단은 정말 기적적인 것이어서 하나님께 감사하지 않을 수 없었다. 2001년 8월에 가족은 한국을 방문했는데, 하루는 병원을 개업한 조카사위가 미국으로 돌아가기 전 건강 진단을 받으라고 권했다. 그러나 시간도 없었고 평소에 건강하다고 여겼기 때문에 호의를 거절했는데 다음에 만날 친구와의 약속이 갑자기 연기되는 바람에 시간을 보내기 위해 건강 진단을 받았다. 그 결과 왼쪽 신장에 작은 종양이 발견되었고, 이어 미국에 돌아와 조직 검사 끝에 악성 종양이기 때문에 수술을 받아야 한다는 진단이 내려졌다. 특히 담당의사는 신장, 간, 췌장, 허파는 종양이 생기더라도 잠자는 것처럼 있다가 대개 말기에 이상을 느껴 증상을 찾을 수 있는데 이처럼 조기에 발견한 것은 정말 기적적인 행운이라고 말하였다.

다행히 신장도 완전 제거하지 않고 15%만 부분 절제하는 수술을 받았다. 이 장로는 "하나님이 우리 부부를 사랑하셔서 아내에게도 성령으로 재검사를 받게 하셔서 유방암을 발견케 하시고, 자신도 친구와의 약속을 갑작스레 연기시켜 병을 조기에 진단케 하셨다"고 감사했다. 특히 자신이 직접 수술을 받음으로 인해 아내가 수술받았을 때 얼마나 아팠는지 그 고통을 체험할 수 있었고, 그 아픔을 통하여 주님이 당하신 십자가의 고통에 비하면 억만 분의 일도 되지 않지만 주님의 고난과 아픔을 조금이라도 느낄 수 있었으며, 또 주변에서 병으로 고통받는 이웃들을 이해하고 도울 수 있는 마음을 배우고 깨닫게 해주셨다고 간증했다.

"이제 토기장이가 되신 하나님께서 나를 밥그릇으로 사용하시든, 국그릇으로 사용하시든 아니면 된장단지나 고추장단지 또는 허드레용 그릇이든지 간에 어느 때든지 하나님께서 필요에 따라 쉽고 편하게 잘 사용되어질 수 있는 그릇이 되도록 순종하고 살고 싶은 마음뿐이며, 그의 사랑하는 백성들에게 이른 비를 주시고 늦은 비를 주시며 때를 따라 돕는 은혜를 주시는 하나님을 앙망하며 살아갈 뿐입니다. 그동안 나는 열심히 살며 많은 것을 배우고 깨달았습니다. 사도 바울이 로마서 8장에서 가르쳐 주셨듯이 예수 그리스도를 믿음으로 말미암아 구원받은 하나님의 자녀들은 그 어느 것도 우리를 하나님으로부터 멀어지게 할 수 없다는 것입니다."

"누가 우리를 그리스도의 사랑에서 끊으리요 환난이나 곤고나 핍박이나 기근이나 적신이나 위험이나 칼이랴"(롬 8:35), "내가 확신하노니 사망이나 생명이나 천사들이나 권세자들이나 현재 일이나 장래 일이나 능력이나 높음이나 깊음이나 다른 아무 피조물이라도 우리를 우리 주 그리스도 예수 안에 있는 하나님의 사랑에서 끊을 수 없으리라"(롬 8:38~39).

이평래 장로는 오늘도 이 말씀들을 통해 다시 한 번 하나님의 사랑과 은혜를 확신하고 있다.

〈새 하늘 새 땅〉 2003년 10월호

강 신 자
브레머튼

시험 속에서도 하나님의 뜻 깨달아
오직 하나님만 믿고 간구하면 이뤄져

정신병, 자궁암 등 시련에도 감사

강신자 권사 가족

브레머튼 한인장로교회(담임 한재신 목사)를 섬기고 있는 강신자 권사는 자궁암 등 여러 질병뿐만 아니라 심지어 정신병원에 입원까지 하는 등 많은 시련과 어려움을 겪었지만 그 모든 것을 하나님의 뜻으로 알고 감사하며 지금도 열심히 하나님을 섬기고 있다.

이북 황해도 출신인 그녀는 믿음이 좋은 부모님을 따라 다섯 살 때부터 교회에 다니기 시작했다. 한국전쟁이 일어나자 가족들이 모두 헤어져 1·4후퇴 때 따로따로 남한으로 피난왔다가 어머니는 5년 후에 만나고, 친언니는 25년 만에 만났다. 특히 당시 영락교회에 다니던 어머니는 오랫동안이나 소식이 없던 언니를 위해 어디에서나 잘살고 또 언젠가는 다시 만날 수 있도록 매일 매일 항상 가족과 함께 기도했다.

그녀는 한국에서 미군으로 복무하던 윌리엄 오하라 씨를 만나 결혼했는데 그는 1950년 압록강 전투에서 부상을 입고 수년 전 미국 정부로부터 퍼플 하트(Purple Heart) 훈장을 받기도 했다. 20년 군복무를 마친 후 남편과 함께 1970년 워싱턴 주 브레머튼으로 왔던 그녀는 당시 너무 비가 많이 오는 기후가 싫어 1년을 살다가 서울로 돌아갔으나 다시 브레머튼으로 돌아왔다. 그 후 남편은 팬앰 항공사에 근무했으며 워싱턴 DC의 NASA에 5년 근무 후 1994년 은퇴했다.

이처럼 모든 면에서 순탄한 생활을 한 탓에 그녀는 어렸을 적 잘 다녔던 교회를 젊은 시절에는 잘 나가지 않는 등 신앙생활을 소홀히 하기도 했다. 그러나 20년 전 어머님이 하늘나라에 가시면서 "언니는 잘 믿는데 너는 잘 안 믿어 마음 아프다"는 지적과 함께 자녀들에게 하나님을 가까이하며 살라는 유언을 하신 후 그녀는 진정으로 회개하고 그때부터 지금까지 하나님의 말씀대로 열심히 살려고 노력하고 있다고 말했다. 한인들이 별로 없었던 브레머튼 지역에 1982년 열 가정의 창립멤버로서 브레머튼 한인장로교회를 개척하고 지난 22년 동안 줄곧 이 교회만 섬기고 있는 강 권사는 11년 전 워싱턴 DC에 살 때 그곳의 한인교회에서 권사 임직을 받는 등 신앙생활도 열심히 했다.

그러나 이 같은 열심 있는 신앙생활 속에서도 여러 환난이 많았다. 언젠가 일본 여행에서는 자궁외 임신으로 하혈이 멈추지 않아 매우 위험했었는데 하나님이 살려 주셨으며, 뉴욕에서는 유산이 되어 죽을 뻔한 위기도 있었다. 또 자궁암을 발견하고 수술을 했는가 하면, 지난 4월에는 헬리콥터로 병원에 긴급 후송되어 담낭을 떼어내는 큰 수술을 받았다.

이처럼 4회나 큰 수술을 받고 하나님의 은혜로 살아난 강 권사는 이 같은 시련에도 하나님께 원망하지 않았다. 오히려 자신이 바로 서지 못하니까 하나님이 정신차리라고 경고하신 것으로 감사하고 있다.

"저는 나름대로 선하게 살려고 했습니다. 또 스트레스 받을 일도 없고, 경제적으로도 아쉬운 것 없이 풍부했으며 신앙생활도 열심히 했습니다. 그러나 하나님이 보시기엔 제가 바로 서지 않았다고 생각하셨는지 그때그때마다 시험을 통해 하나님의 뜻을 깨닫게 하셨습니다. 특히 자궁암으로 진단되었을 때도 전혀 죽음이 두렵지 않았습니다. 그러나 하나님 앞에 가게 되었을 때 내가 하나님께 할 말이 무엇이 있는지, 그동안 말씀대로 하나님을 사랑하고 이웃에게 사랑과 은혜를 베풀며 살았는지, 선교하고 전도하라는 지상명령을 다 지켰는지 생각하니 자신이 없어 그것만 걱정이 되었습니다. 하나님이 보실 때 나는 대답할 것이 전혀 없었습니다. 지금도 사람이 보면 내가 열심히 봉사하는 것 같지만 하나님이 보시기엔 바로 서지 못하기 때문에 나를 바로 세우기 위해 시련을 주신다고 생각하며 그때마다 회개하고 또 회개하고 있습니다."

특히 그녀는 9년 전 갱년기 우울증 탓인지 갑자기 잠을 못 자고 밥을 못 먹는 증상이 몇 개월 동안이나 계속되어 죽고 싶은 생각까지 들었다. 심지어 때로는 정신없이 집을 나가는가 하면, 언젠

남편 윌리엄 오하라 씨가 퍼플 훈장을 받고 있다.

가는 바닷가에 나가 죽으려고 물 속에 뛰어들기도 했다. 마침 집을 나가는 그녀를 뒤쫓아 온 남편이 물에서 구조해 생명을 구하기도 했다. 이처럼 시시때때로 위험한 행동을 하는 아내를 감당할 수가 없자 남편은 그녀를 보호하기 위해 정신병원에 입원시켜 1년 3개월 동안이나 입원해야 했다. 정신병원에 있는 동안 그녀는 자신이 아직도 하나님 앞에 바로 서지 못하고 바로 믿지 못해 하나님이 시험하고 계신다고 믿고 매일 기도를 계속했는데 1년 3개월을 마치니 정신이 바짝 들어 눈물로 퇴원했다며 하나님의 역사와 능력을 증거했다. 특히 정신병원 입원을 통해 그녀는 오직 하나님만 믿어야 한다는 것을 깨닫게 해주셨다고 감사했다.

"긴 병에 효자 없다는 말처럼 정신병원에 오래 입원하다 보니 그동안 문병 오던 주위의 많은 사람들의 발걸음도 끊어져 오직 하나님밖에 없다는 것을 깨닫게 되었습니다. 이를 통해 사람은 믿을 수 없고 오직 하나님만을 믿어야 한다는 생각으로 하나님께 간구하고 기도했습니다."

이처럼 여러 차례의 시련을 통해 하나님의 사랑과 뜻을 깨달은 강 권사는 이를 통해 세상적인 욕심이 없어지고 항상 기쁜 마음으로 나누고 사랑으로 대접하며 살기 위해 노력하고 있는데, 지난 8년 반 동안 토요 새벽기도 후 성도들에게 한 주도 안 빠지고 식사대접을 하고 있으며 자신의 집도 교인들과 교회를 찾아오는 손님들에게 항상 개방, 강 권사가 없어도 교인들이 집을 사용할 정도라고 한다. 지난 15년 동안 매일 새벽 4시 30분에 일어나 2시간 가량 교인이나 주위의 환자를 비롯 어려운 사람들을 위해 중보기도를 하고 있는 강 권사는 기도는 하나님과 호흡하고 대화하는 시간이라며 하나님만 믿고 기도로 간구하면 안 되는 것이 없기 때문에 하나님이 항상 함께하심을 믿는다고 감사했다.

교회 여선교회 회장으로 9년이나 봉사한 강 권사는 현재도 65세 이상의 '소망회 선교회' 회장으로서 선교와 구제, 봉사에 앞장서고 있다. 한때 분열되기도 했던 교회가 한재신 목사 부임 후 성장 발전하고 있는 것에 감사하고 있는 강 권사는 한 목사가 성도들을 참으로 사랑하고 있다며 한 목사님이 두꺼비 같은 손으로 직접 자장면이나 갈비를 요리해서 성도들에게 접대하고 있을 정도라며 자랑했다. 남편은 자신이 정신병원에 입원했었을 때 백일기도를 했을 정도로 아내를 사랑하는 착한 사람이며, 특히 외아들 라저 오하라(33)는 티칭 프로골퍼로서 이 지역 골프장의 헤드 프로로 활동하고 있을 정도여서 강 권사는 하나님이 남편과 자녀의 복도 주셨다며 감사하고 있다. 강 권사는 앞으로 남은 생애를 선교와 전도를 위해 노력하며 이웃을 내 몸같이 사랑하고, 베푸는 삶을 살아 믿는 자의 본이 되기를 소망했다.

〈새 하늘 새 땅〉 2004년 7월호

오 대 기

뉴저지

사랑하는 아이 잃은 큰 슬픔 극복
시련과 연단으로 하나님의 사랑 체험

육신의 아들 대신 하나님의 아들 얻어

오대기 회장 부부

시애틀에서 열린 북미주 한인기독 실업인회(CBMC) 대회에서 제6대 회장에 취임한 오대기(뉴저지 안디옥장로교회) 장로와 조원화 권사 부부는 이 모든 것을 하나님의 뜻으로 알고 감사하고 있다. 특히 이들 부부는 23년 전 셋째 아이가 6개월이 되었을 때 잃어버리는 큰 슬픔과 고통을 겪었지만 하

나님의 은혜와 사랑을 체험했기 때문에 그 시련을 통해서 주신 하나님의 뜻을 실천하기 위해 최선을 다하고 있다.

감리교 미션스쿨인 배재고등학교를 다녔고 당시 아버지의 사업 실패 속에서도 방황하지 않고 교회에 열심으로 출석하다가 진정으로 하나님을 영접한 오 장로는 고려대 화공과를 졸업하고 아내와 결혼, 1975년 도미 후 미국에서 2남 1녀의 세 자녀를 키우며 행복한 생활을 했다. 더구나 건강하고 아름다운 셋째 아이를 얻었을 때 이들 부부는 부러울 것이 없었다. 부인 조원화 씨의 경우도 1981년 성령 세례를 받고 첫사랑의 감격과 기쁨을 가지고 주님을 힘껏 섬기고 있었다.

그러나 1983년 어느 날 청천 벽력처럼 세상에서 가장 사랑스럽고 기쁨을 주던 셋째아이 현우를 하나님이 갑자기 불러 가시는 엄청난 시련이 집안에 몰아쳤다. 그날 부인은 남편이 다니고 있던 평신도 신학원에서 수고하시는 목사님과 성도들을 대접하려고 음식을 준비하기 위해 안 자려고 하는 아이를 억지로 재워 놓았는데, 그만 아이가 기도가 막혀 숨을 거두는 비극이 일어난 것이었다. 손을 쓸 새도 없이 아이가 사망한 것을 안 그녀는 몸부림치다 기절했는데 정신을 차려보니 병원 응급실에 누워 있었다. 계속 죽은 아이를 생각하며 울부짖고 있었는데 병원의 원목이 다가왔다. 그녀는 그 목사님에게 따져 물었다. "내가 나름대로 주님을 사랑하며 섬기고 있는데 어찌 감히 나에게 이런 일이 일어나도록 하나님은 허락하시나요?" 그때 목사님이 조용히 대답하셨다. "이것은 하나님의 뜻입니다."

섬기는 교회의 변의찬 목사님도 "하나님은 나보다도 오 집사님의 가정을 더 사랑하신다"고 말했다. 그러나 당시 이 모든 말들이 이해되지 않았을 뿐 아니라 받아들이고 싶지도 않은 위로였다. 도저히 이해할 수 없는 말씀이었다. 더욱이 졸지도 주무시지도 않고 지키신다고 믿어 오던 하나님을 부인하지 못하고 계속 믿고 사랑하며 섬겨야 한다는 사실이 더욱 암담했다. 그녀는 아이가 보고 싶어서 울었고, 인생의 패배감에 울고 또 울었다.

그 해 11월 8일 몹시도 추웠던 늦가을 날, 채웠던 기저귀가 마르기도 전에 아이를 묻고 온 그녀는 자신의 가슴에 알 수 없는 평강이 강하게 임하기 시작하는 것을 느꼈다.

"저는 영문을 몰라 제 자신에게 물었죠. 그때 주님은 분명하게 말씀하셨어요. '이 평강은 너를 위해 기도하는 성도들과 이웃들의 기도의 응답이다.' 저는 그때 중보기도의 효험을 깊이 체험하고 주위를 돌아보며 기도할 담력이 생겼고, 나를 사망의 음침한 골짜기에서 평강의 동산으로 이끌어 준 성도들의 사랑과 기도에 감사했습니다. 그리고 이 일로 인해 교회와 성도의 귀함을 알게 되었습니다."

조원화 권사의 간증은 계속된다.

"다음날 주일이 되어 교회를 가야 하는데 '얼마나 큰 죄가 있으면 아이가 다 죽을까!' 누군가는 그렇게 생각할 것 같아 사람들을 만나고 싶지 않다는 생각이 들었는데 마침 그때 전화벨이 울렸습니다. 세밀하신 주님께서 기도를 많이 하는 선배 언니로 하여금 우리 가정에 주님의 이름으로 다음과 같이 전하도록 하셨습니다. '너희 가정을 특별히 사랑하셔서 주의 일에 쓰시기 위해 현우를 주님 곁으로 데려가셨다.' 이해는 되지 않았지만 현우가 그 아름다운 천국에서 주님과 같이 있음을 확인해 주심으로 큰 위안이 되었습니다. 특히 그날 밤 선배 언니와의 전화를 통하여 간증하며 기

육신의 아들 대신 하나님의 아들 얻어_오대기 **281**

오대기 회장 부부가 인사하고 있다.

도하는 가운데 갑자기 그 언니의 목소리가 천둥과 같고 많은 물소리와 같이 변하여 주님의 음성으로 듣게 하셨습니다. '사랑하는 내 딸들아 사랑하는 내 딸들아 기도하라, 아들을 주겠노라, 아들을 주겠노라. 복음을 전하라 기뻐하라 기뻐하라.'"

"이 같은 주님의 음성을 듣고 기도하기 시작했습니다. 기도하는 가운데 힘든 과정을 감당할 수 있다고 여겨 어려움을 허락하신 하나님을 실망시켜 드리지 않으려는 마음이 생겼고, 주님께서 죽으심으로 잠시 잠깐 후에 현우와 같이 천국에서 영생하게 해주심을 감사하게 되었습니다. 또 나는 순식간에 아들을 잃었지만 아담이 죄를 범한 순간부터 주님의 십자가의 죽으심을 계획하신 하나님 아버지의 기나긴 고통의 시간들을 생각하며 우리가 은혜로 받은 이 구원의 은총이 어떤 대가를 치른 것인지 깨닫게 되었습니다."

이러한 과정을 통해서 그녀의 상처는 놀랍고도 완벽하게 치유되었고, 그 후부터는 자신처럼 자식을 잃은 부모들을 위로하고 격려하는 하나님이 주신 사명을 다하게 되었다. 특히 그동안 주님께서 주신 말씀을 따라 다시 아들을 주실 줄 알고 기다렸다. 또 때로는 강한 성령님의 감동에 못 이겨 하나님께서 다시 아들을 주실 것을 간증하기도 하였다. 오랜 시간이 흘러 아들을 허락하시지 않은 것은 자신에게는 괜찮지만 혹시 자신의 간증을 기억하는 성도들에게는 식언(?)하시는 하나님으로 생각될까봐 때때로 마음이 무거웠다. 그런데 18년이 지난 어느 날 주님과 대화하는 가운데 하나님이 주신다고 말씀하신 아들에 대하여 깨닫게 하셨다.

"또 증거는 이것이니 하나님이 우리에게 영생을 주신 것과 이 생명이 그의 아들 안에 있는 그것이니라 아들이 있는 자에게는 생명이 있고 하나님의 아들이 없는 자에게는 생명이 없느니라"(요일 5:11~12).

육신의 아들 대신 하나님의 아들을 주신 하나님께 그녀는 눈물로 감사했다.

"주님이 그동안 베풀어 주신 사랑과 은혜와 복을 감사드립니다. 주님께선 여러 가지로 저를 훈련시키셨습니다. 다시 젊어지고 예뻐진다 해도 그 과정을 다시 거쳐야 한다면 결코 되돌아가고 싶지 않습니다. 하지만 그러한 시련과 연단이 없었던들 하나님의 뜨거운 사랑과 인도하심을 느끼며 말씀의 신실함을 체험하며 좋으신 하나님을 찬양하며 내 자신은 물론 가족 친지의 삶을 주님께 맡기지 못했겠지요."

이처럼 주님께 감사하는 조원화 권사와의 사이에 아들 크리스토

퍼와 딸 마리아를 두고 있는 오대기 장로도 뒤돌아볼 때 하나님은 큰 시련 속에서도 소망과 사랑과 복을 주셨다며 감사했다.

"사랑하는 아이가 죽는 것은 내가 죽는 것보다 더 힘든 고통이었습니다. 성도들의 중보기도와 이사야 55장 8~9절의 '여호와의 말씀에 내 생각은 너희 생각과 다르며 내 길은 너희 길과 달라서 하늘이 땅보다 높음같이 내 길은 너희 길보다 높으며 내 생각은 너희 생각보다 높으니라' 는 말씀에 아들은 내 것이 아니고 하나님의 것이며, 아들의 죽음에도 하나님의 크고 높은 뜻이 있는 것을 깨닫고 위로와 용기를 갖게 되었습니다."

오 장로 부부는 이처럼 시련 속에서 하나님의 뜻을 발견한 후 아들을 천국에서 만날 수 있도록 세상에서 사는 동안 깨끗하고 거룩되고 구별된 삶을 살며, 교회에 헌신하고 사회에서도 적극적으로 기독교인으로서 복음을 전하는 데 최선을 다하고 있다. 현재 시무 장로로 섬기고 있는 뉴저지 안디옥장로교회(담임 황은영 목사)를 22년 동안 섬기고 있는 그는 맨해튼 CBMC 회장, 미동부 CBMC 연합회장을 거쳐 북미주 CBMC 총연합회 회장이 되었는데 뉴욕 한인 라이온스클럽 회장직도 맡고 있으며, 중국에 공장이 있는 의류무역업체를 하고 있다. 또 북한 어린이들에게 지난 4월 25,000톤의 우유를 보냈던 '범동포 추진위원회' 공동위원장 등 여러 분야에서 적극 헌신하고 있다.

〈새 하늘 새 땅〉 2004년 8월호

그레이스 오

조지아 주

자살하려다 예수님 믿고 하나님 뜻 깨달아
일본에서도 한 달 새 500명 예수님 영접

시각장애 극복하고 음악 박사까지

선천적인 시각장애를 극복하고
음악 박사까지 된 그레이스 오

Grace Oh(오은경) 씨는 청주시의 한 가난한 불신자 가정의 장녀로 태어났다. 아이는 예쁘고 귀엽게 자랐으나 행동이 이상하여 의사에게 진찰을 받았는데 맹인이라는 청천 벽력 같은 통보를 받게 되었다.

그레이스는 초등학교에 입학할 나이가 되어 청주 맹인학교에 입학하게 되었다. 어린 나이에 부모를 떠나서 기숙사 생활을 한다는 것은 그레이스에게도 너무 어려운 일이었다. 어린아이 때는 시각장애인의 삶이 얼마나 가련하고 비참하며 절망적인가를 이해하지 못했다. 그러나 점차 성장하면서 어디를 가려고 해도, 혹은 무엇을 해도 누군가의 도움없이는 살아가지 못하는 자신에 대하여 비관하고 절망 속에 빠져 삶의 의욕을 잃어버리게 되었다. 그런데 어느 날 아침 어디에 가려고 나왔는데 어떤 사람이 그레이스를 보고 땅에 침을 탁 뱉으면서 "에이 재수 없어, 이른 아침에 소경을 보다니"라고 말했다. 이 한 마디의 말이 아홉 살인 그레이스로 하여금 자살을 결심하게 했다. 그러나 죽는다는 것도 쉬운 일이 아니었다. 약국에 가서 수면제를 사려 해도 팔지 않았고, 교통이 혼잡한 거리에 뛰어들려 해도 행인이 그레이스를 붙잡아 주었으며, 한번은 학교에서 금강에 놀러 갔는데 이때다 싶어서 점점 깊은 곳으로 들어갔으나 선생님이 보고 건져 주었다. 자살의 시도가 실패할 때마다 '그러나 어느 날 나는 꼭 죽을 것'이라고 중얼거렸다.

 그런데 하루는 예수를 잘 믿는 외할머님이 그레이스 집을 방문하고 그 다음 주일부터 교회에 데리고 가서 주일학교에 등록을 시키고 예배시간마다 참석하게 했다. 노래를 좋아하는 그레이스는 주일학교에서 찬송을 배우고 선생님의 재미있는 이야기 듣는 것이 즐거워 매주일마다 빠지지 않고 참석했다. 그러나 '하나님이 사랑'이라는 말을 이해하지 못했다. 만일 하나님이 사랑이면 왜 나를 맹인으로 태어나게 했을까. 그러나 할머님은 매일 성경을 가르쳐 주고 함께 기도하며 신앙으로 인도하려고 노력하셨다. 외할머님은 "우리가 하나님의 섭리를 모두 알지는 못한다. 그러나 어느 날 맹인으로 태어난 것을 하나님께 감사하게 될 것이다. 너는 장차 미국에 가서 박사 공부를 하게 될 것이다"라고 하셨다. 외조모님의 기도는 응답되었다. 열 살이 되던 어느 주일에 설교를 듣다가 성령의 큰 감동을 받아서 예수님을 구주로 마음속에 영접하게 되었다. 자신의 죄의 대가를 치르기 위하여 골고다의 십자가 위에서 피를 흘리신 예수님을 생각하며 감사의 눈물을 흘렸다. 그리고 생명은 하나님이 주신 것인데 자살도 살인죄라는 사실을 알게 되었다. 그녀의 마음에 오신 예수님은 그녀를 변화시키기 시작했다. 슬픔이 변하여 기쁨이 되었고 한숨이 변하여 찬송이 되었으며, 절망이 변하여 소망이 되었고 불가능하다는 부정적인 생각이 변하여 믿음으로 할 수 있다는 적극적인 생각으로 바뀌었다.

예수를 영접한 후 자신도 주님을 위해 무엇인가를 해야겠다고 생각했다. 그런데 어머님이 학교를 방문했다가 어떤 학생이 피아노를 배우는 것을 보고 음악 선생님께 부탁하여 피아노를 배우게 되었다. 그레이스는 자신이 피아노를 배워 후에 교회에 가서 예배 시간에 반주라도 할 수 있다면 주님이 얼마나 기뻐하실까라고 생각하며 열심히 배우기 시작했다. 그 당시만 해도 한국에는 점자 악보가 없었으므로 선생님이 피아노를 쳐주면 그것을 기억하고 연습하며 배워야 했다.

그런데 기적이 일어나기 시작했다. 한 번만 피아노를 쳐주면 모두 기억하고 치는데 놀라운 음악적 재능이 나타나기 시작했다. 1년 후 전국 장애자 음악 콩쿠르에서 특상을 받은 것을 시작으로, 고등학교를 졸업할 때까지 13회 참가하여 13회 모두 입상을 했다. 청주 맹인고등학교를 졸업한 후 대학교에 가서 피아노 공부를 더 하고 싶었으나 어느 대학교도 맹인이라는 이유로 받아 주지 않았다. 심히 실망했고 낙심이 되었다. 그리고 주님께 열심히 기도하

그레이스를 하나님 사랑으로 성공시킨 고원영 목사

기 시작했다. 그런데 하루는 청주 맹인학교 교장인 우경천 장로님께서 청주 동산교회에서 미국의 유명한 목사님을 모시고 부흥회를 하는데 목사님을 만나보도록 하라고 했다. 그 다음날 고원영 목사님을 만났다. 피아노를 한두 곡 치라고 해서 쳤는데 고 목사님은 미국으로 돌아가면 그레이스가 미국에 와서 공부할 수 있는 길이 있나 알아보겠으니 기도하라고 했다. 아들만 3형제를 가진 고 목사는 집에 돌아와 가족회의를 열고 불쌍한 그레이스를 양녀로 데려다가 도와 주자고 합의하고 초청장을 보내서 공부하도록 도와 주었다. 하나님은 신실하시며 약속대로 기도에 응답해 주셨다. 한국의 대학교에서 받아 주지 아니한 불행이 오히려 미국 유학을 하게 되는 놀라운 축복으로 변하게 되었다.

고 목사님 집에 살면서 공부를 시작했는데 여러 가지 문제에 직면했다. 영어를 못하니 영어 학교에 나가서 배우려 하나 흑판에 쓰는 선생님의 글을 읽을 수도 없었다. 비자는 우선 방문 비자이니 학생 비자로 바꾸어야 하는데 토플 시험을 봐야 대학에 입학할 수 있다. 또 몸은 너무 약하여 약 30분도 피아노를 칠 수가 없었으며, 류머티스 알트라이시스란 병이 있어서 잘 걸을 수도 없었다. 사단은 "너는 불가능하다. 한국으로 돌아가라"고 하면서 낙심을 주기도 했다. 그러나 "믿는 자에게는 능치 못할 일이 없느니라"라는 말씀을 굳게 붙잡고 노력했다. 결국 영어 시험에 합격하고 캘리포니아 주립대학에 입학하여 피아노를 전공하게 되었다. 2학년을 마쳤을 때에 고 목사님은 애틀랜타 영락교회의 담임목사로 부임하게 되면서 미국 남부의 하버드라는 별명을 가진 에모리 대학교(Emory University)에 전학하여 피아노를 전공했는데, 그 당시 에모리 대학교의 총장이었고 전 주한 미 대사인 제임스 레이니(James Laney) 박사는 그레이스의 음악적 재능을 높이 평가하여 전액 장학금을 주었다. 그레이스가 졸업한 학교들, 학사학위를 받은 에모리 대학교, 음악 석사 학위를 받은 뉴잉글랜드 컨서버터리 오브 뮤직(New England Conservatory of Music), 음악 박사 과정을 마친 보스턴 대학교(Boston University)도 모두 명문 대학들이며 동시에 사립대학들이다. 그래서 학비가 매우 비싸서 1년 동안에 약 3만 달러 내지 4만 달러가 필요했다. 고 목사님은 목회자의 어려운 생활 속에서도 끝까지 그레이스의 학비를 도와 주었다.

대학 때부터 음악에 특별한 재능이 나타나서 서부 여러 도시에서 피아노 독주회를 가지게 되었고, 서독 문화원의 초청으로 서독 5대 도시에서 독주회를 가지기도 했으며, 대학 4학년 때에는 지미 카터 대통령의 초청 연주회도 가졌다. 서독을 위시하여 일본에 3차 순회공연, 한국에도 3차 순회 공연을 했다. 박사 공부를 마치면서 그레이스는 장래를 위하여 하나님의 인도하심을 받으려고 열심히 기도했다. 2003년 어느 날 하나님은 그레이스에게 다음과 같은 비전을 주셨다.

첫째, 피아노 연주를 통해서 전세계에 나가서 영혼을 구원하는 사역을 하라.

둘째, 가난한 나라의 시각장애인들은 초등학교 교육도 못 받고 있으니 너는 저들을 도우며 선교하라.

셋째, 한국의 시각장애인들을 위하여 기술과 음악을 가르치는 학교를 세우라.

이 비전을 위하여 조지아 주정부에 '그레이스 에모리 재단(Grace Emory Foundation)'이라는 비영리 단체를 등록했고, 올해부터 모금 캠페인을 시작하고 있다. 그레이스는 모금을 위하여 찬송가와 복음성가의 반주곡을 편곡하여 CD를 만들었는데 이 CD는 미국이나 한국에서 처음으로 발매된 아주 영감에 찬 피아노 반주곡들이다.

〈새 하늘 새 땅〉 2004년 8월호

송 윤 석

페더럴웨이

하나님의 도구로 사용되는 아들에 큰 기쁨
죽은 것으로 여겼으나 기적적으로 살아나

강도 총에 장애인 되었으나 하나님께 감사

송윤석 군이 꿈에서 본
십자가를 들고 있다.

23세 젊은 청년이 권총 강도에 치명적인 총격을 당해 한쪽 눈을 실명하고 장애인이 되는 큰 비극을 당했다. 그러나 지금 본인과 가족들은 그 같은 시련 속에서도 오히려 하나님께 감사하고 찬양하고 있어 큰 감동과 은혜를 주고 있다.

송진기, 송영란 씨의 1남 1녀 중 큰아들인 송윤석(29) 씨는 1998

년 11월 27일 저녁 타코마 레이크우드 지역의 그로서리 마켓에서 일을 하고 있었는데 갑자기 복면을 한 무장 강도 두 명이 가게 안으로 들어왔다. 강도들은 들어오자마자 총으로 위협한 후 그에게 무조건 총 한발을 발사, 오른쪽 팔꿈치를 관통했다. 이어 머리에도 총격을 가해 송씨는 그만 쓰러져 정신을 잃었다.

사건 당일 가족들은 금요철야예배 중에 사고 소식을 접했다. 그러나 아들이 죽었는지 살았는지 정확한 상황을 알지 못해 병원으로 가는 도중에 오직 하나님께 아들을 지켜 주시기만을 간절히 기도했다. 병원에 도착하여 수술 대기실에 가서 기다리는데 연락이 왔다. CT 촬영을 하려고 하는데 맥박이 뛰지 않아서 이미 죽은 것으로 판단하고 15분 동안 방치해 두었다고 한다. 그런데 마침 한 의사가 너무 젊고 건강하니 소생술을 한 번 더 해보자며 시도했는데 갑자기 맥박이 다시 뛰기 시작했고, 수술을 하고 있다는 소식에 가족들은 하나님께서 돕는 천사를 보내 주신 것으로 감사했다.

그러나 새벽에 수술을 마친 의사들은 5%밖에 살 가망이 없고, 산다고 해도 식물인간이 될 것 같다는 청천 벽력 같은 말을 하고 갔다. 이럴 때일수록 침착해야 한다고 마음을 먹었지만 가족들이나 목사님, 성도들은 아픈 마음뿐이었다. 병원의 원목님이 오셨는데, 원목님은 아들이 이미 죽은 것으로 알고 슬픔에 잠긴 가족들에게 하나님의 크신 위로가 함께하시기를 기원한다는 기도를 하였다. 그런데 어머니 귀에는 그 기도 소리가 너의 아들이 죽고 사는 문제가 하나님께 달렸다는 기도로 들려왔다. 그래서 기도 중에도 아멘 아멘 하면서 고맙다는 인사까지 하는 어머니를 보고 주위 사람들은 완전히 아들을 잃고 정신 나간 것으로 생각할 정도였다. 원목님의 기도 후 어머니는 기도실로 달려갔다. 기도하는 중에 마음에 평온이 오기 시작했다. 아들이 수술을 마치고 새벽 3시 30분 가족의 면회가 허용되어 중환자실에 들어가는 순간, 아들의 본 모습은 온데간데없고 꼭 외계의 인간 같은 모습으로 변해 있었다. 얼마나 안타깝고 안쓰러운지 표현할 말이 없었다. 모든 사람들과 함께 기도를 하고, 성경책을 펼치니 이사야 40장과 41장 사이가 펼쳐졌다.

"두려워 말라 내가 너와 함께함이니라 놀라지 말라 나는 네 하나님이 됨이니라 내가 너를 굳세게 하리라 참으로 너를 도와 주리라 참으로 나의 의로운 오른손으로 너를 붙들리라"(사 41:10).

가족들은 정말 하나님의 말씀에 큰 위로와 용기를 가졌다.

상태가 위급하므로 많은 것을 체크하고 관찰해야 한다는 병원측의 말에 성경책을 펴 창가에 두고 가족들은 모두 집으로 올 수밖에 없었다. 가족들은 방을 둘러보고 아들이 쓰던 물건들을 만져보며 언제 돌아올지 모르지만 꼭 다시 집으로 돌아오기를 기도했다. 아버지는 아들이 돌아올 때까지 방에 불을 켜놓자고 말했다. 어머니가 함께 기도하며 울다가 잠깐 잠이 들었는데 주님의 음성이 들려왔다. "너는 나를 믿느냐?" 깜짝 놀라 일어나 시간을 보니 새벽 6시였다.

"4대째 기독교 집안에서 모태신앙으로 자랐기에 당연히 하나님을 믿는다고 생각했습니다. 그런데 막상 아들의 사건을 통해 자신의 모습을 뒤돌아보니 그동안의 믿음들은 단지 생활 속에서 습관적인 종교생활이었다는 것을 깨닫게 되었습니다. 그 후 그 어떤 시련 속에서도 모든 것을 하나님께 맡기고 오직 예수만이 나의 전부임을 고백하는 것이 진정한 믿음임을 깨닫게 되었습니다."

그런 깨달음이 들자 가족들은 아브라함이 이삭을 하나님께 바치

송군 가족

려 했던 것처럼 이제 하나님께서 아들을 천국에서 필요하다고 하신다면 이 세상에서 가장 깨끗한 아이로 받아 주시기를 기도했다. 그러나 이 땅에서 한 가지 소원이라면 아들이 떠나기 전 마지막으로 엄마라고 한 번만 부르게 해달라고 하나님께 간청했다.

병원측에서는 총알이 오른쪽 머리뼈를 뚫고 들어가 박혀 총알을 제거하는 수술을 했기 때문에 뇌압도 많이 차고 힘들다는 이야기를 가족에게 반복했다. 시간이 가도 깨어나지 못하자 가족들에게 아들과 이별해야 할 것 같다는 이야기도 여러 번 했다. 그러면서 조심스럽게 장기 기증 얘기를 하는 것이었다. 그래서 아들이 이 땅에서 장기가 필요한 사람들에게 새 생명을 줄 수 있는 귀한 도구가 되어 하나님 곁으로 가도록 장기기증을 하는 데 합의했으며 서둘러 장례 준비를 했다. 장기 기증 사인은 낮 12시에 약속이 되어 있었는데 이상하게도 담당의사가 급한 수술이 있어 1시간 30분이나 늦게 도착했다. 그 사이에 아들의 손가락이 움직이는 기적이 일어났다. 그야말로 부모들이 아무것도 할 수 없다고 다 내려놓은 순간 하나님은 기적을 베푸셔서 예수님처럼 3일 만에 다시 살려 주시는 역사를 은혜로 주신 것이었다.

한편 윤석 군은 3일 동안 있었던 상황을 다음과 같이 간증했다.

"어둠 속에서 한 줄기 빛이 하늘에서 내려오는 것을 보고 빛을 따라 올라갔는데 그곳에는 아름답고 환한 동산이 있었으며 사람들이 여기저기 모여 있어 가까이 가보니 십자가를 손에 들고 있는 사람들도 있고 십자가를 손에 들고 있지 않은 사람들도 있었습니다. 그런데 어떤 아이가 십자가를 들고 예수님 무릎에 앉아 있는 모습이 보였습니다. 가까이 가보니 십자가에 제 영어 이름인 Y. S. SONG이 쓰여 있어서 그 십자가를 손에 쥐고 왔습니다."

그때가 병원에서 정신을 차린 순간이었다.

찬송가 499장 "밤 깊도록 동산 안에 주와 함께 있으려 하나 괴론 세상에 할 일 많아서 날 가라 명하신다"를 힘차게 불렀다. 찬송가 가사처럼 며칠 동안 동산에서 윤석이는 주님과 함께 놀았으며, 주님이 다시 세상에 내려 보내신 것이었다. 그가 동산에서 본 십자가와 어린이는 바로 자신의 방에 있던 십자가와 같았다. 어린이가 기도하는 모습이 십자가에 새겨져 있는데, 사고 후 어머니가 그 십자가를 아들 방에서 가져다 병상의 머리맡에 놓았던 것이었다. 그 십자가의 능력은 어려운 수술을 받을 때마다 나타났다. 언젠가 두 번째 수술이 끝난 후 간호사가 황급하게 가족을 찾는 것이었다. 걱정이 되어 들어가 보니 아들의 얼굴이 백지장처럼 희었다. 수술실에 들어갈 때 쥐고 있던 십자가를 병원측에서 치운 것을 알고 어머니가 십자가를 찾아 다시 손에 쥐어 주니 거짓말처럼 푸근한 잠에 빠졌다.

송 군은 기적적으로 살아났지만 왼쪽 눈이 실명되었고, 지난 6년 동안 뇌수술만 다섯 번을 하였고, 머리에서 발가락까지 수술을 수차례 해야만 했다. 또 오른쪽 뇌가 손상되어 신경을 다치는 바람에 왼쪽 팔, 다리 등 몸을 전혀 쓸 수 없는 장애인이 되었다. 또 근육이 마비되어 식사를 할 수 없어 위에 호스를 꽂아 음식을 넣어야 했다. 지금은 여러 차례 수술을 한 끝에 총알이 관통했던 머리뼈도 인조뼈로 다시 붙였고 성대도 다시 인조 성대를 만들어 말도 할 수 있게 되었으며 식사도 입으로 할 수 있게 되었다. 또한 다리에 보조 장치를 끼우고 신경이 움직이지 않아 굳어 있던 발가락을 펴는 수술을 해서 비록 지팡이에 의지하지만 발바닥을 땅에 딛고 걸을 수 있게 되었다. 그야말로 지난 6년 동안 하나님이 머리끝부터 발끝까지 어루만져 주셨다고 가족들은 감사하고 있다.

거의 정상인으로 돌아온 아들에 대해 의사들도 놀라고 있다. 심한 총격 부상을 입어 뇌신경이 손상된 사람이 이렇게 회복된 경우가 없을 정도라 의학계 논문으로 사례를 발표할 정도로 기적으로 인정하고 있다.

송윤석 씨는 비록 많은 것을 잃었지만 하나님이 새 생명을 주신데 감사하고 있다. 사고 후 약혼도 파혼되었지만 약혼녀나 그 가족을 이해하고 있다. 심지어 강도들에 대해서도 용서를 하고 더 이상 나쁜 짓을 하지 않도록 기도하고 있다.

"하나님이 저를 범죄의 죄악에서 다시 살려 주신 만큼 이젠 무엇보다도 사랑의 메신저가 되어서 주님의 말씀을 잘 전하는 하나님의 백성이 되고 하나님의 종이 되길 소원합니다."

어머니는 사건 후 가족들이 열심히 신앙생활을 하고 있는 것에 감사한다며, 자식을 내 것으로 생각했었을 때는 아픔이 있었지만 하나님 것으로 믿으니 은혜가 넘친다며 보너스로 새 생명 주신 하나님을 위해 살겠다고 말했다. 특히 아들이 살아 있는 자체가 하나님의 기적이고 능력을 증거하는 것이기 때문에 부족하지만 이 모습 이대로 입을 열어 하나님을 간증하겠다고 강조했다. 지난번 섬기는 형제교회에서 아들과 함께 첫 간증을 한 어머니는 많은 사람들에게 하나님의 사랑과 섭리를 나누는 하나님의 도구로 사용되고 있는 것에 고통보다는 가슴 벅찬 기쁨이 있다고 감사하고 있다.

〈새 하늘 새 땅〉 2004년 9월호

이중근

타코마

하나님 영광 위한 사진에 주력
하나님의 은혜 체험하고 삶도 변화

부흥회 사진 찍다가 주님 영접

프로사진관을 운영하는 이중근 집사

타코마 프로사진관 대표 이중근 씨는 한국 사진작가협회 회원이었을 정도로 인정을 받은 프로급 사진작가이다. 그러나 하나님의 은혜를 체험한 후 세상 사진이 아닌 하나님의 영광을 나타내는 사진에 주력하고 있으며, 사진작가보다는 섬기는 타코마 중앙장로교회의 안수 집사 직분을 더 귀하게 여기고 있다.

어릴 때부터 유년주일학교에 다녔고 고교시절에는 찬양대원이기도 했으나 진정으로 주님을 사모하는 믿음이 없이 교회만 다녔다는 그는 교회에서의 철야기도나 통성기도가 전혀 이해가 안 되었고, 친구들이 주님을 영접했다는 소리도 믿지 못했다. 1991년 이민 온 후 미국생활에서도 세상 일에 바빠 참 신앙을 갖지 못했다. 그러던 1993년 한국에서 온 이병호 목사의 부흥회가 교회에서 열렸다. 사진을 찍어 달라는 부탁을 받고 세상에서 작품 사진을 찍는 마음으로 부흥회에서 기적이 일어나는 사진을 찍으려고 카메라를 가지고 갔다.

설교 후 이 목사는 최병호 부목사가 강대상에서 기도하는 동안 안수를 받기 위해 손을 든 사람들 사이를 다니며 안수를 시작했다. 그는 이 목사가 안수하는 장면을 열심히 찍었는데 자신도 요통이 있었기에 손을 들고 안수기도를 받았다. 그런데 다음날부터 놀라운 일들이 일어났다. 그동안 테니스를 좋아해 발병한 요통으로 고생했는데 허리가 멀쩡하게 치유되었다. 또 다음날 새벽기도에서는 처음으로 마음이 열려 말씀이 들어오고, 많은 눈물과 함께 모든 것이 회개되며 처음으로 하나님을 아버지라 부르는 은혜를 체험했다. 남자가 눈물을 그렇게 많이 흘릴지 몰랐을 정도였는데, 특히 예전에 자랑했던 많은 세상 사진 콘테스트 상장과 메달들이 부끄러워졌다. 더욱이 주일날도 사진 찍는다며 교회에 가지 않고 산으로 바다로 돌아다녔던 한국에서의 생활이 회개되었다.

이처럼 부흥회에서 주님을 영접하게 된 것을 하나님의 기도 응답으로 믿고 있다. 1992년, 부흥회 새벽기도회 때 사진을 찍으러 갔는데 목사님이 안수하면서 기도 제목을 말하라고 했다. 기도 제목이 없어 망설였는데 갑자기 "나에게도 믿음을 주세요"라는 말이 나왔다. 하나님이 그 기도에 1년 후 응답을 주신 것이었다.

이중근 집사 가족

이 같은 체험 후 말씀은 모두 자신에게 하시는 하나님 말씀으로 들리는 은혜를 받아 새벽기도와 성경 읽기를 시작했고, 교회의 모든 일에 적극적으로 참여하게 되었다. 하나님의 은혜를 체험하니 삶에도 변화가 왔다. 사진관 오픈 후 처음엔 손님이 없으면 초조했으나 믿음을 갖고 하나님께 모든 것을 맡기니 마음이 평안해졌다. 또 뒤돌아보니 하나님이 그때그때마다 필요한 만큼 채워 주신다는 것을 깨닫게 되었다. 사업에서도 하나님의 축복이 이어졌다. 사업상 경쟁자가 있었으나 어느 날 갑자기 경쟁자가 찾아와 사업체를 사라고 요청해 오히려 경쟁자의 업소를 인수하는 일도 있었다. 더구나 경쟁 업소였던 현 타코마 부한식품 장소는 원래 1991년에 첫 입주하려고 했던 곳이었다. 10년 동안의 훈련과 연단을 거친 후에 그 자리에 들어가게 하신 하나님의 계획이었다.

가정에도 축복이 이어졌다. 부부 사이엔 아들 진섭이 하나만 있었기에 언제라도 자녀를 주시면 받을 생각이었다. 그러나 10년 동안 아이가 없었다. 마침 사진관을 두 개나 운영하고 있어 아내와 따로따로 영업하는 등 벅찬 상태에 있었는데, 갑자기 임신이 되어 아내가 힘들어하자 다른 사진관 문을 닫아야 했다. 오랫동안 영업했던 곳이라 포기하기 힘든 곳이었으나 하나님이 더 좋은 것을 주어 쉽게 포기할 수 있게 하신 것이다. 그 후 아내는 쌍둥이 아들딸을 낳아 이중 축복을 받았다. 그런데 한 달 후 아들 하섭이가 바이러스에 감염되어 갑자기 중환자실에 입원하는 고통이 있었다. 교회에서도 간절히 기도하는 동안 이 집사 부부는 아들이 두 명이니 한 명은 하나님께 바치겠다고 서원기도를 했는데 다음날 주일 저녁에는 아들이 일반 병실로 옮겨졌고, 이틀 후에 퇴원할 수 있어 다시 한 번 하나님께 감사드릴 수 있었다.

이중근 집사는 지금 하섭(하나님의 섭리), 주영(주님께 영광)이 자라는 모습을 바라보며 하나님의 은혜를 생각하게 되어 눈물이 절로 난다고 말했다. 특히 하나님이 이 땅에 불러 주신 이유를 깨닫고 감사하고 있다. 하나님은 그동안 세상의 사진을 찍는 훈련을 시키신 다음 이젠 하나님의 영광을 나타내는 사진을 찍는 사명을 주신 것이었다. 따라서 앞으로는 선교 현장을 방문해 촬영한 사진으로서 전도하고 선교하려고 계획하고 있다.

"주는 나의 하나님이시라 내가 주께 감사하리이다 주는 나의 하나님이시라 내가 주를 높이리이다 여호와께 감사하라 그는 선하시며 그 인자하심이 영원함이로다"(시 118:28~29).

이중근 씨는 오늘도 올해 그에게 주신 하나님의 말씀을 증거하고 있다.

〈새 하늘 새 땅〉 2002년 12월호

이 요 셉

세드로 울리

주님 만나는 체험하고 성령으로 거듭나
십자가에 고난당하시는 예수님 보여

회개하다 주님 만나고 구원받아

이요셉 집사 부부

1978년에 나는 켄터키 주에서 살고 있었습니다. 그 당시 그곳에는 3,000~4,000여 명의 한인들이 살고 있어서 가족 같은 분위기였습니다. 그때 내 나이는 19살이었는데 그 해 8월에 말로만 듣던 주님을 만나는 체험을 하고 성령으로 거듭나는 엄청난 구원을 받았습니다.

그때 그곳에서 8·15 행사가 있었는데 한인회에서는 모처럼 시카고에 있는 가수와 밴드들을 초청해서 악기를 연주하며 노래도 부르고 이웃에 있는 미국인들도 초대해서 한국 태권도와 한국 음식도 선을 보였으며, 세 팀으로 나눠서 축구와 배구, 줄다리기 등 여러 가지 재미있는 놀이를 하면서 약 250명의 한인들이 모여 재미있는 하루를 보냈습니다.

저녁에는 호텔을 빌려서 시카고에서 온 밴드들이 연주를 하고 여자 가수가 노래를 부르며 한인들의 노래 자랑과 함께 술을 마시고 춤을 추는 시간도 있었습니다. 그때 나는 그 호텔에로의 초대가 없었는데도 한인회장 조카들과 친구였고 교회도 같이 다녔기 때문에 내 동생들과 같이 그곳에 몰려가서 가수가 부르는 유행가도 들었습니다. 특히 그 여가수를 바라보니 예쁘게 보여서 춤을 한번 같이 추고 싶었으나 용기가 나질 않았습니다. 그러나 먹지도 못하는 맥주를 세 잔이나 마시니까 용기가 생기고 담대해져서 여가수에게 가서 우리 춤 한번 추자고 했더니 자기는 노래를 불러야 한다고 웃으면서 거절했습니다. 그래서 나는 다른 여성하고 유행가에 맞춰서 못 추는 춤을 흔들어 대며 추었고, 춤을 추는 시간이 아닌 노래 자랑 시간에도 혼자 앞에 나가서 기분 좋게 몸을 비틀어 대며 춤을 추다가 끝나서 집으로 돌아왔습니다.

그러고 나니 기분은 아주 좋았습니다. 그리고 시카고에서 온 여가수가 생각이 나고 보고 싶었습니다. 그러나 한쪽 마음에는 내가 하나님의 자녀인데 술 마시고 춤춘 데 대한 죄책감이 들었습니다. 그렇게 며칠이 지났습니다. 어느 날 밤 나는 침대에 누워서 "하나님, 제가 잘못했습니다"라고 회개했더니 하나님께서 내 말을 기다리셨다는 듯이 갑자기 캄캄함이 임하고 무섭고 큰 두려움이 내게

성 프랜시스 기념관 앞에서 어머니와 누이들과 함께

임했습니다. 그리고 어려서부터 지은 죄들이 피부로 느껴졌습니다. 그리고 누워 있던 자세를 일으켜 무릎을 꿇고 머리를 방바닥에 대고 온몸은 고양이 앞에 있는 쥐같이 발발 떨고 있었습니다.

심판대가 멀리 있는 것이 아니었습니다. 바로 내 눈앞에 있었습니다. 나는 내가 지은 죄가 이렇게 많은 줄 몰랐습니다. 까마귀는 저리 가라였습니다. 내 속이 새카맣고 새카맸던 것입니다. 죄에 대한 심판이 얼마나 두렵고 무섭고 떨리는 것인지 뼈저리게 느꼈습니다. 이제 죽는 줄만 알았습니다. 한참 동안을 무릎이 꿇린 채 머리는 방바닥에 대고 몸은 움직이지도 못하고 온몸을 벌벌 떨면서 "하나님, 죽을 죄를 지었습니다"라고 회개했습니다.

그 순간 내 앞에 예수님께서 십자가에 고난당하시는 모습이 보였습니다. 예수님은 머리를 흔들면서 아악아악 아프다고 신음을 하셨습니다. 나는 마음이 아파서 어쩔 줄을 몰랐습니다. 그 순간이었습니다. 십자가의 예수님께서 무게가 있고 날 사랑하는 목소리로 "내가 너 때문"이라고 말씀하셨습니다. 그 말씀을 듣는 순간 나는 눈물 콧물을 한없이 쏟았습니다. 나 때문에 예수님께서 십자가에서 고통당하시는 모습을 보면서 마음이 아파서 울고 죄송해서 울었는데, 평생에 이렇게 울어 본 적은 없었습니다. 아버지가 돌아가셨을 때도 눈물이 적었던 나였습니다.

　한참 동안을 마음이 아파서 울고 있는데 어느 순간이었는지 내 심령이 깨끗해지는 느낌이었고, 예수님께서 살아 부활하셔서 하늘로 올라가시는 것이 보였습니다. 내 심령은 너무나 기뻤습니다. "나는 이제 살았구나. 나는 구원을 받았다. 아버지 감사합니다. 날 구원해 주셔서 감사합니다. 나 같은 것을 아버지 자녀로 삼아 주셔서 감사합니다"라는 말이 자꾸 나왔습니다. 내 주위가 다 아름답게 보이고 사랑스럽게 보였습니다. 이제는 감사해서 울고 기뻐서 웃고 울고 웃고를 한참 동안 했습니다. 그리고 하나님을 아버지라고 부르는 고백이 나왔습니다.

　나는 회개하다가 말로만 듣던 주님을 만나고 엄청난 구원을 받았습니다. "회개하라 천국이 가까웠느니라."

　"사랑의 주님, 내 죄 때문에 십자가에서 고통과 심판을 받으시고 날 구원하시기 위하여 부활하신 주님, 다시 한 번 죄송하고 감사를 드립니다. 내 평생에 주님이 나에게 베풀어 주신 은혜와 사랑을 늘 기억하며 감사하며 찬양하게 하시고 내 자손들에게, 나를 만나는 내 이웃들에게 주님의 은혜와 사랑을 전하며 살게 하옵소서. 예수님 감사합니다."

〈새 하늘 새 땅〉 2003년 6월호

큰 종양 안수기도 받고 없어져

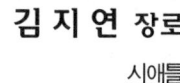

김 지 연 장로
시애틀

간호사로서 하나님의 치유 역사 확신
기독교 핍박하던 증조할아버지가 믿음의 조상

큰 종양 안수기도 받고 없어져

김지연 장로 가족

매일 매일 순간 순간들이 감사합니다. 주님께 받은 그 많은 사랑과 은혜들, 저의 생활 전부가 주님의 은혜입니다. 저희 집안의 믿음 생활은 증조할아버지 되시는 김승명 장로님으로부터 시작되었습니다.

온 집안 식구들이 그분을 우리 집안의 믿음의 조상 아브라함이라 합니다. 그분은 처음에는 기독교인들을 얼마나 핍박했는지 모릅니다. 마을 사람들을 교회에 못 가게 교회 모임 있는 날에는 꼭 일을 시켰습니다. 또 기독교를 백인들이 우리나라에 갖고 온 악마 종교라 하며 집안에서 주님 믿는 사람들을 굉장히 박해했습니다. 그런데 어느 날 뜻하지 않게 사람들에 이끌려 "딱 한 번만" 하고 교회에 가셨는데 그 순간에 주님께서 변화시키셔서 주님을 믿는 집안이 되었습니다. 저의 다섯째 작은할아버지가 쓰신 「운명의 터널(The Tunnel of Destiny, Allan D. Clark)」이 영문으로 번역되어 나왔습니다. 그는 주님을 영접한 후 그날로 생활 주변 정리를 하셨고, 남은 인생을 주님께 바쳤다고 합니다. 그 분을 통하여 넷째 작은할아버지는 순교당하셨고, 저의 할아버지(첫째 아들)도 삼천동산에서 죽임을 당하셨고, 셋째 작은할아버지는 김형도 목사로서 한국 초대 군목을 하셨고, 많은 개척교회들을 섬기셨으며 많은 목사들과 선교사들을 배출했습니다.

그런 놀라운 감동의 시간이 저에게도 왔습니다. 초등학교 2학년 유년 주일학교 시절, 대예배 때 특송을 하라고 하여 어머니 옆에 앉아 목사님의 설교를 듣고 있던 중 갑자기 마음이 찡하고 뭉클하고 웬 눈물이 자꾸 흘렀습니다. 그때 그 순간과 장면이 꼭 지금인 양 항상 제 마음에 생생합니다. 이것이 제가 주님께 은혜 받은 첫 경험이었습니다.

그 후 놀랄 만한 사건이 일어났습니다. 이 사건을 통해 주님이 살아 계시고 전능하신 하나님이시며 죽은 자도 살리신다는 것을 확신하였습니다. 저희는 미국 교회 대학장로교회에 다니고 있었고, 시어머님은 한인 장로교회에 나가시므로 부흥회나 특별 모임이 있으면 꼭 말씀하셔서 시어머님을 따라 그 교회로 가곤 했습니다. 하루는 LA에서 온 최 목사님이 부흥회를 인도한다고 하여 따라갔었는데 많은 분들이 열심히 기도하며 안수기도를 많이 받고 있었습니다. 왠지 모르게 나도 기도 받고 싶었는데 왜 그렇게 주위 사람들을 의식하게 되고 용기가 안 나던지, 벙어리 냉가슴 앓듯이 머뭇거리다가 기회를 놓치고 말았습니다. 목사님도 LA로 돌아가셨습니다. 그런데 자꾸 그분을 만나 뵈어야 한다는 생각을 떨쳐 버릴 수가 없어서 남편한테 LA에 갔다 온다고 하고 무작정 LA로 가서 전화부를 펼쳐 놓고 전화번호를 돌리기 시작했는데 생각보다 쉽게 최 목사님을 만나 뵐 수 있었습니다. 사정 얘기를 드리고 시애틀에서는 차마 용기가 안 나서 개인 교습 받으러 왔다며 제 얘기를 시작했습니다.

저는 가슴에 종양이 자주 생기는데 수술하면 또 생기고 또 생기고 하여 권위 있는 의사도 만나 보았고 한국과 플로리다 주, 시애틀 등 열 번 정도 수술을 받았는데 전신 마취를 얼마나 많이 했는지 지겨울 정도였습니다. 혹시 그것이 악성 암이면 어쩌나 하는 근심을 많이 했는데 감사하게도 항상 양성 종양이라는 진단이 나왔습니다. 그래서 '에이 이제는 모르겠다' 고 체념했으나 안심이 안 되었는데 언제부터인가 왼쪽 가슴이 자주 아프고 멍울이 크게 잡혀서 진단을 받았습니다. 의사가 X-Ray, CAT Scan 후 가장 유명하다는 흉곽 외과 의사, 특히 전문의를 만나게 했는데 양성이라도 이 튜머가 사과 알같이 크므로 그냥 놔 둘 수 없고 수술밖에 제거 방법이 없다고 했습니다. 이 같은 이유로 최 목사님을 찾아왔다고 했더니 얼마나 간절히 기도를 해주시는지 성경 구절 누가복음 22장 44절 말씀이 생각이 났습니다.

"예수께서 힘쓰고 애써 더욱 간절히 기도하시니 땀이 땅에 떨어지는 핏방울같이 되더라."

최 목사님은 기도를 마치신 후 확신을 받으셨다며 그 혹이 없어

308 하나님의 사랑을 증거하는 사람들(상)

김지연 장로(왼쪽 두 번째)와 섬기는 교회 김병규 목사 부부(오른쪽), 정명수 장로

졌다고 하셨습니다. 그런데 제가 만져 보니 그대로 있길래 목사님을 실망시켜 드릴까봐 "좀 작아진 것 같아요" 하고 말씀드리고 시애틀로 돌아왔습니다. 그런데 시애틀에 와서 보니 그 큰 종양이 거짓말처럼 없어졌습니다. 할렐루야!

이 사실을 통해 입증된 것처럼 주님이 나를 사랑하신다는 기쁨은 이루 말할 수 없었습니다. 제가 한심스러우셨던지 주님은 살아계신 것을 이렇게 보여 주셨습니다. 약 20년 전의 일입니다. 그 후 매년 메모그램도 해보았지만 아무런 이상이 없는 것으로 나타나 그때마다 주님께 감사드리고 있습니다. 인간적인 노력을 많이 했으나 결국은 오묘하고 완벽한 하나님의 치유 방법으로 간곡한 목사님의 기도를 통하여 완쾌시켜 주셨습니다.

믿는 자에게도 시련과 갈등이 오고 시험도 옵니다. 믿는 자에게는 믿음을 연단시키느라 더 많은 시련이 올지도 모릅니다. 저는 결혼한 지 10년이 되어도 자손이 없었습니다. 배 불러 다니는 여성들만 보면 너무나 부러웠고, 임신이 안 되는 것은 여자만의 탓이 아니라고 하여도 왠지 남편한테 항상 미안하고 죄송스러웠습니다. 그러나 이제는 두 아이 효진이와 효순이가 주님 안에서 건강하게 잘 자라고 있어 감사드립니다. 또한 사는 동안 여러 가지 시련과 갈등이 있을 때, 어려울 때마다 찾아 주신 하나님 은혜에 감사드립니다.

4·19학생의거 때 나도 무엇이든 도울 만한 것이 없을까 하고 친구 몇 명과 같이 서울대학병원에 들렀다가 음대 갈 생각을 접고 간호대학으로 직행했습니다. 이것이 주님이 제게 주신 천직인데 지금도 얼마나 감사드리는지 말로 할 수가 없습니다. 그때는 제 목소리가 괜찮았는지 세브란스 병원에서 가끔 재정적으로 어렵거나 가족이 없는 분들이 병원에서 사망하면 간단히 장례식을 맡아서 해주는데 그때마다 저를 불러 조가를 부르라고 하여 제가 부르곤 하였습니다(물론 약혼식, 결혼식 때도 축가를 불렀습니다). 감사한 것은 부르는 조가가 나에게는 큰 감동과 은혜의 시간들이었습니다. 간호사가 된 것도 주님의 은혜입니다. 한국 세브란스병원, 하버뷰 병원, 중환자실이든 어디에서나 하나님의 섭리와 하나님의 치유와 역사를 확신할 수 있었습니다. 아픈 사람들을 위하여 마음속으로나마 기도하게 되었습니다. 저같이 부족한 동양인을 보잉 회사에서 고참이라고 하여 많은 일들을 맡겨 주니 이 또한 주님의 은혜입니다.

저는 지난 6월 27일 사상 처음 노회 주관으로 목사님이 안 계신 시애틀 영광장로교회에서 장로로 임직을 받았습니다. 미국 대학 장로교회에서도 이제까지 사양해 오던 장로 안수와 임직식을 시

310 하나님의 사랑을 증거하는 사람들(상)

애틀 영광장로교회에서 교인들의 많은 사랑을 받아 1년 이상 담임 목사님도 안 계신 힘든 처지에 있는 교회에서 PCUSA 시애틀 노회 주관으로 이 교회 초대 여자 장로로 안수를 받게 되었습니다. 개인의 힘으로 사양할 수 있는 일이 아닌 것 같아서 겸허한 자세로 죽도록 충성하는 마음, 순종하는 마음으로 받아들이지 않을 수 없었습니다.

"하나님이 세상을 이처럼 사랑하사 독생자를 주셨으니 이는 저를 믿는 자마다 멸망치 않고 영생을 얻으리라"고 말씀과 "진리가 너희를 자유케 하리라"는 이 두 성경구절을 묵상하면 마음에 평강이 잔잔하게 임합니다.

〈새 하늘 새 땅〉 2004년 9월호

한혜숙

린우드

고통스런 키모 치료로 피까지 토해
시련 후 더 은혜롭게 하나님 찬양

유방암 통해 하나님 사랑 체험

한혜숙 권사

시애틀 한인사회에서 저명한 음악인으로 명성이 나 있을 정도로 한인사회와 미 주류사회에서 활발하게 활동하고 있는 소프라노 한혜숙 씨는 유방암을 통해 하나님의 사랑과 은혜를 체험한 후 더 은혜롭게 하나님을 찬양하고 있다.

1997년 7월에 유방암으로 진단받은 그녀는 당시 상태가 4단계

중 2단계였고 암 종류는 3단계인 2센티미터의 큰 악성 암이어서 힘든 키모 치료를 6개월 간 받아야만 했다. 고통스런 키모 치료로 인해 머리가 다 빠지고 토하다 못해 피까지 나와 병원에 4일을 입원하였는데 구토가 멈추면 다시 키모 주사를 맞는 등 이루 말할 수 없는 고통을 겪었지만 오히려 그 시련을 통해 하나님의 사랑을 체험할 수 있는 큰 축복을 주셨다고 간증하고 있다.

암이라는 선고를 받았을 때 죽음에 대한 두려움이 있었지만 며칠 후 모든 것을 주님의 뜻에 맡기고 죽어도 주님을 만날 수 있다는 생각에 모든 두려움이 사라졌다는 그녀는 하나님은 우선 자신을 철저히 회개시키셨다고 한다. 어렸을 적부터 집안에서 공주처럼 살아왔고 줄리아드 음대를 졸업한 그녀는 그동안 자신의 교만을 깨닫게 되었고, 자신이 죄인 중에서도 괴수라는 것을 느끼게 되었단다. 하나님은 저 밑바닥까지 자신을 낮추셨다고 말했다. 그 이후부터는 치료로 인해 비록 몸은 힘들고 괴로웠지만 마음은 무엇과도 바꿀 수 없는 평안으로 가득 차게 되어 행복하고 평화로움을 느꼈으며, 바람에 흔들리는 나뭇잎에서도 하나님의 은혜를 발견하고 땅의 지렁이조차 사랑스럽게 보였다고 한다. 그 같은 믿음 속에서 치료를 위해 입원했을 때를 제외하곤 가발을 쓰고서도 찬양대를 지휘했으며, 쓰러질 각오로 메시아 노래를 부르기도 했다.

특히 모든 것이 하나님 위주로 변화되어 주님을 닮는 생활이 비록 어렵고 힘들지만 자신의 십자가를 지는 길만이 사는 길이라고 믿게 되었다는 그녀는 그동안은 자신의 명예를 위해 노래를 잘 부르는 것이 목적이었으나 이제는 하나님께 영광 돌리는 것이 최대의 목적이 되었다고 강조했다. 현재 건강하게 음악활동을 하고 있는 한혜숙 권사는 유방암을 통해 하나님은 무서운 하나님이 아니

유방암 통해 하나님 사랑 체험_한혜숙 **313**

가곡의 밤에서 한혜숙 권사(왼쪽에서 세 번째)와 출연진들이 인사하고 있다.

라 사랑이 많으시고 너무나 좋으신 하나님이라는 것을 체험하게 되었다고 항상 간증하고 있다. 병을 치유받은 후에는 하나님을 찬양하는 노래를 부를 때면 너무 감격해 눈물이 앞을 가려 노래를 할 수가 없어 눈물이 나오지 않도록 기도할 정도였다.

앞으론 하나님을 찬양하는 음반을 낼 예정인데, 하나님이 부르시는 그날까지 하나님이 원하시는 사람이 되도록 하나님을 찬양하겠다고 말했다. 15세부터 성악에 재능을 보인 그녀는 서울 창덕여고를 졸업하고 줄리어드 음악대학에서 성악을 전공한 후 지난 40년 동안 수많은 콘서트와 음악회에 출연했다.

오페라 "나비부인(Madama Butterfly)" 브라질을 비롯 보이스 리사이틀(Voice Recital) 뉴욕 영아티스트 콘서트(Young Artist Concert)(뉴욕 시티), NW 챔버 오페라와 "잔니 스키키(Gianni Schichihi)"의 로레타(Lauretta), 에버릿 코럴 & 아트 심포니와 "메시아(Messiah)", 시애틀 코믹 오페라와 "사랑의 묘약(The Elixir of love)"의 아디나(Adina), 시빅 라이트 오페라와 "왕과 나(King & I)"의 레이디 티앙(Lady Thiang) 등에 출연했으며, 서울 시립교향악단과 세종문화회관에서 "메시아" 공연을 했다. 프랑스와 독일의 콘서트 투어 그리고 한국을 비롯한 캐나다, 시애틀 등에서의 개인 독창회를 일곱 차례 개최했으며 1996년에는 47,000여 명이 운

집한 가운데 세이프코필드 야구장에서 열린 시애틀 매리너스의 플레이오프 홈 게임에서 미국 국가를 부르는 영예를 얻기도 했다.

　워싱턴 주 한인 음악인 동우회 회장을 역임한 그녀는 현재도 시애틀 코믹 오페라(Comic Opera) 단원과 한인 음악인 동우회 회원, 호산나교회 지휘자로서 활동하면서 교회를 비롯 한인사회 각종 행사에 출연하고 있다. 최근에도 연례적인 가곡의 밤을 비롯 신호범 주상원 의원 재선 후원의 밤, 서북미 여선교회 찬양의 밤 등에 출연했다.

　줄리어드 음대를 장학생으로 졸업한 그녀는 이젠 진정으로 하나님을 사랑하는 마음으로 찬양과 간증을 하고 있어 감동 속에 큰 은혜를 주고 있다.

〈새 하늘 새 땅〉 2002년 9월호

신체 장애 극복하고 하나님 찬양

최춘애 선교사

LA

장애인들에게 복음 전하며 삶 인도
장애인을 사랑하는 공동체 사역

신체 장애 극복하고 하나님 찬양

최춘애 선교사

저는 예수를 믿지 않는 가정의 2남5녀 중 둘째 딸로 태어났습니다. 태어난 지 1년 만에 홍역을 앓게 되면서 심한 고열로 인한 소아마비에 걸려 죽을 뻔한 목숨을 건졌지만 결국 일생동안 걸을 수 없는 신체 장애인으로 살게 되었습니다.
발병 이후 저는 거의 병원에서 살았고 부모님의 지극한 정성에도 별 차도가 없이 재산을 병원비로 모두 날려 버렸습니다. 부모님은

최춘애 선교사와 남편 임성호 목사

  무당을 불러 고사를 지내고, 굿을 하고, 저를 고칠 수 있는 일이라면 무엇이든지 하셨지만 더 이상은 고칠 수 없다는 결론에 아버지는 속상한 마음을 술로 달래며 세월을 보내셨습니다.
  어린아이인 저의 소원은 하얀 가운을 입은 의사와 간호원, 소독약 냄새가 나는 병원을 벗어나는 것뿐이었습니다. 그러나 세월이 흐르면서 저는 다른 아이들이나 형제들처럼 걸을 수 없다는 것을 알게 되었고, 몸에 이상한 기구들을 착용하지 않으면 걸을 수 없다는 것도 알게 되었습니다. 사람들이 저를 바라보는 시선이 많이 달랐기 때문에 이상하게 생각하고 엄마한테 이유를 물어 보았지만 엄마는 대답 대신 말없이 울기만 하셨습니다. 부모님과 형제들에게 미안하고 죄송스러운 마음이었지만 동생들이 즐거워하는 모습, 가족들이 행복해 보이는 모습만 보아도 제 마음은 편치 않았습니다.
  다른 사람의 도움 없이는 아무것도 할 수 없는 제 처지를 생각하면서 "나는 이렇게 아픔 속에서 헤매고 있는데 저들은 무엇이 그리도 좋아서 웃고 떠드는가?'라는 생각에 소망 없는 스스로의 삶에 대하여 한없이 절망했습니다. 그러나 마땅히 원망할 대상이 없었습니다. 저는 속에 있는 분을 삭이지 못하여 화병이 생겼지만 부모님이 저 때문에 속상해할까 염려되어 마음껏 소리 내어 울지도 못했습니다.

무엇보다 견딜 수 없는 것은 사람들의 편견이었습니다. 장애인이 있는 가정은 남다른 저주라도 받은 것처럼 죄인 취급을 하기도 했고, "내가 전생에 죄를 많이 져서 이런 딸을 두었나 보다"라고 자책하시는 엄마의 한이 어린 소리도 정말 지겨울 만큼 많이 듣고 자랐습니다.

초등학교 입학하는 날, 전 온 몸에 보조기를 착용하고 목발에 몸을 의지해야 했지만 한없이 들뜬 마음으로 입학식에 참석했습니다. 모두가 코흘리개들의 친구들이었지만 저를 향해 다리 병신이라고 놀려대며 갑자기 밀어뜨리고 도망가곤 했습니다. 놀림을 당하면서 방어도, 반항도 하지 못하고 쫓아갈 수도 없는 저는 결코 저들과 같을 수 없는 사람이라는 것을 깨닫게 되었습니다. 그 당시는 저희와 같은 장애인들이 발붙일 곳이 없었던 것 같습니다. 사춘기가 되면서 생각한 것은 죽는 것만이 부모님과 형제들을 슬프게 하지 않고, 짐이 되지 않는 것이며, 또 그렇게 하는 것이 세상을 향해 복수할 수 있는 길이라는 어리석은 생각을 했습니다.

삶의 목적도 소망도 없는 저는 왜, 무엇을 위해 살아야 하는지, 끝이 보이지 않는 고통의 삶이라면 차라리 죽는 것이 낫겠다는 생각에 급기야는 수면제를 모으기 시작했고, 충분한 양을 모은 후 미련 없이 입에 약을 털어 넣었습니다. 그런 와중에도 제 인생이 조금은 아깝고 아쉽다는 생각이 들었지만 소망 없는 삶의 결국은 살아도 고통일 뿐이라는 결론을 내린 것은 그 당시 가장 최상의 판단이었습니다. 그래서 약을 먹은 저는 사흘 만에 저는 극적으로 살게 되었습니다. 하나님께서 두 번씩이나 살려 주신 것을 후에 세월이 흐른 뒤에야 알게 되었습니다.

사춘기 시절, 아주 예민한 때인 저는 거의 매일 병과의 전쟁을 치르며 살았고, 먹지도 자지도 못하면서 그야말로 눈물로 밤을 새우며 아픔과 고통의 반복된 삶에 지쳐 있었습니다. 그런 나날 속에서 어느 날 이런 생각이 들었습니다. "어차피 살아야 할 인생이라면 죽음을 불사했던 그 용기로 열심히 살아보자" 그런 생각을 하자 힘을 얻게 되었습니다. 여섯 살 때부터 피아노를 시작했었는데 저는 더욱 열심히 배웠고, 연습했고, 남다른 노력을 했습니다. 피아노라는 악기는 손가락으로만 연주하는 것이 아니고 페달을 사용해서 더 아름다운 소리를 만들 수 있는데 저는 페달을 전혀 사용할 수 없기 때문에 선생님은 피아노를 칠 수 없다고 했었습니다. 어린 나이에도 사람들이 저 같은 사람은 아무것도 할 수 없는 사람처럼 생각하는 것에 많이 마음이 상했습니다. 저는 용감하게 저를 거부하는 선생님에게서 돌아섰고 피아노 선생님이 어디 이분뿐이겠는가 싶어 다른 선생님을 구해 달라고 했습니다. 그 후 만난 피아노 선생님이 저에게 용기를 주시고 거부하지 않았던 그 덕분으로 전 오늘까지 피아노를 치게 되었습니다. 선생님의 칭찬을 들으며 베토벤 소나타를 배울 때에는 선생님이 페달을 직접 밟아주시며 연습을 하기도 했습니다. 덕분에 여러 번 연주회도 갖게 되었고 제자들도 길러내며 돈도 많이 벌 수 있었습니다.

무엇보다도 저의 장애를 인정하고 극복하는 것, 사회생활에 적응하는 것 모두가 쉽지는 않았습니다. 비록 제 몸은 저의 의지와 상관없이 장애인이 되었지만 다른 사람들에게도 좋은 영향을 주며 살고 싶었습니다. 제 인격을 무시당하는 것만은 용납할 수 없었기 때문에 저는 제 자신과 무던히도 싸웠습니다. 지금은 장애인에 대한 인식이 많이 바뀌었지만 오래 전 한국 사회는 구조적으로 장애인들을 외곽으로 몰았고, 또 장애인들이 사회생활을 할 수 있는 환경적 조건이 갖추어지지 않은 상태였습니다. 장애인을 보면 동물원의 원숭이라도 보듯 신기하게 쳐다보았고, 때로는 아무 상관도 없는 시각장애인이 자기 집 앞을 지나가는 것을 보고 "재수 없다"라고 하며 소금을 뿌리는 이웃 아줌마도 있었고, 택시를 타려고 기다리는 휠체어를 탄 장애인을 보면 못 볼 것을 본 듯 내빼는 기사 아저씨, 두 다리가 없어 고무를 다리에 달고 기어다니며 구걸하는 장애인을 보면 버러지 보듯 쳐다보고, 혹시 자기 몸에 닿을까봐 도망가는 사람, 온 몸을 뒤틀며 힘들게 걸어가는 뇌성마비 장애인을 보면 "너, 아무개하고 놀지 마라 너도 그 병 옮는다"라고 무식한 말을 내뱉는 옆집 아줌마, 심지어 동네 꼬마 녀석들은 "다리 병신 왔다"며 몸소 흉내내는 괘씸한 녀석들도 많았습니다. 말과 행동으로 마음을 아프게 하는 그런 일들은 우리 장애인들이 수없이 겪은 아픈 경험들이며 결코 기억하고 싶지 않은 일들입니다.

그러던 중 저희 가족은 언니의 초청으로 미국으로 이민을 가게 되었습니다. 저도 1978년 12월 22일 미국 행 비행기에 올랐습니다. 언니가 가속을 초청한 이유 중 하나는 장애인의 천국이라는 미국에서 동생이 살아간다면 한국보다는 좀더 나은 생활을 할 수 있지 않을까 하는 기대 때문이었습니다. 미국의 첫인상은 사람들의 시선이 저를 향해 집중되지 않는다는 것, 이상한 눈으로는 더너욱 쳐다보지 않는다는 것 등이었고, 미소로 나를 대하는 것들이 낯설었지만 신기하고 정말 마음이 편했습니다. 화장실의 편리함을 정상인들은 대수롭지 않게 생각하겠지만 장애인들에게는 얼마나 중요한지 모릅니다. 마음대로 먹고 마시며 화장실에 가는 것 자체가 심리적, 정신적으로 얼마나 부담감과 비관을 가져오는지 모르실 것입니다.

그런데 이것이 웬 은혜입니까? 이민 온 지 꼭 한 달 되던 날 친구의 권유로 부흥회를 참석하게 되었는데 찬송과 기도 그 모든 것이 어색해서 정말 잘못 왔다고 후회하며 끝날 시간만을 기다리고 있었습니다. 그런데 그 지루한 시간이 점점 제 마음을 빼앗더니 제 귀에 "하나님은 사랑이라 그가 너를 위하여 십자가에 못 박혀 죽었노라"는 소리가 들려오는 것이었습니다. 그 소리는 귀에 못을 박듯 쩡쩡 울렸습니다. "그렇습니다. 하나님! 이 세상의 어떤 사람도 나를 위해 대신 아파 줄 수 없고, 고통도 나눠질 수 없고, 나를 자기 목숨만큼 사랑하시는 부모님도 대신 죽어 줄 수 없는데 당신이 누구관대 나를 위해 죽어 주셨습니까? 그토록 절망의 구렁텅이에서 몸부림치며 헤어나지 못하던 나를, 삶의 소망 없는 나를 위해 죽어 주셨습니까?" 저를 사랑하기 위해 죽어 주신 그분 앞에 기도하는 방법도 모르는 저는 그 사랑 앞에서 마냥 울기만 했습니다. "이제껏 하나님을 믿지 않고 살았던 저, 하나님이 나를 이렇게 사랑하는데 그것도 모르고 하나님을 원망만 하고 살았던 저를 용서해 주세요. 저도 예수님을 믿겠습니다." 그 순간 하나님의 사랑의 전율이 제 온 몸을 감쌌습니다. 저의 인생을 송두리째 바꾸어 놓았고 너무 고맙고 기뻐서 간증을 하는데도 감사와 감격의 눈물을 감출 수가 없었습니다.

하나님은 영과 육으로 저를 치료해 주셨습니다. 언제나 신경 안

정제와 수면제를 먹지 않으면 잠을 잘 수 없었고 그로 인해 신경성 위장병과 불면증에 시달렸었는데 그 순간 전부 치료되는 것을 경험했습니다. 오랫동안 피아노를 쳤지만 페달을 밟지 못했던 발에도 힘이 생기기 시작했습니다. 영원히 멸망받을 수밖에 없던 제가 구원받고 영원한 생명으로 인도를 받는 놀라운 구원의 감격과 감사는 평생 갚아도 갚을 수 없는 은혜입니다. 하나님께서 장애인들에게 복음을 전하라고 제게 사명을 주시고 선교사로 불러 주신 것이 1982년, 제 나이 27세 때였습니다. 장애인들에게 복음을 전하며 그들의 삶을 인도하시는 주님을 바라보며 사역한 지 올해로 24년째가 됩니다. 장애에 정도의 개인 차가 있지만 정말 심한 사람은 사람이라 일컬을 수 없을 만큼 고통스러운 환경에 처한 사람도 많습니다. 한 가정에 남매가, 때론 삼남매가, 모두가 장애를 겪고 있는 분도 있고, 혹은 여러 형제 중 남매가 정신 지체 장애를 갖고 태어난 가정도 있습니다. 그들을 키워 내기란 말로 다 표현할 수 없는 남다른 고통이 있다는 것을 저는 심방 중 접하게 되면서 알게 되었고, 현실적으로 그들에게 필요한 복지를 위해 일을 시작하게 되었습니다. 1999년 5월 주정부에 Grace Land(장애인을 사랑하는 공동체)를 비영리 단체로 등록하고 본격적인 복지와 재활을 위한 프로그램을 시작했습니다. 평생 보호 대상인 발달 장애인(정신적, 육체적)들에게 복음을 전하며 재활훈련과 사회적응력 훈련, 독립생활을 위한 적응훈련도 시키고 있습니다. 그들의 엄마는 이런 기도 제목을 갖고 있습니다.

"하나님, 저 아이보다 꼭 하루만 더 살게 해 주십시오." 정상 아이들을 키우는 어머니의 기도와는 무관한 것입니다. 그러나 너무나 절실하고 간절한 기도였습니다. "하나님! 저들이 마음껏 하나님을 찬양하고 지낼 수 있는 집을 주세요." 그룹 홈의 꿈을 주신 하나님께서는 작년 1월에 필렌에 5에이커 땅을 구입하게 하셨습니다. 5년간 저희 선교회를 말없이 후원해 주신 회원들의 사랑이 있었기에 가능했던 일이었습니다.

 이러한 일들을 통하여 첫째, 장애인들이 신앙 안에서 살 수 있는 케어 홈(CARE HOME)을 만들어 정신, 지체 장애인들을 돌보아 주고, 다른 사람의 도움 없이는 혼자 살아갈 수 없는 그들이 부모 곁을 떠나서 살아도 신앙생활을 할 수 있도록 도우며, 둘째, 장애인 중에 환경적 제약(재정, 이동권, 편견, 시설 등)으로 공부하지 못하는 사람들에게 장학금을 지원하고, 더 나아가 장애인 지도자를 양성하며, 셋째, 의료 혜택을 받도록 하여 현재보다 나아져서 활동이 훨씬 좋아질 수 있도록 조기 치료를 돕는 일을 하고 있습니다.

 하나님께서는 제게 주신 것이 참 많습니다. 영원한 생명을 주셨고 지옥 불에서 건져 주셨습니다. 두 번씩이나 죽음에서 건져내시고 하나님의 복된 일을 맡기셨습니다. 그리고 동역자로서 저의 다리가 되어 주겠노라고 하던 남편(임성호)이 목사가 되게 하셨고 아들 둘을 주셨습니다. 제가 휠체어를 타고 다니면서도 저를 사랑하사 독생자를 아낌없이 내어주신 예수 그리스도를 전하는 것은 그 안에 생명이 있기 때문입니다. 장애인으로 살아가는 것도 때로는 억울했는데 예수 그리스도를 믿지 못하고 지옥 불에 떨어진다면 너무 억울한 일입니다. 제 생명 다하는 날까지 전 이 복음을 전할 것입니다.

 "우리가 아직 죄인 되었을 때에 그리스도께서 우리를 위하여 죽으심으로 하나님께서 우리에게 대한 자기의 사랑을 확증하셨느니라"(롬 5:8).

"내가 환난 중에 여호와께 부르짖었더니 내게 응답하셨도다" (시 120:1).

"여호와는 너를 지키시는 자라 여호와께서 네 우편에서 네 그늘이 되시나니 낮의 해가 너를 상치 아니하며 밤의 달도 너를 해치 아니하리로다 여호와께서 너를 지켜 모든 환난을 면케 하시며 또 네 영혼을 지키시리로다" (시 121:5-7).

〈새 하늘 새 땅〉 2005년 11월호

```
판 권
소 유
```

큰 은혜와 감동을 주는 100인 간증집
하나님의 사랑을 증거하는 사람들(상)

2006년 5월 15일 인쇄
2006년 5월 20일 발행

지은이 / 이동근 외 99인
발행인 / 이형규
발행처 / 쿰란출판사

서울 종로구 이화동 184-3
TEL / 02-745-1007, 745-1301, 747-1212, 743-1300
영업부 / 02-747-1004, FAX / 02-745-8490
본사평생전화번호 / 0502-756-1004, 0505-745-1007
홈페이지 / http://www.qumran.co.kr
E-mail / qumran@hitel.net
qumran@paran.com
한글인터넷주소 / 쿰란, 쿰란출판사

등록 / 제1-670호(1988.2.27)

책임교열 / 이가정 · 박은아

값 10,000원

ISBN 89-5922-215-1 03230